U0527763

中国易学文化传承解读丛书

六爻玄机

——八卦推断详解

李顺祥 著

中国商业出版社

图书在版编目(CIP)数据

六爻玄机：八卦推断详解／李顺祥著．—北京：
中国商业出版社，2012.3
　ISBN 978-7-5044-7608-1

Ⅰ.①六… Ⅱ.①李… Ⅲ.①八卦—研究 Ⅳ.
①B221.5

中国版本图书馆 CIP 数据核字（2012）第 039177 号

责任编辑　许延平

中国商业出版社出版发行
010-63180647　www.c-cbook.com
(100053 北京广安门内报国寺 1 号)
新华书店总店北京发行所经销
北京明月印务有限责任公司印刷
＊
710×1000 毫米　1/16 开　24 印张　350 千字
2012 年 5 月第 1 版　2013 年 4 月第 1 次印刷
定价：48.00 元

＊＊＊＊

(如有印装质量问题可更换)

《中国易学文化传承解读丛书》
出版前言

中国传统文化以诗、书、易、礼、春秋为源头经典。《三字经》上曾讲"诗、书、易、礼、春秋，号六经，当讲求"，又说"有连山，有归藏，有周易，三易详"。在这六种（其中礼，有周礼、礼记二种）经典中，又以易经为最重要的经典。儒家将其列为群经之首，道家将其列为三玄之冠。因此，武汉大学哲学学院博士生导师唐明邦教授将易经称之为"中华文化的源头活水"。

易经文化的传承，一向分为两大部分，一部分是义理的传承，主要从哲学、政治学、社会学、伦理学等人文科学的方面进行阐释、发挥；另一部分就是术数的传承，主要从未来学、预测学、咨询文化的角度进行阐释、发挥，乃至创新、改造。

该套丛书，虽然也有部分文章着重从义理方面进行阐发解读，但大部分著作主要是从术数角度进行传承，进行解读。这十几部书涉及到术数中的绝大部分种类，既有古代称之为"三式"的太乙、奇门、六壬，又有八卦、六爻、梅花易数以及四柱命理等，都是作者近几年最新的研究和实践成果。

术数文化，源远流长。中华传统文化从本质上讲是一种没有宗教的文化（所谓本土宗教道教，也是在佛教等外来宗教传播的形势下，才以道家老子为鼻祖而新创的一种宗教），而易经术数文化在中国历史上在一定意义上发挥着"准宗教"的作用，起着抚慰广大人民心灵的作用，换言之，就是发挥着社会心理学的作用。"野火烧不尽，春风吹又生"，这也是它能够顽强生存下来，得到持久传承的原因。即使在现代科学如此昌明的今天，有人称之为电子时代，信息化社会，它不仅未能消亡，反而仍然在生生不息地传承着。

当今社会，人们虽对术数文化有着不同的见解和看法，但大多数人对其并不十分了解。

为了使广大读者能够深层次地了解传统文化中的术数文化，以便独立地确定自己的意见和见解，我们出版了这部"中国易学文化传承解读丛书"。参与解读的作者都是个人研究的心得和实验的成果，正确与否，只是一家之言，一己之见。广大读者可以从中辨别真伪，或赞同，或批判，或质疑，或否定。

本丛书的很多内容讲的是预测及占筮技术。对此，我们比较赞同著名作家柯云路先生的观点，他在给本丛书之一的《梅花新易》一书的序中写道："占筮技术在当今的实际应用则是该谨慎的。一个，是因为这种占筮技术本身的作用还是有其限度的，现代人该更多依靠科学决策。另一个，这一行良莠不齐，很容易给各种江湖骗子可乘之机。所以，对于一般大众来讲，我的告诫常常是：命一般不算，起码要少算。算错了，被误导，就真不如不算，那很有损害。而要真正使自己活得好，倒是该从大处掌握《易经》中的道理，那就是乾卦讲的'天行健，君子以自强不息'，还有坤卦讲的'地势坤，君子以厚德载物'。大的道理是十分简易的，再加上做事中正，为人诚信，与时偕行，知道进退，《易经》的大道理就都有了"。

目 录

自 序 ·· (1)

上卷　阴阳五行学说

第一章　阴阳五行基础知识 ······································· (3)

　　第一节　概说 ··· (3)

　　第二节　五行特性 ·· (4)

　　第三节　五行生克 ·· (5)

第二章　天干地支及五行旺衰 ··································· (9)

　　第一节　天干 ··· (9)

　　第二节　地支 ·· (10)

　　第三节　地支生克 ··· (12)

　　第四节　干支纪时法 ·· (17)

　　第五节　五行旺衰 ··· (20)

　　第六节　八卦与五行生克旺衰 ································ (21)

1

中卷　象数预测法

第一章　象数基础知识 ·················· (25)

　　第一节　八卦释义 ·················· (25)

　　第二节　八卦万物类象 ·············· (27)

　　第三节　六十四重卦 ················ (37)

　　第四节　卦位含义 ·················· (38)

　　第五节　爻数与爻位 ················ (39)

　　第六节　卦的变化形式 ·············· (40)

　　第七节　先天八卦与后天八卦 ········ (42)

第二章　象数预测方法 ·················· (44)

　　第一节　起卦方法 ·················· (44)

　　第二节　体用互变生克法 ············ (47)

　　第三节　卦气与生克 ················ (49)

　　第四节　卦气亢旺 ·················· (49)

　　第五节　体用生克与卦象含义 ········ (50)

　　第六节　古法分类占断借鉴 ·········· (53)

　　第七节　外应 ······················ (59)

　　第八节　卦爻辞占断 ················ (64)

下卷　纳甲预测法

第一章　起卦纳甲 ………………………………………… (69)
　　第一节　摇卦法 …………………………………… (69)
　　第二节　列卦法 …………………………………… (70)
　　第三节　八宫卦序 ………………………………… (71)
　　第四节　世应 ……………………………………… (73)
　　第五节　纳支 ……………………………………… (77)
　　第六节　纳干 ……………………………………… (83)

第二章　六亲　六神 ………………………………………… (85)
　　第一节　六亲的划分 ……………………………… (85)
　　第二节　快速、正确排六亲 ……………………… (86)
　　第三节　六亲持世 ………………………………… (89)
　　第四节　六亲发动 ………………………………… (90)
　　第五节　六亲变化 ………………………………… (91)
　　第六节　六神 ……………………………………… (91)

第三章　用神　原神　忌神　仇神　伏神　飞神 …………… (94)
　　第一节　用神 ……………………………………… (94)
　　第二节　原神　忌神　仇神 ……………………… (95)

第三节　伏神　飞神 ……………………………………（105）

　　第四节　用神两现 …………………………………………（108）

第四章　月建　月破　日辰　旬空 ………………………（110）

　　第一节　月建 ………………………………………………（110）

　　第二节　月破 ………………………………………………（114）

　　第三节　日辰 ………………………………………………（115）

　　第四节　旬空 ………………………………………………（117）

第五章　动静　生克　冲合 ………………………………（120）

　　第一节　动静 ………………………………………………（120）

　　第二节　本爻与变爻生克 …………………………………（122）

　　第三节　暗动与日破 ………………………………………（123）

　　第四节　动静之多寡 ………………………………………（125）

　　第五节　卦爻进退新论 ……………………………………（127）

　　第六节　爻之六合 …………………………………………（133）

　　第七节　爻之六冲 …………………………………………（134）

　　第八节　合冲并见 …………………………………………（135）

　　第九节　三合局 ……………………………………………（137）

　　第十节　三会局 ……………………………………………（139）

第六章　卦爻特殊信息标志 ………………………………（142）

　　第一节　游魂卦　归魂卦 …………………………………（142）

第二节　六冲卦　六合卦 …………………… (143)

　　第三节　反吟 ………………………………… (145)

　　第四节　伏吟 ………………………………… (147)

　　第五节　三刑 ………………………………… (149)

第七章　先贤纳甲预测精华借鉴 …………………… (152)

　　第一节　《黄金策·千金赋》诠释 …………… (152)

　　第二节　《碎金赋》、《通玄赋》诠释 ………… (167)

第八章　用神旺衰强弱与吉凶的判断 ……………… (171)

第九章　纳甲预测法断卦步骤 ……………………… (174)

第十章　纳甲分类占断方法及实例 ………………… (178)

　　第一节　天气 ………………………………… (180)

　　第二节　财运 ………………………………… (187)

　　第三节　婚姻 ………………………………… (198)

　　第四节　功名　职业 ………………………… (206)

　　第五节　疾病 ………………………………… (215)

　　第六节　应试 ………………………………… (229)

　　第七节　出行 ………………………………… (233)

　　第八节　行人 ………………………………… (240)

　　第九节　失物 ………………………………… (246)

第十节　官非　词讼 …………………………………(254)
第十一节　流年运 ………………………………………(261)
第十二节　小　结 ………………………………………(270)

附　录 ………………………………………………………(272)
　　周易与命名 ……………………………………………(272)
　　象天法地破玄机　手掌乾坤造化人 …………………(282)
　　刁钻顾客欲拜师 ………………………………………(286)
　　看风水知企业兴衰 ……………………………………(289)
　　听李顺祥老师讲课 ……………………………………(292)
　　预测活电脑——李顺祥 ………………………………(326)
　　授课卦例选登 …………………………………………(350)

后　记 ………………………………………………………(370)

自 序

八卦上测天文、下测地理、中测人事，无所不能。精于此术者，胸藏玄机，时时事事皆能知己知彼，胜券在握。古曰："运筹帷幄之中，决胜千里之外"实非虚言。周易八卦，乃我国预测科学之精华，千古诸贤之智慧结晶，被有识者誉为宇宙代数学——以至二进制的创立、计算机的发明皆根源于八卦，其预测天文、地理、人事的神奇功能，更是现代高科技也望尘莫及。而无知者却视之为迷信，大肆反对，虽不如十六世纪法兰西教会扼杀哥白尼的"日心说"那样惨烈，却也给预测科学的发展设置了很大的障碍。但科学的光辉是罩不住的，八卦预测的神奇功能有力地证明了自身的道理，吸引着千万学者，以至近年来迅速在海内外掀起了空前的周易热潮。可以预言：八卦预测和其他各门类的术数预测科学将会如雨后春笋般地发展，它将渗透社会科学、自然科学和社会民众的日常生活，成为人们行动的高参，成为经济建设和社会发展之舟的航标。预测科学的发展，必将为其他各门科学注入新鲜的健康血液，并起到先导作用。

然而，八卦预测科学虽然古老，却由于种种偏见，始终未能登上科学的大雅之堂，全赖历代少数预测学家苦心维系，得以薪火相传。但因自古的门派观念，难免相互保守，以致许多宝贵的预测精华鲜为人知。当今易学热潮乍起，各种术数预测书籍如汗牛充栋，纷纷应市，但大多杂而不精，使初学者不得要领；更有惟利是图者，靠抄袭和东拼西凑而粗制滥造出所谓预测经典书籍，充斥书市，沽名钓誉，误人子弟，实为可恶。不可掩饰，八卦预测尚有许多新的学术项目急需开发研究，古人的某些理论亦需进一步完善，个别错误尚待纠正。纵观目前易学队伍，学习热情甚高，求索精神可嘉，但大多因既无适宜自学的教科书，又无明师指导，所以即使久学却也是会而不精，欲进不易，欲弃不舍。笔者在三十余年的专业预测中经常碰到这类彷徨的同行。多年来，承蒙了解笔者的众多易学同好错爱，对笔者的预测风格和预测思路备加推崇，纷纷要求我将自己的八卦、四柱、风水、姓名学等预测思维方法及研究成果编成系统的教材公开出版，以解广大易学同好欲学无门之难。为了满足大家的要求，笔者于繁忙的预测工作中拼命挤出一些时间撰写了《中国六爻预测学》、《中国四柱预测学》、《中国实用风水学》、《中国实用姓名学》、《四柱解惑》和《八卦解惑》这套易学研究丛书，但愿拙著能给广大易学爱好者在预测思路上以有益的启发和诱导，更希望由此而使读者的预测技术产生一个飞跃。

笔者虽对四柱、八卦预测学，风水学及姓名学有着三十多年的研究，但易学博大精深，本人才疏学浅，知识积累有限，书中难免会出现一些疏漏和错误，敬请广大专家、学者斧正。

李顺祥

辛卯年秋于重庆市中华易学研究院

上 卷

阴阳五行学说

第一章 阴阳五行基础知识

第一节 概 说

阴阳五行学说是八卦预测的理论依据，所以，研习八卦预测必须首先掌握阴阳五行生克制化的基本法则。

阴阳包括五行，五行含有阴阳。宇宙间的一切事物，根据其属性，可分为两大类，即阴类和阳类。"阳"具有刚健、向上、生发、展示、外向、伸展、明朗、积极、好动等特性；"阴"具有柔弱、向下、收敛、隐蔽、内向、收缩、含蓄、消极、喜静等特性。任何一个具体的事物又同时具有阴阳的两重性。即阴中有阳，阳中有阴。比如人分男女，男为阳，女为阴；男性阳刚，但同时又有脆弱的一面，即外刚内柔；女性阴柔，但同时又具有刚强抗争的性格，即外柔内刚。任何庞大的事物都逃不出阴阳的范畴，任何微小的事物又具有阴阳的两个方面。阴阳在一定条件下是可以相互转化的，物极必反的现象就是阴阳转化的一种表现形式。

阴阳学说是我国古代哲学的源流和基础。今天的唯物辨证法中的对立统一观点，与阴阳学说相一致。阴阳学说原理广泛应用于社会生活的每个领域，人们经常用它，只是有的不自知罢了。宇宙间万事万物，根据其特性，可以系统地分为五大类——金、木、水、火、土。这五类事物统称为五行。金、木、水、火、土并非指具体的五种单一的事物，而是对宇宙间万事万物的五种不同属性的抽象概括。读者必须跳出狭窄的"五行"圈子，全面领会五行的真正内涵，否则，在今后的术数研究中，就会受到狭隘思维的局限，穿凿附会，误入歧途。阴阳五行是一个抽象的概念。它是中国术数预测学的精髓。没有真正透彻地理解阴阳五行学说，就不可能达到术数预测的高深境界。对阴阳五行学说的理解和术数预测的实践是分不开的，二者相互补益；预测技术每提高一步，对阴阳五行学说的理解就深了一步，反过来说，对阴阳五行学说的理解越深，就越有利于预测技术的提高。许多术数研习者学到一定程度，就很难再上一个台阶，要害之一就在于没有透彻理解和掌握阴阳五行学说的精髓。须知：一切术数预测的理论基础皆是阴阳五行学说，基础不牢，是绝不可能达到玄妙之境的。希望读者扎扎实实地练好基本功，以后学起来障碍就少了。

第二节　五行特性

五行特性是研究术数预测学必须掌握的基础课，它对研习八卦预测同样起着重要的作用。命理与八卦同源于阴阳五行，在预测上有许多相似之处，如果能将命理知识融会于八卦预测中，可以大大提高八卦预测的具体性、细微度和准确度，望读者不要忽略了这一点。五行特性有助于断卦时剖析人的性格特征，描述人的精神状态。

一、木的特性

木曰"曲直"。曲者，屈也；直者，伸也。故木有能屈能伸之性。木纳水土之气，可生长发育。故木又具有生发、条达、向上、修长、柔和、仁慈之性。木主仁。

二、火的特性

火曰"炎上"。炎者，热也；上者，向上也。故火有发热、温暖向上之性。火具有驱寒、除湿、煅炼金属之能。火生于木，其势急，其情恭。火主礼。

三、土的特性

土曰"稼穑"。播种为稼，收获为穑。土具有载物、生化、藏纳之能，故土载四行，为万物之母，具贡献，厚重之性。土主信。

四、金的特性

金曰"从革"。从者，顺从，服从也；革者，变革，改革也。改革、变革必施以威斩，故金具有能柔能刚、延展、变革、肃杀的特性。金主义。

五、水的特性

水曰"润下"。润者，湿润也；下者，向下也。故水具有滋润、向下、淹藏的特性。水主智。

五行特性在八卦预测中有辅助的作用。读者可根据某一五行的特性进行模仿性的联想、发挥、举一反三，这样就能打开思路，诱发智慧，推导出更多、更细的信息。

第三节　五行生克

一、概述

五行之间存在着相生相克的关系。生克是矛盾的两个方面，也就是阴阳的两个方面，所以说五行含有阴阳。相生相克是事物的普遍规律，是事物内部不可分割的两个方面。生克是相对的，没有克，也就无所谓生。有生无克，事物就会无休止地发展而走向极端，造成物极必反，由好变坏；有克无生，事物就会因被压制过分而丧失元气走向衰败或灭亡。只有当生克达到相对平衡时，才有利于事物的稳步发展。

五行生克的相对平衡，就是事物矛盾的对立统一。这种平衡被打破，则

"统一"也就随之而被破坏。这一法则适用于宇宙间的万事万物。比如说民主和集中也是一对生克，民主是自由是生，集中是约束是克；过分自由就是无政府主义，势必导致社会混乱；约束过分民众无半点自由，就会导致反抗，动摇社会制度。生克平衡为贵的例子，举不胜举，希望读者对五行生克有一个比较明确的、全面的认识。生与克不过是两种概念，两种名称，千万不要把生与吉画等号，也不要把克与凶画等号。需要生时，生就是吉，需要克时，克也是吉；不宜克时，克就是凶，不宜生时，生也是凶。生与克就是阳与阴的关系，我们不能说阳都为吉，阴都为凶。阴阳生克与吉凶的判断标准只能看是否符合需要，是否适宜。学过命理的人是懂得这个道理的，但许多人往往却不会把这个道理用在八卦预测学上，以致片面认为八卦用神逢生为吉，遇克为凶，也不分析是否生得过分或克得适宜，结果预测中难免出些错误，却又找不到原因。在此，提示读者在思路上要开阔一些，再往后学，你就会知道命理用于八卦中的妙处。

二、五行相生

五行之生，是五行中某一行（如木）对另一行（如火）具有促进、助长性的施与作用。这两行又分主生者（如木）和受生者（如火）。主生者力量被泄弱，受生者力量得到加强；主生者施与，受生者吸纳。

五行相生的关系是：木生火、火生土、土生金、金生水、水生木。

五行相生分真生和假生。

真生，指主生者有力量生受生者，同时受生者也有力量吸纳主生者的施与。这必须是主生者和受生者都不太弱，主生者的力量不能过分地超过受生者的力量。木能生火，必须是木、火皆有气，这样的木生火才是真生。如果火太弱接近熄灭，火就无力吸纳木之气而使火旺。这就好比一个年老体衰、濒临死亡的重病者，纵有玉液琼浆或珍贵良药，他也难以吞咽，故只有渐渐等死。主生者力量太弱无力生受生者，或受生者力量太弱无力吸纳主生者之气的两行之间的生为假生。这就是人们常说的心有余而力不足。受生者相对太弱而不受生的情形按五行归类则为：

木赖水生，水多木漂；水赖金生，金多水浊；金赖土生，土多金埋；土赖火生，火多土焦；火赖木生，木多火窒。

主生者太弱，受生者太旺，则又表现为：

木能生火，火多木焚；火能生土，土多火晦；土能生金，金多土虚；金能生水，水多金沉；水能生木，木多水缩。

由此可知，主生者与受生者力量悬殊太大，都是假生。假生实质上等于克，是克的一种特殊表现形式。一般初学者对真生的理解和运用较容易掌握，但对假生的理解、掌握和运用就稍微难一些。首先必须搞清楚什么程度为太旺，什么程度又为太弱。希望读者仔细体悟，深刻理解并牢牢掌握上述假生的十种形式和实质，为今后的实际预测打好坚实的基础。

三、五行相克

五行之克，就是一行对另一行的制约（牵制、抑制等）作用，克也分主克与受克。主克者制约对方，受克者受制于对方。主克者的力量因行克而被消耗，受克者的力量因受克而被抑制、损失。相对来说，主克者消耗的力量较小，受克者损失的力量较大（反克例外）。比如用刀砍木，刀主克，木受克，刀比木硬，刀不过把刃砍钝，而木却被砍折。二者的受损程度悬殊很大。

木克土、土克水、水克火、火克金、金克木。

克又分正克、反克和重克。正克是指主克者力量克制受克者，就是通常所说的木克土、土克水、水克火、火克金、金克木。反克是指主克者本身力量太小根本不足以克制对方，而反被对方所制约。比如水是克火的，但要用一杯水去浇灭熊熊大火，不但止不住火势，泼进去的水反而一下子就被大火烧干，化为乌有。这就是人们常说的以强敌弱的道理。

木本克土，土重木折；土本克水，水多土流；水本克火，火多水干；火本克金，金多火熄；金本克木，木坚金缺。

重克，是指主克者太强，受克者太弱，克的结果，使受克者遭到极其严重的损伤，造成毁灭性的结局。因为太弱的五行，好似风中残烛，遇上狂风席卷，岂有不灭之理。重克归纳起来表现为：

木弱逢金，必被砍折；金弱逢火，必见消熔；火弱逢水，必至熄灭；水弱逢土，必为淤塞；土弱逢木，必遭倾陷。

四、五行亢旺

事物发展到了旺盛的极点，就会朝着相反的方向转化，这就是物极必反，在五行学说中，我们把它称为"亢旺"。导致亢旺的条件，必须是自身旺盛至极，又无别的力量对其进行有效的制约。旺与亢旺的界限，有时很难区分，往往只是毫厘之差，但若不能精确判别，在预测中就会得出错误的结论。亢旺的规律，主要是用于八卦预测学中的特殊卦例和命理学的特殊格局，这是比较复杂的问题，请参阅拙著《中国四柱预测学》。只有牢固掌握基础知识，在弄通五行生克制化的基础上，才能真正领悟特殊情况下关于亢旺的特殊规律。五行亢旺的表现形式为：

木过则顽；火炽则烈；土厚则壅；金刚则折；水狂则滥。

五、五行生克小结

从前述的五行生克中可以看出，在生克这个对立统一的矛盾中，无论是生得过分还是克得过分都会因对立而打破统一，或者叫做打破五行生克的相对平衡。打破平衡，事物就会向一方倾斜发展。为了维持相对平衡，生与克要相互牵制。当不能相互牵制时，平衡被打破，这时事物就出现了新的变化，这种变化就是人们常说的吉凶。

五行生克是八卦预测学最基础也是最重要的理论，是八卦的中枢，所以，读者务必细心体悟，牢固掌握，不可放过一字一词。五行取象于实际生活，五行生克学说自然也与实际生活中的事理相吻合，所以，建议读者将五行生克之理与实际生活中的各种事理有机地结合起来，细心地比较，模仿，开通思路，展开联想。宇宙万事万物皆逃不出阴阳五行的范畴。

第二章 天干地支及五行旺衰

第一节 天　干

天干共十位——甲、乙、丙、丁、戊、己、庚、辛、壬、癸，所以称之为十天干。天干和地支一起，参与生克作用，八卦预测重地支，四柱预测则干支并重。纵观古今，一般研习八卦的人，都纯粹抛开天干，其实这是一种很大的疏失。

天干与阴阳五行的关系为：

甲丙戊庚壬为阳干，乙丁己辛癸为阴干；

甲乙属木，甲为阳木，乙为阴木；

丙丁属火，丙为阳火，丁为阴火；

戊己属土，戊为阳土，己为阴土；

庚辛属金，庚为阳金，辛为阴金；

壬癸属水，壬为阳水，癸为阴水。

天干的生克与五行生克一致。

即：甲乙木生丙丁火；丙丁火生戊己土；戊己土生庚辛金；庚辛金生壬癸水；壬癸水生甲乙木。

甲乙木克戊己土；丙丁火克庚辛金；戊己土克壬癸水；庚辛金克甲乙木；壬癸水克丙丁火。

人们都熟悉物理学上同性相斥、异性相吸的规律。五行也有这个规律。所谓同性，就是阴见阴（如乙见乙，乙见丁等），阳见阳（如甲见甲，甲见丙等），异性就是阳见阴（如甲见乙，甲见丁等），阴见阳（乙见甲，乙见丙等)。同性相克力较大（克力+斥力），异性相克力相对较小（克力-吸力）。

第二节 地 支

地支共十二：子、丑、寅、卯、辰、巳、午、未、申、酉、戌、亥。统称为十二支。

一、地支序数

子1、丑2、寅3、卯4、辰5、巳6、午7、未8、申9、酉10、戌11、亥12。

二、地支阴阳五行

奇为阳，偶为阴。故子、寅、辰、午、申、戌为阳；丑、亥、酉、未、巳、卯为阴。

寅卯属木，巳午属火，申酉属金，亥子属水。辰戌丑未属土。

三、地支与四时方位

寅卯属东方木，巳午属南方火，申酉属西方金，亥子属北方水，辰戌丑未为四隅之土。

寅卯辰司春之令，巳午未司夏之令，申酉戌司秋之令，亥子丑司冬之令。

四、十二支配月建

正月建寅，二月建卯，三月建辰，四月建巳，五月建午，六月建未，七月建申，八月建酉，九月建戌，十月建亥，十一月建子，十二月建丑。这里的月份以农历（夏历）为准。农历月份又是以十二节令来划分的。不要把每月初一至三十（小月廿九）看成八卦预测学上的某一月。比如一九九七年正月初一至二十七属寅月，正月二十七交惊蛰，故二十七至三十属卯月。上一个节令起至下一个节令止为一个月；如立春起至交惊蛰止为正月。十二月与节令的对应关系如下表：

月份	正月	二月	三月	四月	五月	六月	七月	八月	九月	十月	冬月	腊月
月建	寅	卯	辰	巳	午	未	申	酉	戌	亥	子	丑
节令	立春	惊蛰	清明	立夏	芒种	小暑	立秋	白露	寒露	立冬	大雪	小寒

五、十二支与生肖、时辰及人体器官的对应关系

地支	生肖	每日时间	人体	
			内五行	外五行
子	鼠	23—1	膀胱三焦	耳
丑	牛	1—3	脾	胞肚
寅	虎	3—5	胆	手
卯	兔	5—7	肝	指
辰	龙	7—9	胃	肩·胸
巳	蛇	9—11	心	面·咽齿
午	马	11—13	小肠	眼
未	羊	13—15	脾	脊梁
申	猴	15—17	大肠	经络
酉	鸡	17—19	肺	精血
戌	狗	19—21	胃	命门腿足
亥	猪	21—23	肾·心包	头

第三节 地支生克

五行之间的作用归结起来就是生克。十二支属于五行的范畴，相互之间的作用自然不外乎生克。由于地支中藏干较多，其气不专一，地支间的生克就表现出许多形式，自古以来，把这些形式分别称作：

生、克、泄、耗、刑、冲、合、害、会、拱、扶（助）、制、化，后来简称为"生克制化刑冲合害"或"生克制化"。这个法则在纳甲预测法中十分重要。

一、地支生克

寅卯生巳午火，巳午火生辰戌丑未土，辰戌丑未土生申酉金，申酉金生亥子水，亥子水生寅卯木。

寅卯木克辰戌丑未土，辰戌丑未土克亥子水，亥子水克巳午火，巳午火克申酉金，申酉金克寅卯木。

十二支生克与五行生克之理完全一致。只是这种生或克不像天干那样单纯，由于地支藏干五行不一致，故往往生中有克，克中有生。

二、地支合会

1. 地支六合

子丑合化土，寅亥合化木，卯戌合化火，辰酉合化金，巳申合化水，午未合化土，共六组，故称为六合。

地支相合也是阴阳相合。合分为生合与克合。丑与子、卯与戌、巳与申为克合，合中有克。克合有强行相合的意思。丑土凭借自己强旺之力克制子水，子水受到制约不得不从；卯戌合、巳申合道理一样。在克合中，由于二者异性相吸，虽五行相克，却是对立统一，虽有怨，亦有情。亥寅、辰酉、午未之合为生合，二者异性相吸，而且五行相生，可谓情投意合，如胶似漆。在五行力量相等的条件下，生合比克合更牢固，合力更大，而且生合也比克合更容易成化。

地支六合中，相合二支的藏干皆具有相生相助之干。丑中辛癸生助子中癸水，亥中壬甲生助寅中甲木，卯中乙木生戌中丁火，辰中戊土生酉中辛金，巳中庚金生助申中壬水，午中丁己生助未中己土。这含有"同气相求，同声相应"之意。

地支合化，实质上就是一支对另一支五行力量的生助、抑制或引化。如子丑合化土，子水的力量被丑土抑制，寅亥合化木，亥水生助寅木，亥的力量就被寅木引化。六合的结果，使相合两支的力量与未合时发生改变，所以合的实质仍不外乎是生克。

2. 地支三合局

寅午戌三合火局，亥卯未三合木局，申子辰三合水局，巳酉丑三合金局。

寅中藏丙火，寅为火的长生之地，午乃火之本气，为火的帝旺之所，戌中藏丁火，为火之墓库。从初生（长生）到帝旺至墓库收藏，是事物发生、发展、归宿的三个主要环节，这三个环节自始至终有利于事物本身，故"生旺墓"一气构成三合局。寅午戌三合局如此，其余三合木局、三合水局道理一样，只是三合金局稍有不同。

三合局的中间这个字称为"中神"，是合局的核心。三合局的中神，前面有长生，后面有墓库收藏（储蓄力量），前呼后拥，聚集成一股强大的力量，所以三合局比单独一个中神的力量强大，稳固。

地支合局里还有一种形式，称为半合，寅午半合，寅为午长生之地，故称为生地半合；午戌半合，戌为午之墓地，故称为墓地半合。生地对中神有生之力，而墓地对中神有收敛作用，故在一般情况下，生地半合之力大于墓地半合之力（但半合金局的"酉丑"墓地半合之力通常大于"巳酉"生地半合）。半合局实际上是残缺的合局，所以其力量小于完整的三合局。

无中神者不为半合局（如寅戌），但当中神（如午）出现时则可以构成三合局（寅午戌）。寅戌之类，可称为"闸局"或"拱局"。

3. 地支三会局

寅卯辰三会东方木局，巳午未三会南方火局，申酉戌三会西方金局，亥子丑三会北方水局。

如木旺于春，寅司孟春之令，为木之本气。三者一气相连，将木之旺气会聚在一块，不需水来生，就十分强旺，好比群英聚会，故称为三会东方木局。其余三会局同理。

三会局（如寅卯辰）的力量大于同类三合局（如亥卯未）的力量。

4. 合化

即地支合会以后其原来的特性有所变化。这种变化分为抑制和转化（引化）两种。如申子辰三合水局成化后，申、辰原来的特性被转化为水的特性，与子合成旺水，加强了水的特性。亥卯未三合木局成化后，亥的特性被转化为木的特性，未的特性受到木的抑制而不能显现出未土原来的特性。其他六合、三会成化后的道理一样。

三、地支之冲

子午相冲，丑未相冲，寅申相冲，卯酉相冲，辰戌相冲，巳亥相冲，共六组，故称为六冲。

地支六冲与天干冲的道理一样，也是同性相斥，五行不和，方位对冲。如午火属阳位南，子水属阳居北，二者同性相斥，水火相克，南北对冲。

冲为对立、排斥相击之意，六冲本身两支相克，再加上对立、相击的排斥力，所以，冲比克力量大。这大出的力量来自于同性之间的排斥力。假设子的力量为10，巳午的力量为6，异性合力为1，同性斥力为1，则子克巳子水余力=10－6＋1＝5，子冲午后子水余力=10－6－1＝3，主冲者耗去的力量比主克者耗去的力量大。反过来说被克者受损较小，被冲者受损较大。这里假设的数字只是为了形象说明冲与克的力量差异，请不要把子冲午之力看着比子克巳之力就刚好大"2"，这个"2"到底代表多少，应针对具体的节令和整个卦的组合来定。

为了加深理解，我们可以把相克比作夫妻（异性）相斗，手下留情；把冲比作情敌（同性）相见，分外眼红。

四、地支六害

子与丑合，午冲子而破合，此为午害丑；午与未合，丑冲未而破合，此为丑害午，故丑午相害。同理可推出其余五组相害。地支六害为：

子未相害，丑午相害，寅巳相害，卯辰相害，申亥相害，酉戌相害。

五、地支相刑

子卯相刑，为无礼之刑；寅刑巳、巳刑申、申刑寅，为恃势之刑；丑刑戌、戌刑未、未刑丑，为无恩之刑；辰见辰、午见午、酉见酉、亥见亥，为自刑。

刑的意义，解释之一：我根据地支相刑的五行关系和大量的实际命例卦例分析总结出，刑就是一种克。有人会问，子生卯，寅生巳，丑未戌同类为相助，辰午酉亥自见也为比和，这些都是生，为何说是克？这实质上就是前面"五行相生"一节里讲的假生，假生反而为克。也就是说，当两者力量太悬殊时，主生者太弱不能生或受生者太弱不受生。子生卯，子水太强卯木太弱为水多木漂，卯木太强子水太弱则为木多水缩；寅刑巳的道理一样。丑未戌三刑，辰午酉亥自见皆为同类相助，当其本身已经很强旺时，再遇相助而增大力量，就导致了物极必反即亢旺，亢旺在一般情况下为克。至于巳刑申、申刑寅，本身就是一种五行相克的关系，容易理解。

综上所述，刑就是克，是克的又一特殊表现形式。当刑旺忌神时，刑的结果会导致命运走向凶的一面，这样的刑便是一种妨害。产生刑的根源是五行力量的强弱悬殊或亢旺。因此，当相刑的两支或三支（巳刑申、申刑寅除外）力量不太悬殊时，以生助论而不以刑论，巳申相刑又相合，当合力较大时也论合不论刑。这一点在实际预测中十分重要，希读者一定牢牢掌握，否则差以毫厘，谬之千里。

由于刑的结果使五行严重失衡，因此容易导致灾祸，或伤残病亡，或官司牢狱。

子为卯之母，母子相刑，有失礼教，故为无礼之刑。子卯相刑而无制，为人不讲孝道，不遵礼节，六亲无情。

寅、巳、申各为木、火、金的临官之地，各恃力量强旺而相刑，故称为恃势之刑。犯寅巳申三刑之人，多主性情躁烈，不容他物，以强欺弱，孤独怪僻，幸灾乐祸。

丑未戌皆为土，同类应相亲相助，但同类又为比劫，有争竞之性，彼此争竞，激起旺气，各不相让，以至兄弟失和，恩将仇报，故称为无恩之刑。

辰午酉亥自见，为同类聚集，物极必反。主人贪婪暴虐，外善内毒，偏激自私，往往为达到自己的某种私欲而惹祸上身。

六、地支的泄、耗、扶（助）、拱、制、化

【泄】如子生寅，子被泄气，即主生者泄气。

【耗】如申克卯，申需耗费力量，故为耗气，即主克者耗气。

【扶（助）】寅与卯，寅与寅，卯与卯相见，同属于木，故可相扶相助，故同类相见为相扶或相助。

【拱】三合局、三会局缺中间一字者为拱局。如申辰拱子，亥丑拱子。

【制】就是制约、牵绊、牵制、抑制之意。如子丑合而不化，但相互间因有合力而相互牵绊。又如子生寅，有戌克子，则子被戌制而削弱生寅之力；子冲克午，有未制子而削弱冲克午之力。再如原本有寅亥合，但又有申冲寅或旺土克亥水等，则会影响寅亥的合化，这种复杂的制约关系就是制，制就是克。

【化】通关、转化或化解之意。比如金木相战，有水通关，金木相战的局势则被化解，转而变成金生水、水生木的流通之势。这时的金不但不克木，反而生木的原神水，所以金就成了木之原神的原神。金就由木之敌变为了木之友。金克木无水通关，若有火能够克制金，就解了木受金克之围，火就起了化解金木相战之势的作用。当然这种化解不及通关转化好，因为火虽可制金但火同时又泄木之气，而不像水通关那样可以使木非但不受金克反而受益于金。其他五行之间的化同理。

化也是五行力量转换的一种损益形式，也就是生克。

从上述地支间的十三种关系中可以看到，任何一种关系都不外乎损益的范畴，损就是克，益就是生。比如泄、耗、刑、冲、害、制都属于损的范畴为克；合、会、拱、扶（助）、化都属于益的范畴为生。损益是相对一个主体而言的。这个主体受益，相对它的客体必然受损；而主体受损，相对的客体有的会受益，有的则同时受损（如子午冲），所以上述地支间的各种关系和作用归纳起来就是生克。在具体分析一个卦时，把各种复杂的关系划分为生克两类，则许多复杂问题就可得到简化而条理分明，这样，吉凶也就易于判断了。

第四节　干支纪时法

八卦是对时空的描述，八卦预测离不开时间因素。在阴阳五行学说中，是以干支进行纪时的，即以天干地支作为记录年、月、日、时的符号。十干与十二支配合共可组成六十对干支，常称为"六十甲子"。见下表：

十位＼个位	1	2	3	4	5	6	7	8	9	10
0	甲子	乙丑	丙寅	丁卯	戊辰	己巳	庚午	辛未	壬申	癸酉
1	甲戌	乙亥	丙子	丁丑	戊寅	己卯	庚辰	辛巳	壬午	癸未
2	甲申	乙酉	丙戌	丁亥	戊子	己丑	庚寅	辛卯	壬辰	癸巳
3	甲午	乙未	丙申	丁酉	戊戌	己亥	庚子	辛丑	壬寅	癸卯
4	甲辰	乙巳	丙午	丁未	戊申	己酉	庚戌	辛亥	壬子	癸丑
5	甲寅	乙卯	丙辰	丁巳	戊午	己未	庚申	辛酉	壬戌	癸亥

六十甲子纪年可直接从万年历上查得。如1924年为甲子，1925年为乙丑，1926年为丙寅……每隔60年循环一次，则又1984年为甲子，1985年

为乙丑，1986年为丙寅……

知道了年干，要推算这年各月的干支就容易了，因为每年十二个月的地支是固定的，所以，只需给各月地支配上天干就行了，先看下表：

年上起月表

年＼月	甲己	乙庚	丙辛	丁壬	戊癸
正月	丙寅	戊寅	庚寅	壬寅	甲寅
二月	丁卯	己卯	辛卯	癸卯	乙卯
三月	戊辰	庚辰	壬辰	甲辰	丙辰
四月	己巳	辛巳	癸巳	乙巳	丁巳
五月	庚午	壬午	甲午	丙午	戊午
六月	辛未	癸未	乙未	丁未	己未
七月	壬申	甲申	丙申	戊申	庚申
八月	癸酉	乙酉	丁酉	己酉	辛酉
九月	甲戌	丙戌	戊戌	庚戌	壬戌
十月	乙亥	丁亥	己亥	辛亥	癸亥
冬月	丙子	戊子	庚子	壬子	甲子
腊月	丁丑	己丑	辛丑	癸丑	乙丑

只要知道了某年的年干，在表上就可直接查出该年任何一个月的月干。如1992年为壬申年，1997年为丁丑年，要查这两年三月（辰月）的月干，在表查得为甲辰。经常在表上查，也不方便，于是，古人便总结出一个年上起月的歌诀：

　　　　甲己之年丙作初，乙庚之岁戊为头，
　　　　丙辛之年寻庚上，丁壬壬寅顺水流，
　　　　若问戊癸何处起，甲寅之上去寻求。

用这个歌诀在手掌上推月干很方便。比如甲戌年（1994年），以丙为该年第一个月（寅月）的月干，即正月为丙寅月，按照本书前面介绍的掌诀图，先在掌上寅位（食指第三指节下部）起丙，其余月份天干依序顺推为：卯月配丁，辰月配戊，巳月配己，午月配庚，未月配辛，申月配壬，酉月配癸，戌月配甲，亥月配乙，子月配丙，丑月配丁。其余年份各月的天干仿此。要推哪一个月，只要在手指上一掐就知道了。

月支又叫月令。令者，掌权司令也。它是衡量干支五行衰旺的首要标准。由于月令具有主宰一月五行的生杀之权，居统帅地位，所以，又叫提纲。

每日的干支也可直接从万年历查得。

每日十二个时辰的地支数也是固定不变的，按日干配上时辰天干即得十二时辰干支。见下表：

时＼日	甲己	乙庚	丙辛	丁壬	戊癸
子	甲子	丙子	戊子	庚子	壬子
丑	乙丑	丁丑	己丑	辛丑	癸丑
寅	丙寅	戊寅	庚寅	壬寅	甲寅
卯	丁卯	己卯	辛卯	癸卯	乙卯
辰	戊辰	庚辰	壬辰	甲辰	丙辰
巳	己巳	辛巳	癸巳	乙巳	丁巳
午	庚午	壬午	甲午	丙午	戊午
未	辛未	癸未	乙未	丁未	己未
申	壬申	甲申	丙申	戊申	庚申
酉	癸酉	乙酉	丁酉	己酉	辛酉
戌	甲戌	丙戌	戊戌	庚戌	壬戌
亥	乙亥	丁亥	己亥	辛亥	癸亥

第五节　五行旺衰

五行四时旺衰强弱，是判断卦中五行（尤其是用神）的根据。五行是宇宙万事万物的抽象概括，它将宇宙万事万物分为五大类。每一类事物都有其自身的发生、发展、壮大、衰败、灭亡的过程，各类事物在不同的宇宙时空状态下其存在的方式也不同，按照这一宇宙间的客观自然规律，人们通过长期观察、总结、验证，发现了如下规律：

五行四时旺衰表

五行\四时	木	火	水	金	土
春	旺	相	休	囚	死
夏	休	旺	囚	死	相
季	囚	休	死	相	旺
秋	死	囚	相	旺	休
冬	相	死	旺	休	囚

为了便于读者理解、记忆，作如下解释：

旺——事物发展至鼎盛时期的状态。如木在春季，得时秉令，为一年四季最旺之时。

相——事物处于受生受益时期正适宜发展的状态。如木于冬季水旺之时，吸纳水气（进气）而受益，为生长发育提供了条件，处于次旺状态。

休——事物因生另一事物而被泄其气而衰败。

囚——事物失去生的源泉又克制不了当令之事物，导致自身力量比"休"更弱的状态。如夏天之水，生水的金被当令之旺火重克，使水失去金之生助，水克火耗水之气，但又战不过旺火，故以失败告终，像战俘一样反被囚禁起来。

死——一事物被力量极强旺的另一事物重克，元气伤尽，走向灭亡的状态。如冬季火被旺水重克而趋于熄灭。

旺、相、休、囚、死的旺衰次序为：旺为最旺，相为次旺，休为小衰，囚为中衰，死为最衰。

记忆规律：当令者旺，令生者相，生令者休，克令者囚，令克者死。

旺相休囚死的含义，读者可以以实际生活中的事理进行推导，就能加深理解，领悟其实质意义。

表中除春、夏、秋、冬四时外，还有一个"季"字，它是指辰、戌、丑、未四个月，辰、戌、丑、未土的性质和力量是有所别的，如水在辰、丑湿土之月的力量就比在戌未燥土之月的力量大，其余木火金的力量在不同的土月也不一样，这将在以后详论。

第六节 八卦与五行生克旺衰

一、八卦与五行

乾兑属金，离属火，震巽属木，坎属水，艮坤属土。

二、八卦生克

八卦相生关系：

震巽（木）生离（火），离（火）生艮坤（土），艮坤（土）生乾兑（金），乾兑（金）生坎（水），坎（水）生震巽（木）。

八卦相克关系：

震巽（木）克艮坤（土），艮坤（土）克坎（水），坎（水）克离（火），离（火）克乾兑（金），乾兑（金）克震巽（木）。

三、八卦旺衰

卦气旺衰是推断吉凶的依据之一，八卦的卦气旺衰取决于时令和方位。其关系如下表所示：

八卦	五行	时令	方位
震	木	春	东
巽	木	春	东南
离	火	夏	南
坤	土	四季之月	西南
兑	金	秋	西
乾	金	秋	西北
坎	水	冬	北
艮	土	四季之月	东北

注：表中四季之月指辰戌丑未月。

卦气同时受时令（季节）和方位的影响，如乾卦旺于秋季，若在西方占测得西方之金气则更旺，若在南方受方位之火克，卦气有所削减，在北方、东方卦气也有所减弱，但减弱的程度比南方低。反过来说，乾卦衰于夏季，若在南方更衰，居于西方则有所补益。

中 卷

象数预测法

第一章　象数基础知识

第一节　八卦释义

关于八卦的起源，在诸多易学书籍中都有介绍，本书就不再赘述。

严格地说，八卦是指八经卦。所谓经卦，是指由三个"—"或"--"符号组合成的卦。"—"称为阳爻，"--"称为阴爻。经卦的组成方式，可以是三个阳爻组合，可以是三个阴爻组成，也可以是两个阳爻一个阴爻或两个阴爻一个阳爻组成。这四种组合方式共能（也只能）组成八个不同的象，因而称之为八经卦。对"卦"的释义，许慎《说文解字》云："卦，所以筮也，从卜，圭声。"由此可知卦是具有占筮功能的。所谓筮，就是占卜，以预知未来之意。《周易正义》的作者孔颖达进一步解释了"卦"的含义："卦者，挂也。言挂物象以示于人，故谓之卦。"就是说通过物象而告知人以整体，即用象寓义以示人。八经卦取象于宇宙间八大自然物象——天、地、雷、风、水、火、山、泽。

象征天，谓之乾；象征地，谓之坤；象征雷，谓之震；象征风，谓之巽；象征水，谓之坎；象征火，谓之离；象征山，谓之艮；象征泽，谓之兑。以上八大物象是从宏观的角度象征整个宇宙。宇宙是一个大天体，宇宙间的万事万物又分为无数的小天体。八卦可以象征宇宙这个大天体，也同样可以象征宇宙无数的小天体，这就是八卦"远取诸物，近取诸身，其小无内，其大无外"的功能。人也是一个小天体，所以八卦也可以取象于人事。《易经·说卦传》对此有比较具体的分类描述：

乾，健也；坤，顺也；震，动也；巽，入也；坎，陷也；离，丽也；

艮，止也；兑，说也。

乾为马，坤为牛，震为龙，巽为鸡，坎为豕，离为雉，艮为狗，兑为羊。

乾为首，坤为腹，震为足，巽为股，坎为耳，离为目，艮为手，兑为口。

乾天也，故称乎父，坤地也，故称乎母；震一索而得男，故谓之长男；巽一索而得女，故谓之长女；坎再索而得男，故谓之中男；离再索而得女，故谓之中女；艮三索而得男，故谓之少男；兑三索而得女，故谓之少女。

乾为天、为圆、为君、为父、为玉、为金、为寒、为冰、为大赤、为良马、为老马、为瘠马、为驳马、为木果。

坤为地、为母、为布、为釜、为吝啬、为均、为子母牛、为大舆、为文、为众、为柄，其于地为黑。

震为雷、为龙、为玄黄、为施舍、为大涂大道、为长子、为决躁、为苍筤竹（小青竹）。其于马也，为善鸣，为作足，为的颡。其于稼也，为反生。其究为健，为蕃鲜。

巽为木、为风、为长女、为绳直、为工、为白、为长、为高、为进退、为木果、为臭。其于人也，为寡发、为广颡、为多白眼，为近利市三倍。其究为躁卦。

坎为水、为沟渎、为隐伏、为矫揉、为弓轮。其于人也，为加忧、为心病、为耳痛、为血卦、为赤。

其于马也，为美脊、为亟心、为下首、为薄蹄、为曳。其于舆也，为多眚。为通、为月、为盗。其于木也，为坚多心。

离为火、为日、为电、为中女、为甲胄、为戈兵。其于人也，为大腹，为乾卦（干燥之卦的意思）。为鳖、为蟹、为蠃、为蚌、为龟，其于木也，为科上槁。

艮为山、为径路、为小石、为门阙、为果蓏、为阍寺、为指、为狗、为鼠、为黔喙之属，其于木也，为坚多节。

兑为泽、为少女、为巫，为口舌、为毁折、为附决。其于地也，为刚卤。为妾，为羊。

第二节　八卦万物类象

宋代易占宗师邵康节对八卦万物类象进行了详细分类，为历代用卦象占测者所遵从和许多易占之书所辑录。熟悉并掌握八卦万物类象，是熟练运用卦象进行预测的基础环节，掌握的万物类象越多，预测时就越能得心应手，准确占断出既丰富又具体的信息。为存其原貌，现将邵康节《梅花易数·八卦万物类象》辑录于下：

一、乾卦

【天时】天、冰、雹、霰。

【地理】西北方、京都、大郡、形胜之地、高亢之所。

【人物】君、父、大人、老人、长者、宦官、名人、公门人。

【人事】刚健勇武、果决、多动少静。

【身体】首、骨、肺。

【时序】秋、九十月之交、戌亥年月之时、五金年月日时。

【动物】马、天鹅、狮子、象。

【静物】金玉、宝珠、圆物、木果、刚物、冠、镜。

【屋宿】公厕、楼台、高堂、大厦、驿宿、西北向之居。

【家宅】秋占宅兴隆，夏占有祸，冬占冷落，春占吉利。

【婚姻】贵官之眷，有声名之家，秋占宜成，冬夏不利。

【饮食】马肉珍味、多骨、肝肺、干肉、木果、诸物之首、圆物、辛辣之物。

【求名】有名，宜随内任、刑官、武职、掌权、天使、驿官，宜向西北之任。

【谋望】有成，利公门，宜动中求财，夏占不成，冬占多谋，少遂。

【交易】宜金、玉、宝珠贵货，易成，夏占不利。

【求利】有财，金、玉之利，公门中得财，秋占大利，夏占损财，冬占无财。

【出行】利于出行,宜入京师,利西北之行,夏占不利。

【谒见】利见大人，有德行之人，宜见贵官，可见。

【疾病】头面之疾，肺疾、筋骨疾、上焦疾，夏占不安。

【官讼】健讼，有贵人助，秋占得胜，夏占失理。

【坟墓】宜向西北，宜乾山气脉，宜天穴，宜高，秋占出贵，夏占大凶。

【方道】西北。

【五色】大赤色、玄色。

【姓字】带金旁者，商音，行位一四九。

【数目】一、四、九。

【五味】辛、辣。

二、坤卦

【天时】阴云、雾气、冰霜。

【地理】田野、乡里、平地、西南方。

【人物】老母、后母、农夫、乡人、众人、老妇人、大腹人。

【人事】吝啬、柔顺、懦弱、众多、小人。

【身体】腹、脾、肉、胃。

【时序】辰戌丑未月，未申年月日时，八五十月日。

【静物】方物、柔物、布帛、丝绵、五谷、舆、釜、瓦器。

【动物】牛、百兽，驼马。

【屋宿】西南方、村店、田舍、矮屋、土阶、仓库。

【家宅】安稳、多阴气、春占宅舍不安。

【饮食】牛肉、土中之物、甘味、野味、五谷之味、芋笋之物、腹脏之物。

【婚姻】利于婚姻，宜税产之家、乡村之家，或寡妇之家，春占不利。

【生产】易产，春占难产，有损或不利于母、坐宜西南方。

【求名】有名、宜西南方或教官、农官守土之职、春占虚。

【交易】宜利交易、宜田土交易、宜五谷利、贱货、重物、布帛、静中有财、春占不利。

【求利】有利、宜土中之利、贱货重物之利、静中得财、春占无财、多中取利。

【谋望】利求谋、邻里求谋、静中求谋、春占少遂、或谋于妇人。

【出行】可行、宜西南行、宜往乡里行、宜陆行、春不宜。

【谒见】可见，利见乡人，宜见亲朋或阴人，春不宜见。

【疾病】腹疾、脾胃之疾、饮食停滞、谷食不化。

【官讼】理顺、得众情、讼当解散。

【坟墓】宜向西南之穴、平阳之地、近田野、宜低葬、春不可葬。

【姓字】宫音带土姓人、行位八五十。

【数目】八、五、十。

【五味】甘。

【五色】黄、黑。

三、震卦

【天时】雷。

【地理】东方、树木、闹市、大途、竹林、草木茂盛之所。

【身体】足、肝、发、声音。

【人物】长男。

【人事】起动、怒、虚惊、鼓噪、多动少静。

【时序】春二月、卯年月日时、四三八月日。

【静物】木竹、苇、乐器（竹木）、花草繁鲜之物、核。

【动物】龙、蛇、百虫、马鸣。

【屋舍】东向之居，山林之处、楼阁。

【家宅】宅中不时有虚惊、春冬吉、秋占不利。

【饮食】蹄、肉、山林野味、鲜肉、果酸味、菜蔬、鲤鱼（鱼）。

【婚姻】可成、声名之家、得长男之婚、秋占不利。

【求利】山林竹木之财、动处求财、或山林、竹木茶货之利。

【求名】有名、宜东方之任、施号发令之职、掌刑狱之官、有茶木税课之任、或闹市司货之职。

【生产】虚惊、胎动不安、头胎必生男、坐宜向东、秋不吉。

【疾病】足疾、肝经之疾、惊恐不安。

【谋望】可望、可求、宜动中谋、秋占不遂。

【交易】利于成交、秋占难成、动而可成、山林、木竹茶货之利。

【官讼】健讼、有虚惊、行移取勘反复。

【谒见】可见、有宜山林之人、利见宜有声名之人。

【出行】宜行，利东方、利山林之人，秋占不宜行、但恐虚惊。

【坟墓】利于东向、山林中穴，秋不利。

【姓字】带木姓人、行位四八三。

【数目】四、八、三。

【方道】东。

【五味】酸味。

【五色】青、绿、碧。

四、巽卦

【天时】风。

【地理】东南方之地、草木茂秀之所、花果菜园。

【人物】长女、秀士、寡妇之人、山林仙道之人、僧道。

【人事】柔和、不定、鼓舞、利市三倍、进退不果。

【身体】肱、股、气、风疾。

【时序】春夏之交、二五八之时月日、三月、辰巳月日时、四月。

【静物】木香、绳、直物、长物、竹木、工巧之器、臭、鸡毛、帆、扇、白。

【动物】鸡、百禽、山林中之禽、虫、蛇。

【屋舍】东南向之居、寺观楼台、山林之居。

【家宅】安稳利市、春占吉、秋占不安。

【饮食】鸡肉、山林之味、蔬菜酸味。

【婚姻】可成、宜长女之婚，秋占不利。

【生产】易生、头胎产女、秋占损胎、宜向东南坐。

【求名】有名、宜文职有风宪之力、宜为风宪、宜茶果竹、木税货之职、宜东南之任。

【求利】有利三倍、宜山林之利、竹货木货之利、秋不利。

【交易】可成、进退不一、交易之利、山林交易、山林木茶之利。

【谋望】可谋望、有财可成、秋占多谋小遂。

【出行】可行、有出入之利，宜向东南行，秋占不利。

【谒见】可见、利见山林之人、利见文人秀士。

【疾病】股肱之疾、风疾、肠疾、中风、寒邪气疾。

【姓字】草木旁姓氏、行位五三八。

【官讼】宜和、恐遭风宪之责。

【坟墓】宜东方向、山林之穴、多树木、秋占不利。

【数目】五、三、八。

【方道】东南。

【五味】酸味。

【五色】青绿、碧、洁白。

五、坎卦

【天时】月、雨、雪、露、霜、水。

【地理】北方、江湖、溪涧、泉井、卑湿之地、沟渎、池沼、有水之处。

【人物】中男、江湖之人、舟人、盗贼、匪。

【人事】险陷卑下、外示以柔、内存以利、漂泊不成、随波逐流。

【身体】耳、血、肾。

【时序】冬十一月、子年月日时、一、六月日。

【静物】水带子、带核之物、弓轮、矫揉之物、酒器、水具、工栋、丛棘、藜、桎梏、盐、酒。

【动物】猪、鱼、水中之物、狐、水族。

【屋舍】向北之居、近水、水阁、江楼、茶酒肆、宅中湿地之处。

【饮食】猪肉、酒、冷味、海味、汤、酸味、宿食、鱼、带血、淹藏、有带核之物、水中之物、多骨之物。

【家宅】不安、暗昧、防盗、匪。

【婚姻】利中男之婚、宜北方之婚、不利成婚、不可在辰戌丑未月婚。

【生产】难产有险、宜次胎、男、中男、辰戌丑未月有损、宜北向。

【求名】艰难、恐有灾险、宜北方之任、鱼盐河泊之职、酒兼醋。

【求利】有财防失、宜水边财、恐有失险、宜鱼盐酒货之利、防阴失、防盗。

【交易】不利成交、恐防失陷、宜水边交易、宜鱼盐货、酒之交易、或点水人之交易。

【谋望】不宜谋望、不能成就、秋冬占可谋。

【出行】不宜远行、宜涉舟、宜北方之行、防盗匪；恐遇险阻陷溺之事。

【谒见】难见、宜见江湖之人、或有水旁姓氏之人。

【疾病】耳痛、心疾、感染、肾疾、胃冷、腹泻、涸冷之疾、血病。

【官讼】有阴险、有失因讼、失陷。

【坟墓】宜北向之穴、近水傍之墓、不利葬。

【姓字】羽音点水旁之姓氏。

【数目】一、六。

【方道】北方。

【五味】咸、酸。

【五色】黑。

六、离卦

【天时】日、电、虹、霓、霞。

【地理】南方、干亢之地、窑、灶、炉冶之所、刚燥厥地、其地面阳。

【人物】中女、文人、大腹、目疾人、甲胄之士。

【人事】文化之所、聪明才学、相见虚心、书事、美丽。

【身体】目、心、上焦。

【时序】夏五月、午火年月日时、三二七日。

【静物】火、书、文、甲骨、干戈、槁衣、干燥之物。

【动物】雉、龟、鳖、蚌、蟹。

【屋舍】南舍之居、阳明之宅、明窗、虚室。

【家宅】安稳、平善、冬占不安、克体主火灾。

【饮食】雉肉、煎炒、烧灸方物、干脯之体、熟肉。

【婚姻】不成、利中女之婚、夏占可成、冬占不利。

【生产】易生、产中女、冬占有损、坐宜向南。

【求名】有名、宜南方之职、文官之任、宜炉冶亢场之职。

【求利】有财宜南方求、有文书之财、冬占有失。

【交易】可成、宜有文书之交易。

【谋望】可以谋望、宜文书之事。

【出行】可行、宜动向南方、就文书之行、冬占不宜行、不宜行舟。

【谒见】可见南方人、冬占不顺、秋见文书考案才士。

【官讼】易散、文书动、词讼明辩。

【疾病】目疾、心疾、上焦、热病、夏占伏暑、时疫。

【坟墓】南向之墓、无树木之处、阳穴、夏占出文人、冬不利。

【姓字】带火字旁姓氏、行位三二七。

【数目】三、二、七。

【方道】南。

【五色】赤、紫、红。

【五味】苦。

七、艮卦

【天时】云、雾、山岚。

【地理】山径路、近山城、丘陵、坟墓、东北方、门阙。

【人物】少男、闲人、山中人、童子。

【人事】阻隔、守静、进退不决、反背、止住、不见。

【身体】手指、骨、鼻、背。

【时序】冬春之月、十二月、丑寅年月日时、七五十月日、土年月日时。

【静物】土石、瓜果、黄物、土中之物、闾寺、木生之物、藤生之瓜。

【动物】虎、狗、鼠、百兽、黔啄之物、狐。

【家宅】安稳、诸事有阻、家人不睦、春占不安。

【屋舍】东北方之居、山居近石、近路之宅。

【饮食】土中物味、诸兽之肉、墓畔竹笋之属、野味。

【婚姻】阻隔难成、成亦迟、利少男之婚、宜对乡里婚、春占不利。

【求名】阻隔无名、宜东北方之任、宜土官山城之职。

【生产】难生、有险阻之厄、宜向东北、春占有损。

【交易】难成，宜山林田土之交易、春占有失。

【谋望】阻隔难成、进退不决。

【出行】不宜远行、有阻、宜近陆行。

【谒见】不可见、有阻、宜见山林之人。

【疾病】手指之疾、胃脾之疾。

【官讼】贵人阻滞、官讼未解、牵连不决。

【坟墓】东北之穴、山中之穴、近路旁有石、春占不利。

【姓字】带土字旁之姓氏，行位五七十。

【数目】五、七、十。

【方道】东北方。

【五色】黄。

【五味】甘。

八、兑卦

【天时】雨泽、新月、星。

【地理】泽、水际、缺池、废井、山崩破裂之地，其地为刚卤。

【人物】少女、妾、歌妓、伶人、译人、巫师、奴仆婢。

【身体】舌、口、喉、肺、痰、涎。

【时序】秋八月，酉年月日时，金年月日，二四九月日。

【静物】金刀、金类、乐器、废物、缺器之物、带口之物、毁折之物。

【动物】羊、泽中之物。

【屋舍】西向之居、近泽之居、败墙壁宅、户有损。

【家宅】不安、防口舌、秋占喜悦、夏占家宅有祸。

【饮食】羊肉、泽中之物、宿味、辛辣之味。

【婚姻】不成、秋占可成、有喜、主成婚之吉、利婚少女、夏占不利。

【生产】不利、恐有损胎、或则生女、夏占不利、宜坐向西。

【求名】难成、因名有损、利西之任、宜刑官、武职、伶官、译官。

【求利】无利有损，财利主口舌，秋占有财喜，夏占不利。

【出行】不宜远行、防口舌、或损失、宜西行、秋占有利宜行。

【交易】难有利、防口舌、有竞争、秋占有交易之财、夏占不利。

【谋望】难成、谋中有损、秋占有喜、夏占不遂。

【谒见】利行西方、见有咒诅。

【疾病】口舌、咽喉之疾、气逆喘疾、饮食不餐。

【坟墓】宜西向、防穴中有水、近泽之墓、或葬废穴、夏占不宜。

【官讼】争讼不已、曲直未决、因讼有损、防刑、秋占为体得理胜讼。

【姓字】带口带金字旁姓氏、行位四二九。

【数目】四、二、九。

【方道】西方。

【五色】白。

【五味】辛辣。

万物类象是根据预测的需要对宇宙万物进行合理取象的，随着社会的发展，《梅花易数·八卦万物类象》已远远不能概括现代社会纷繁复杂的物象及人事之象了，所以需要进一步引申充实：

【乾卦】总统、首相、主席、总理、董事长、总经理、书记、厂长、独裁者、单位一把手、首府、政府机构、大城市、高级建筑、高级轿车、飞机、火车。

【兑卦】副手、少女、少妇、音乐界及演艺界人士、讲师、教授、广告公司、宣传器具、饭店、冷饮店、垃圾站、上端开口的物品、会场、刀具、枪械。

【离卦】中年妇女、法官、法院、文艺界人士、医生、医院、学校、书刊、报社、出版社、教会、中层干部、弹药、爆炸物品、女用化妆品。

【震卦】将领、军队、兵营、大炮、火箭、治安人员、公安局、派出所、足球、足球爱好者、飞机、飞行员、年轻人、电台、停车场。

【巽卦】寡妇、尼姑、教师、指挥者、技术员、气功、特异功能、练功者、商店、水果、菜园、木材站、花草树林、机场、码头、香烟、鸡肉。

【坎卦】中年男子、思想家、发明家、穷困者、匪盗、恶势力、劳教者、劳改场所、囚犯、囚室、酒店、冷饮店、下水道、水运、船舶、游泳者、游泳池、浴室。

【艮卦】青少年、官僚、僧尼、寺庙、台阶、丘陵、高楼、库房、矿山、监狱看守。

【坤卦】慈母、柔顺者、孕妇、农村、田地、民房、农民、群众、房地产及其经营者、农产品、农贸市场、野味。

这些八卦类象都是根据社会生活中物象和人事进行推衍出来的。事实上，大千世界，万事万物难以统计，读者在具体运用卦象预测时可根据八卦的基本卦象含义充分发挥联想，对任何事物都能配上相应的卦象。

第三节　六十四重卦

　　以上仅仅是从八卦的角度而言，由于宇宙万物的多样性、变化性，仅仅用八经卦是远远不足以推测和描述宇宙万物纷繁复杂的运动变化情况的，所以易学先贤又将八经卦两两相重而衍生出更多内涵的卦象，称之为"别卦"或"重卦"。八经卦两两相重，共能（也只能）组成六十四个不同的卦象，故称之为六十四重卦，简称六十四卦。今天我们习惯称谓的八卦预测实际上是指用六十四重卦预测。由于六十四卦中的任意一个卦总是由八个经卦中的某一个或两个卦象重叠而成，所以，六十四卦习惯上也被称之为八卦。

　　重卦的称谓方法是在重卦卦名之前冠以上下经卦的卦象，如上卦为离下卦为艮的"旅"卦，因离象征火，艮象征山，故称之为"火山旅"。同理，上乾下坤的否卦，因乾象征天，坤象征地，故称之为"天地否"，如此等等。在六十四卦中，有八个重卦，其内外卦相同而不杂，叫做八纯卦，其称谓方法则以经卦与重卦之名合称，如两个乾经卦重叠称之为"乾为天"，两个坤经卦重叠称之为"坤为地"，其余仿此。八纯卦分别为：乾为天、兑为泽、离为火、震为雷、巽为风、坎为水、艮为山、坤为地。

　　关于六十四卦的排列次序《易经·序卦传》有很详细的解说，其次序为：

1 乾为天　　　2 坤为地　　　3 水雷屯　　　4 山水蒙
5 水天需　　　6 天水讼　　　7 地水师　　　8 水地比
9 风天小畜　　10 天泽履　　　11 地天泰　　　12 天地否
13 天火同人　　14 火天大有　　15 地山谦　　　16 雷地豫
17 泽雷随　　　18 山风蛊　　　19 地泽临　　　20 风地观
21 火雷噬嗑　　22 山火贲　　　23 山地剥　　　24 地雷复
25 天雷无妄　　26 山天大畜　　27 山雷颐　　　28 泽风大过
29 坎为水　　　30 离为火　　　31 泽山咸　　　32 雷风恒
33 天山遁　　　34 雷天大壮　　35 火地晋　　　36 地火明夷

37 风火家人	38 火泽睽	39 水山蹇	40 雷水解
41 山泽损	42 风雷益	43 泽天夬	44 天风姤
45 泽地萃	46 地风升	47 泽水困	48 水风井
49 泽火革	50 火风鼎	51 震为雷	52 艮为山
53 风山渐	54 雷泽归妹	55 雷火丰	56 火山旅
57 巽为风	58 兑为泽	59 风水涣	60 水泽节
61 风泽中孚	62 雷山小过	63 水火既济	64 火水未济

还有从其他不同角度进行排列卦序的方法，如"伏羲六十四卦次序图"、"伏羲六十四卦方位图"等，读者可参看有关易经典籍。在实际预测中，六十四卦次序一般不常用，但用纳甲法进行预测，却离不开按"乾兑离震巽坎艮坤"八宫进行划分的编排次序，将在后面详细介绍。

第四节　卦位含义

一、方位

重卦的上下卦位置，在实际预测中有着重要的作用，根据卦位的不同，可以挖掘出许多具体详细的信息。如上卦位代表外面、远处、高处、上方、前面、明显等，下卦位对应地代表里面、近处、低处、下方、后面、隐藏等，若把上卦位看成左，下卦则代表右，总之，上下卦位所代表的方位是一种相反的对应关系。比如测地震，外卦受月日之克，而内卦不受克，说明外地或远处有地震而内地或近处无地震；测身体之病，上卦受克而下卦得生，则病患部位多为上半身。当然，这也不是绝对的，还要参考上下卦的类象进行综合分析判断。

二、阴阳刚柔动静

乾、坎、震、艮为阳卦，坤、离、巽、兑为阴卦，阳主刚主动，阴主柔主静，所以上下卦有阴阳刚柔之别。如"地天泰"卦，上坤下乾，为外柔内刚、外阴内阳；"雷地豫"卦则为外阳刚内阴柔。如果内外卦阴阳属性相同，则内外属于一种平衡或平行关系。

卦的阴阳刚柔属性是推断人事动静刚柔特性的重要参考依据。

第五节　爻数与爻位

一、爻数

一个重卦由两个经卦组成，每个经卦三个爻，故一个重卦有六个爻，从下往上数，分别称为初爻、二爻、三爻、四爻、五爻、上爻。这种分法没有考虑爻的阴阳属性，如果按阴阳属性划分，则阴爻称"六"，阳爻称"九"。如"乾"卦，六个卦皆为阳爻，分别称为初九、九二、九三、九四、九五、上九；"既济"卦的六个爻从下往上分别称为初九、六二、九三、六四、九五、上六。

二、爻位

重卦的内外卦有卦位之别，在一个重卦中，细分下来，还有爻位之别。

1. 天、地、人位：

八卦是"天人合一"思想的形象反映，每个卦都有天位、地位、人位之分。在经卦中，上爻为天位，下爻为地位，中爻为人位；在重卦中，上面两爻为天位，下面两爻为地位，中间两爻为人位。天、地、人位分别又称为上、下、中位。

2. 阴阳之位：

一个重卦有六个爻，初爻、三爻、五爻为阳位，因初、三、五为奇数，奇为阳；同理，二爻、四爻、上爻为阴位。爻位的阴阳与爻象的阴阳并不是一个含义，爻位阴阳以位置定，爻象阴阳以本身的属性定。一个卦中爻位与爻象的阴阳同步时，称阴阳得位，不同步时则称不得位。如"水火既济"卦，初、三、五爻为阳爻皆居阳位，二、四、上爻为阴爻皆居阴位，就为六爻阴阳皆得位。"乾"卦初、三、五爻为阳爻居阳位，为得位，二、四、上爻为阳爻居阴位为皆不得位。六十四卦中，只有"水火既济"卦六爻皆得位，"火水未济"卦六爻皆不得位，其余六十二卦则有的爻得位，有的爻不得位。在生克和旺衰一样的情况下，得位之爻的力量优于不得位之爻，用神得位增吉，忌神得位增凶，用神不得位减吉，忌神不得位减凶。

3. 贵贱之位：

一卦中五爻为君位，为尊贵之位，与之对应的二爻则为卑贱之位。二者所代表的信息之象不同。

4. 对应之位：

易经讲求同声相应，同气相求，一卦中，初爻与四爻相对应、二爻与五爻相对应、三爻与上爻相对应。凡六合卦，皆为初与四、二与五、三与上爻对应相合，就是这种关系的爻位体现。

还有其他一些爻位关系，在八卦预测中应用较少，就不列出。

第六节　卦的变化形式

"变易"是《易经》的三大特点之一，宇宙万物无时无刻不在运动变化，而卦象的相应变化正是对宇宙复杂多变的事物的形象描述，因此，学习八卦预测法，必须知道卦象的一些基本变化形式。

一、主卦、变卦

一般情况下，按照八卦的起卦方法（后有详述），通常都会得到两个重卦，首先得出的卦为主卦或本卦，根据动爻变化而得出的卦为变卦或之卦。比如按年月日时起得"火天大有"卦，四爻动，动则变，四爻阳变为阴，则得出一个新的卦为"山天大畜"。"火天大有"卦就为主卦，"山天大畜"卦就为变卦。

主卦代表事之始，变卦代表事之终（结果）。

二、体卦、用卦

在主卦中，无动爻的经卦为体卦，有动爻的经卦为用卦。体卦代表测事的主体，用卦代表所测的事或客体。主体可为人、为物，客体为与主体有关的人或物或事。如一人起得主卦为"天地否"，初爻动，则上卦乾为体卦，下卦坤有动爻为用卦，"乾"就代表该人，"坤"就代表该人所测的事。又如某人起卦占房屋质量，得"天地否"卦，也是初爻动，上卦"乾"为体卦，下卦"坤"为用卦，但体卦就代表房屋而不代表人，用卦就代表房屋的质量。体用代表的具体人、事、物必须以具体的占测目标而定，切不可搞错。严格地说，除体卦以外的卦都可看作用卦。

三、互卦

在一个重卦中，取三、四、五爻为一个新的上卦，再取二、三、四爻为新的下卦，重叠而组成一个新的重卦，称之为互卦。如"否"卦，取三、四、五爻得巽经卦为上卦，取二、三、四爻得艮经卦为下卦，则组成一个互卦："渐"。互卦的上卦称为上互或外互，下卦称为下互或内互，根据上下互卦与体用的对应位置又有体互用互之分。

互卦代表事情进行的中间过程。

四、综卦

将一个重卦颠倒过来，就得到一个综卦。如"无妄"的综卦为"大畜"；"家人"的综卦为"睽"。在六十四卦中，共有二十八对五十六个综卦，剩下的八个卦颠倒之后卦象不会改变，称为错卦，这八个错卦为：乾、坤、离、坎、颐、小过、中孚、大过。

五、旁通卦

一卦六个爻的阴阳全都改变所得出的卦称为旁通卦。如"天风姤"的旁通卦为"地雷复"，"水火既济"的旁通卦为"火水未济"。旁通卦有相反相成相通之内在联系，通过这些关系可挖掘卦中的深层次信息。

六、大象卦

将一个重卦的六个爻按两爻一组划分，可得上中下三组，如果每组之内的两个爻阴阳各自相同，则可将两爻看成一个爻，于是就可以得出一个新的"经卦"，由于这个"经卦"实际上并非三个爻而有六个爻，所以称为大象卦。如"小过"为大坎卦，"中孚"为大离卦，"临"为大震卦。大象卦与八经卦有相似之含义，但程度上比八经卦更深。

以上这几种卦的变化形式在实际预测中较常用，尤其是主卦、体卦、用卦、互、变卦用得最多。

第七节　先天八卦与后天八卦

先天八卦传说为伏羲所创，其八卦的序数为乾1、兑2、离3、震4、巽5、坎6、艮7、坤8，称为先天八卦数；八卦方位为乾南、坤北、离东、坎西、兑东南、艮西北、巽西南、震东北。因其为伏羲所创，故又称为伏羲八卦。后天八卦传说为周文王所创，所以也称为文王八卦。其八卦序数为坎

1、坤2、震3、巽4、中5、乾6、兑7、艮8、离9，称为后天八卦数。

先后天八卦原来并无图形，后来宋代大易学家邵康节根据《易经》对八卦的文字描述而绘制成图，则又进行了改制，取的是先天八卦序数和后天八卦方位合成的。为什么要这样配合，邵康节在《皇极经世》中解释说："先天非后天，则无以成其变化，后天非先天，则不能以自行也。"就是取先天之根本加上后天之变化相互配合之意，即先天为体，后天为用。

第二章　象数预测方法

第一节　起卦方法

有卦才可预测，预测必先起卦。起卦方法按大类分有两种：一是以数起卦，二是以象起卦。细分下去，具体的方法很多，下面是常用的一些起卦方法：

一、按时间起卦

此法最常用，并且方便、准确。以农历为准，将年、月、日三数之和除以8，取余数为上卦数；将年、月、日、时四数之和除以8，取余数为下卦数。若余数为0，则作8数。按先天八卦数对应之卦则可得出上下卦。为了分别上下卦的体用，需求出一动爻，动爻所在之经卦为用卦，无动爻的经卦为体卦。动爻的算法是：以年、月、日、时四数之和除以6，其余为动爻数。若余数为0，视为6数。如动爻数为1或2、3，则下卦为用卦，若动爻数为4或5、6，则上卦为用卦。动则变，动爻的阴阳属性改变，则会得出一个新的卦象来，即为变卦。

年数取年支数：子-1，丑-2，寅-3，卯-4，辰-5，巳-6，午-7，未-8，申-9，酉-10，戌-11，亥-12。如甲戌年，年数为11。

月数取月份数：正（寅）月-1，二（卯）月-2，三（辰）月-3……十一（子）月-11，十二（丑）月-12。

日数取日期数，例如三月二十八日，取数为28，十二月二十八日，取数也为28。时数取时支数，与年数取法相同。子时为1数，丑时为2数……戌时为 11 数，亥时为 12 数。

例：以农历一九九七年十一月初八戌时起卦，年干支为丁丑，丑为 2 数，月、日、时数依次为 11、8、11，(2+11+8)÷8 余 5，为上卦数，5 数代表巽，(2+11+8+11)÷8 余 0，0 作 8 算为下卦数，8 数代表坤，则主卦为"风地观"；(2+11+8+11)÷6 余 2，二爻动爻在下卦，坤为用卦，巽为体卦；变卦为"风水涣"，互卦为"山地剥"，艮为体互，坤为用互。

时间起卦取数以月份为主，但断卦必须以农历节令为准，如上例，一九九七年十一月初八十点零二分交大雪节，若在该月初八十点整起卦，月份取 11 数，断卦则以亥月为准。若在该日十点零三分起卦，月份数仍取 11 数，断卦时则以子月为准。时间起卦年支数以当年年支为准。断卦用的年干支以立春划分。如一九九〇年正月初九十点十五分立春，起卦时一九九〇年正月初八仍取一九九〇年地支午即 7 数，断卦则应以一九八九（己巳）年干支为准；又如一九九〇年腊月二十日十六点零四分又是一九九一年的立春，故一九九〇年腊月二十日十六点零四分之后到腊月三十日之 10 天起卦的年支数都算作一九九〇年，年支为午 7 数，断卦时则应取一九九一年的干支辛未。日期数因不考虑地支因素，仍按实际数直接取。

（注：日期交接以零时为准。如取夜子时卦，日数取当日之数而不取次日之数。）

二、按数字起卦

一组数若数字数为偶数，则平分为二，以前一半数字之和除以 8 取余数得上卦，以后一半数字之和除以 8 取余数得下卦，上下卦数的和除以 6 取余数为动爻数。若一组数其数字个数为奇数，划分时前部分数字比后部分少一个数字。

例：按 2856 起卦，(2+8)÷8 余 2，(5+6)÷8 余 3，(2+8+5+6)÷6 余 3，为 3 爻动得"泽火革"变"泽雷随"卦；按 28567 起卦，(2+8)÷8 余 2，(5+6+7)÷8 余 2，(2+8+5+6+7)÷6 余 4，得"兑为泽"变"水泽节"卦。

三、按字数起卦

1. 一个字起卦：按字的结构拆成两部分，按汉字规范写法计算笔画数（写什么字即以什么字计算笔画数，不拘繁体、简体）以上下（或左、右）部分的前一部分笔画数求上卦，另一部分的笔画数求下卦，以字的总笔画数除以6求得动爻。如"弄"字，上半部4画，下半部3画，总画数为7，得"雷火丰"之"雷山小过"卦。一般来说，字要写得规范，易辨，在结构上易拆分。

2. 多个字起卦：凡一个字以上，按字数平分为两组，不能平分时，前一组少取一个字。分别以前后两组字数求卦。如"请你测此事如何？"前3后4，得"火雷噬嗑"变"火地晋"卦；又如"心情很好"，前后各2，得"兑为泽"变"水泽节"卦。

四、按静象起卦

杯置长桌上，上兑下巽，得"泽风大过"变"泽天夬"卦，老男睡觉，上乾下艮，得"天山遁"变"天风姤"卦。

五、按动象起卦

少女骑车行驶，得"泽水困"变"泽地萃"卦；或"泽雷随"变"天雷无妄"卦；江水流动，得"水雷屯"变"泽雷随"卦；灯光闪烁，得"火雷噬嗑"变"火地晋"卦。

六、按颜色起卦

如见一人红衣青裤，上离下巽，得"火风鼎"变"火山旅"卦，二人同行，前者穿黑衣，后者着黄衣，上坎下坤或上坎下艮，得"水地比"变"坎为水"卦或"水山蹇"变"水火既济"卦。

七、按度量单位数起卦

以较大的度量单位整数求上卦，零星数求下卦。3斤2两，得"火泽睽"变"天泽履"卦，5丈3尺，得"风火家人"变"风天小畜"卦。3斤2两之"3"也可算30，5丈3尺之"5"也可算作50，总之起卦时以当时的意念随意取象，不要刻意追求，过分拘泥，反不可靠。

八、按声音起卦

如鸣笛，先闻2声，稍后又闻3声，得"泽火革"变"雷火丰"卦。敲门三下，得离卦。

九、按方位起卦

以所测之对象为上卦，其所在方位为下卦。如风从东方刮来，得"风雷益"变"风火家人"卦；少年从南方走来，得"山火贲"变"离为火"卦。北方见闪电，得"火水未济"变"火风鼎"卦。

以上这些卦的动爻的求法，一般是以上下卦数相加之和除以6求得。

起卦方法，实际并不止于上述内容。只要懂得有数则可起卦、有象亦可起卦的道理，就可随心所欲地提取万事万物的象数进行起卦。但起卦应遵循一个原则：心动则起，无事不占。象数的提取，最注重于瞬间第一意念，顺其自然，不要去刻意冥想，"数由心生，卦由心起"，法无定法，灵活即法。

第二节　体用互变生克法

根据体卦与他卦之间的生克关系断卦的方法称之为体用互变生克法。这里所说的体用法，指体卦为主体，其他卦为客体。

如：谋职如得"雷火丰"之"离为火"，主卦的下卦离为体，上卦震为用，互卦为"泽风大过"，变用为离经卦，震、巽皆生体，离又助体，所以求职易得。再如一人占病得"泽风大过"之"天风姤"巽经卦为体，既被用卦兑金克，又被互卦"乾为天"之乾金克，还被变卦之乾金克，有克无生，必死之象。

47

上述两例的生克比较单纯。实际预测中，有许多情况是生克并见的，或者用克体，但互卦生体，变卦又克体，或者用卦互卦都克体，变卦却生体，或者互卦之中既有克体者又有生体者。这种情况下，就要分别看生体之卦与克体之卦对体卦的合力。生体之卦力量强于克体之卦，则凶中有救，可化凶为吉，克体之卦力量大于生体之卦则挽救无力，难逃其凶。

体用互变之间的生克与吉凶有如下对应关系：

主卦为事之初始阶段，互卦为事之中间过程，变卦为事之终极状态。主卦用生体，互、变克体，表示先吉后凶，先易后难；主卦用克体，但互、变皆生体，则表示先难后易，先凶后吉，为凶中有救；主、变皆生体，而互克体，则事的起始阶段和结局吉利，但中途却难免有困难阻隔，甚至出现小凶。在主、互、变卦中，吉凶之判别以主卦、变卦为主，互卦为次。

上述生克吉凶的关系都是以体卦为核心为主体而言的，事实上，主、互、变卦中对体卦的生克作用并不是直接的、简单的，它们各自必须首先承受月日之力和他卦与本身生克合力，然后才能依照自身实际拥有的力量对体卦起到生或克的作用。比如"雷火丰"之"地火明夷"卦，体为离，用为震，用互为兑，体互为巽，变为坤，用震生体离，但用又被用互兑克，又被变卦坤耗气，所以用生体之力并不大；如果此卦是"雷火丰"变成"离为火"卦，则变卦为离，虽然离泄震之气，但变卦离火终究扶助体卦，与上卦为离，坤土泄体卦之气的情况就大不一样，从体卦所受的生克之力看，一负一正，形成剪刀差。两卦相比，互卦不变，但"丰"之"明夷"卦用互兑得变坤生，有力可克用震，而"丰"之"离"卦，用互兑被变离克，实力与前种情形相比，也呈剪刀差的下降，克用之力大大减小，如果月建日辰又为木火，则用互兑金就自身难保，根本谈不上去克别的卦了。这种情况下，就可以把用互兑金所受的生克合力看成是负数，而用卦、变卦所受的生克合力为正数。合力为正数可施生克之力，为负就无力可施了。对体卦有克之性无克之力的卦可以看作形存实亡，一般不考虑，生体之卦无力时同理。因此，在具体分析卦象时，必须首先确定用、互、变卦的实际力量，然后才能判定对体卦的生克大小，从而判定吉凶以及吉凶的先后、大小。

第三节　卦气与生克

卦的生克力量之大小，除与卦的体用多少有关外，卦气的旺衰也是很重要的因素。所谓卦气，就是在所处的时令状态下卦本身所含五行之气的力量大小。不同五行属性的卦，其所含的五行之气随时令的变化而改变。卦的五行属性与月建相同者，卦气最旺，卦受月建生者次旺，被月建泄耗者卦气休囚，被月建克者卦气最衰（详见第一章第六节）。

卦气旺者生克之力大，卦气衰者，生克之力小。如果体卦旺相，克体之卦衰弱，则体卦虽受损但不严重；当然，如果克体之卦众多，而体卦孤立无援，则克体之卦虽衰弱也可克制旺相之体卦，因为将众多弱小的力量集中起来就会变得强大。

体卦衰弱，被旺相之卦克，以弱抗强，有以卵击石之危，多易发生凶祸；但若体党众多，共同对敌，则可与之抗衡，待克体之卦卦气转衰时，就可渡过难关，由凶转吉。

体卦受生或受克的程度，取决于生体或克体之卦的卦气旺衰及其党众多少而定。

第四节　卦气亢旺

在第一章第三节讲过五行生克有亢旺的规律。事物发展到极点必然向相反的方向转化，这种转化改变了原来的方向和性质。八卦生克也不例外，同样遵循物极必反的规律。如果体卦正当月令，又得用卦、互卦、变卦之生助，则会导致过旺，物极必反，本来大吉事反而变成大凶。

例：丁丑年丁未月己巳日，一人求测自己病体何日康复，得"坤"之"剥"卦。

```
       主卦         互卦         变卦
      ━━ ━━ ×     ━━ ━━      ━━ ━━
      ━━ ━━       ━━ ━━      ━━ ━━
      ━━ ━━       ━━ ━━      ━━━━━
      ━━ ━━       ━━ ━━      ━━ ━━
      ━━ ━━       ━━ ━━      ━━ ━━
      ━━ ━━       ━━ ━━      ━━ ━━
```

动爻：上六。

未月坤土卦气正旺，用卦、互卦、变卦全为土，体卦坤当令又得众土相助，全卦无一克泄，实在是旺过了头。这种情况下，体卦旺不应看作身体好，而应看作病情重，且全卦阴气太重，变卦一阳又处上爻，皆为物极必反之象；变卦艮土为止，乃生命停止之意，艮为7，故断第七日必死。后果于第七日死亡。这就是卦气亢旺导致的凶灾。

卦气亢旺与卦气旺相既有相似之处，又有本质区别。相似之处在于：卦气都旺；但旺相是旺得适宜，没到达旺的极限，旺相的结果是引导或促使事物朝着吉的方向发展，而亢旺则是旺过了头，其力量太大，推动制衡（也无法制衡）以不正常的速度和趋势向前发展，到了极点，也不停止，最后只好朝着下坡滚动，直至跌入深渊，所以就导致了凶祸的发生。它与旺相导致的最后结果在吉凶上是完全相反的，这是二者的不同之处。因此，必须正确划分旺相与亢旺的界限。一般地说，在体用互变卦中，体卦得月建之生或临月建，为卦气旺，如果在用互变卦中又得生助，但同时又有克体或泄体耗体之卦，则一般不致于亢旺；若体卦当令或得令生，又得用、互、变卦皆来生助，则为亢旺。

第五节　体用生克与卦象含义

从体卦所受他卦的生克情况可推断人事之吉凶，但仅仅能推出吉凶是不能令人完全满意的，还需要进一步推断吉凶的类别以至更详明具体的细节。这便使断卦走向了较深入的层次。这比断吉凶较为复杂和困难一些，但这并非办不到的事。在一个卦中，体卦与用互变卦除了生克关系之外，还有更深一层的意象性、表意性的含义，而且这种含义有着具体性。八卦类象涵盖宇宙万事万物，我们通过体卦与互变卦之间的物象含义来挖掘这种具体的信息。

例：一人求测当年财运，得"丰"之"离"卦：

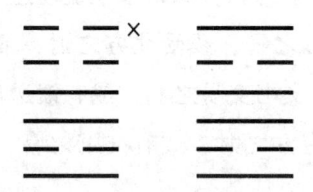

断：体卦离为己，用卦震为财，用生体，有进益之喜，求财可得，为吉。但所得之财属于何种类型呢？用震为木，代表木材之类，震又为动，为运动着的车，故其卦象含义为以车运输木材，为此断其做木材生意而获利；震又为长男，引申为领导，所以断其得林场当权者帮助；震为东，旺于春季，故春季在东方最佳。互卦为大坎为水，秋后水得生克体不吉；变卦为离，与体卦比和，但又泄用卦之气，与体比和者有帮助之意，过旺又有竞争之意，离火旺于夏季，则夏季生意难做。互卦中用互兑金克体互巽木，秋季不吉。把整个卦象的含义综合起来就是：春季在东方动用汽车运输木材做生意，得到林场领导帮助，财利很大，夏季生意场上竞争对手太多，财运不佳，秋季货源太少（金克木），求财辛苦，冬季有破耗或意外之灾（水克体火）。

至年底，上述占断全都逐一如期应验。

根据不同的卦象和卦象组合，可以挖掘出各自不同的较为详细的信息，但同类卦象又有如下普遍规律可循。

一、生体卦象的寓义

1. 乾卦生体：则主公门中有喜，或功名上有喜，或因官有财，或问讼得理，或有金玉之利，或者老人进财，或尊长惠送，或有官贵之喜。

2. 坤卦生体：主有田土之喜，或因田土进财，或得乡人之益，或得阴人女人）之利，或有果谷之进，或有布帛之喜。

3. 震卦生体：则主山林之益，或因山林得财，或进东方之财，或因动中有喜，或木货交易之利，或因草木姓氏人称心。

4. 巽卦生体：亦主山林之益，或因山林得财，或于东南得财，或因草木姓氏人而进利，或以茶果得利，或茶果菜蔬馈送之喜。

5. 坎卦生体：有北方之喜，或受北方之财，或水边人进财，或因点水人称心，或因鱼盐酒货、文书交易之利，或有馈送鱼盐酒之喜。

6. 离卦生体：主有南方之财，或有文书之喜，或有炉冶场之利，或因火姓人而得财。

7. 艮卦生体：有东北方之财，或山田之喜，或因山林田土获财，或带土人之财，财物安稳，事有始终。

8. 兑卦生体：有西方之财，或喜悦事，或食物金玉货利之源，或金音之人或带口之人欣逢，或主宾之乐，或朋友讲习之喜。

二、克体卦象的寓义

1. 乾卦克体：主有公事之忧，或门户之忧，或有财宝之失，或于金谷有损，或有怒于尊长，或得罪贵人。

2. 坤卦克体：主有田土之忧，或于田土有损，或有小人之害，或有阴人之侵，或失布帛之财，或丧谷粟之利。

3. 震卦克体：主有震惊，常多恐惧，或身心不能安静，或家宅见灾，或草木姓氏之人相侵，或于山林有所失。

4. 巽卦克体：亦有草木姓氏人相害，或于山林生忧，谋事乃东南方之人，忌妇人之害，小口（小孩）之厄。

5. 坎卦克体：主有阴陷之事，或盗匪之害，或失意于水边人，或生灾于酒店。或点水人（姓或名中有三点水、二点水等）相害，或北方人见殃。

6. 离卦克体：主文书之忧，或失火之惊，或有南方之忧，或火姓人相害。

7. 艮卦克体：诸事多逆，百谋中阻，或有山林田土之失，或带土人（姓名字中有土）相侵，防东北人祸害，或忧坟墓不甚安稳。

8. 兑卦克体：不利西方，主口舌之事纠纷，或带口人相侵，或有毁折之患，或因饮食而生忧。

上述寓义只是其中一部分，实际运用中可以举一反三，引申充实。

第六节　古法分类占断借鉴

《梅花易数》集象、数、理、占于一体，堪称占卜经典，书中将占测分为十八类，占卜方法和占卜经验进行了分类总结，值得后学者借鉴。

一、天时

凡测天时，不分体用，全观诸卦，详推五行：离多主晴，坎多主雨，坤乃阴晦，乾主晴明，震多则春夏雷轰，巽多则四时风烈，艮多则久雨必晴，兑多不雨则阴。夏占离多而无坎，则亢旱炎炎；冬占坎多而无离，则雨雪飘飘。

全观诸卦者，谓互变卦，五行谓离属火，主晴；坎为水，主雨；坤为地气，主阴；乾为天，主晴明；震为雷，巽为风，秋冬震多无制，亦有非常之雷，有巽佐之，则为风撼雷动之应。艮为山云之气，若雨久，得艮则雨止，艮者止也，亦土克水之意。兑为泽，故不雨则阴。

夫以造化之辨固难测，理之妙亦可凭。是以乾象晴天，四时晴明；坤体平地，一气惨然。乾坤两同，晴雨时变；坤艮两并，阴晦不常。卜数有阴有阳，卦象有奇有偶，阴雨阳晴，奇偶暗重。坤为老阴之极，而久晴必雨，阴气而久雨必晴。若逢重坎重离，亦日时晴时雨。坎为水，必雨，离为火，必晴，乾兑之金，秋明晴，冬雨凛冽；坤兑之土，春雨泽，夏火炎蒸。易曰："云从龙，风从虎。"又曰："艮为云，巽为风。"艮巽重逢，风云际会，飞沙走石，蔽日藏山，不以四时，不必二用。坎在艮上，布雾兴云，若在兑上，凝霜作雪。乾兑为霜雪雹霰，离火为日电虹霓。震为雷，离为电，重会而雷电俱作。坎为雨，巽为风，相逢而风雨骤兴。震卦重逢雷惊百里；坎爻叠现，润泽九垓。故卦体之两逢，亦爻象之总断。地天泰，水天需，昏蒙之象；天地否，水地比，黑暗之垓。八纯离，夏必旱，四季皆晴；八纯坎，冬必寒，四时多雨。久雨不晴，逢艮必止；久晴不雨，得此亦然；又若水火既济，火水未济，四时不测风云。风泽中孚，泽风大过，三冬必然雨雪。水山蹇，山水蒙，百步必须执盖；地风升，风地观，四时不可行船；离在艮上，暮雨朝晴。离互艮宫，暮晴朝雨。巽坎互离，虹霓乃现，巽离互坎，造化亦同。又须推测四时，不可执迷一理。震离为电为雷，应在夏天；乾兑为霜为雪，验在冬月。天地之理大矣哉，理数之妙至矣哉。得斯文者，当敬宝之。

二、人事

人事之占，详观体用。体卦为主，用卦为宾。用克体不宜，体克用则吉。用生体有进益之喜；体生用有耗失之灾。体用比和谋为吉利。更详观互卦、变卦，以断吉凶，复究盛衰，以明休咎。

人事之占，则以全体用总章，同决吉凶。若有生体之卦，即看前章八卦中，生体之卦有何吉；又看克体之卦有何凶，即看前章克体之卦。无生克，只断本卦。

三、家宅

凡占家宅，以体为主，用为家宅。体克用则家宅多吉，用克体则家宅多凶。体生用多耗散或防失盗之忧；用生体多进益或有馈送之喜。体用比和，家宅安稳。如有生体之卦，即以前章人事占断之。

四、屋舍

凡占屋舍，以体为主，用为屋舍。体克用，居之吉；用克体，居之凶。体生用，主资财冷退；用生体，则门户兴隆。体用比和，自然安稳。

五、婚姻

占婚以体为主，用为婚姻。用生体，婚易成或因婚有得；体生用，婚难成或因婚有失。体克用可成，但成之迟；用克体，不可成或成亦有害。体用比和，婚姻吉利。

占婚，体为所占之家，用为所婚之家。体卦旺则此家门户胜；用卦旺，则彼家资胜。用生体，则得婚姻之财，或彼有相就之意，体生用则无嫁妆之资，或此去求婚方谐。若体用比和，则彼此相就，良配无疑。

乾端正而长。坎淫邪黑色，嫉妒奢侈。艮色黄多巧。震美貌难犯。巽发少稀疏，丑陋心贪。离短赤色，性不正常。坤貌丑，大腹而黄。兑高长，语话喜悦，白色。

六、生产

占生产以体为母，用为生，体用俱宜乘旺，不宜乘衰，宜相生，不宜相克。体克用，不利于子，用克体，不利于母。体克用，而用卦衰，则子难保。用克体，而体卦衰，则母难保。用生体，易于母；体生用，易于生；体用比和，生育顺快。或欲辨其男女，当于前卦审之，阳卦阳爻多者，则生男；阴卦阴爻多者，则生女；阴阳爻相杂，则察所占左右之人奇偶以证之；如欲决之其日辰，则以用卦之气数参决日期。用卦之气数者，即看何为用卦，于八卦时序之类决之。

七、饮食

凡占饮食，以体为主，用为饮食。用生体，饮食必丰；体生用，饮食难就。体克用，饮食有阻；用克体，饮食必无。体用比和，饮食丰足。又卦中有坎，则有酒；有兑，则有食，无坎无兑，则皆无。坎兑生身，酒醉肉饱。欲知所食何物，以饮食推之。欲知席上何人，以互卦人事推之。

饮食人事类者，即依前八卦内万物属类而定。

八、求谋

占求谋，以体为主，用为所谋之应。体克用，谋虽可成，但成迟；用克体，求谋不成，成亦有害。用生体，不谋而成；体生用，则多谋少遂。体用比和，求谋称意。

九、求名

凡占求名，以体为主，用为名。体克用，名可成但成迟；用克体，名不可成。体生用，名不可就或因名有失；用生体，名易成，或因名有得。体用比和，功名称意。

欲知名成之日，生体之卦气详之。欲知职任何处，变卦之方道决之。若无克体之卦，则名易就，只看卦体时序之类，以定日期。若在任占卜，最忌见克体之卦。如卦有克体者，则居官见祸，轻则上责罚，重则削官退职。其日期，克体之卦气者，于八卦万物所属时序类中断之。

十、求财

占求财，以体为主，以用为财。体克用有财，用克体无财。体生用，财有损耗之忧；用生体，则有进益之喜。体用比和，财利快意。欲知得财之日，生体之卦气定之。欲知破财之日，克体之卦气定之。

又若卦中有体克用之卦，及生体之卦，则有财，此卦气即见财之日。若卦中有克体之卦，及体生用之卦，则破财，此卦气即破财之日。

十一、交易

占交易，以体为主，用为交易之应。体克用，交易成迟；用克体，不成。体生用，难成，或有交易之失；用生体即成，成必有财。体用比和，易成交易。

十二、出行

占出行，以体为主，用为所行之应。体克用，可行，所至多得意；用克体，出则有祸。体生用，出行有破耗之失；用生体，有意外之财。体用比和，出行顺利。

又凡出行，体宜乘旺，诸卦宜生体。体卦乾震多主动，坤艮多主不动，巽宜船行，离宜陆行，坎防失脱，兑主纠纷之应。

十三、行人

占行人，以体为主，用为行人。体克用，行人归迟；用克体，行人不归。体生用，行人未归；用生体，行人即归。体用比和，归期不日矣。

又以用卦为行人之盈旺，逢生在外顺快，逢衰受克在外灾殃。震多不宁，艮多有阻，坎有险难，兑主纠争之应。

十四、谒见

占谒见，以体为主，用为所见之人。体克用，可见；用克体，不可见。体生用，难见，见之而无益。用生体，可见，见之有得。体用比和，欢然相见。

十五、失物

占失物，以体为主，用为失物。体克用，可寻，迟得；用克体，不可寻；体生用，失物难见；用生体，物易寻。体用比和，物不失。

又以变卦为失物所在。如变乾，则是觅于西北，或公廨、楼阁之所，或金石之傍，或圆器之中，或高亢之地。

变卦是坤，则觅于西南方，或田野之所，或仓廪之处，或稼穑之处，或上窑穴藏之所，或仓库方器之中。

震则寻于东方，或山林之所，或丛棘之中，钟鼓之傍，或闹市之地，或大途之所。

巽则寻于东南方，或山林之所，或寺观之地，或菜蔬之园，或舟车之间，或木器之内。

坎寻于北方，多藏水边，或渠井沟溪之所，或酒醋之边，或鱼盐之地。

离则寻于南方，或庖厨之间，或炉之旁，或在明窗，或遗虚室，或在文书之侧，或在烟火之地。

艮则寻于东北方，或山林之内，或近路边，或岩石旁，或藏在土穴。

兑则寻于西方，或居泽畔，或败垣破壁之内，或废井池沼之中。

十六、疾病

凡占疾病，以体为病人，用为病症。体卦宜旺不宜衰。体宜逢生，不宜见克，用宜生体，不宜克体。是故体克用，病易安；体生用，病难愈。体克用者，勿药有喜；用克体者，虽药无功。若体逢克而乘旺，犹为庶几。体遇克而更衰，断无存日。欲知凶中有救，生体之卦存焉。体生用者，迁延难愈；用生体者，即愈；体用比和，疾病易安。

若究和平之日，生体之卦决之；若详危厄之期，克体之卦定之。

若论医药之属，当审生体之卦，如离卦生体，宜服热药。坎卦生体，宜服冷药。如艮温补，乾兑凉药。

十七、官讼

占官讼，以体为主，用为对辞之人与官讼之应。体卦宜旺，用卦宜衰。体宜用生，不宜生用；用宜生体，不宜克体。是故体克用者，己胜人；用克体者，人胜己。体生用，非为失理，或因官有所丧。用生体，不止得理，或因讼有所得，体用比和，官讼最吉，非但扶持之力，必有主和之义。

十八、坟墓

占坟墓，以体为主，用为坟墓。体克用，葬之吉；用克体，葬之凶。体生用，葬之主冷退；用生体，葬之主兴隆，有荫益后嗣。体用比和，永为吉地。大宜安葬，葬之吉昌。

上述可谓占卜经验之谈，但占卜的精髓在于"灵活"二字，所以，可借鉴却不可教条照搬，我们应该从中领悟占断的思维方法，而不要去死记照搬断语。

第七节 外 应

占卜必是在某一时空状态下进行的，任何一种时空状态都包含着时令、方位，其中有某种因素会在占断时突出地予以显示，这种因素可以用卦来描述，称为卦外之卦，也就是通常所说的断卦中出现的"外应"。

外应可以说是对占断的一种信息提示，是一种"兆机"。它包括的范围很广，大致可分以下十类：

1. 天时之应：如占得体卦为乾，天气晴朗，外卦为乾，与体卦比和；烈日当空，外应卦为离，克体；下雨天气，外应卦为坎，泄体之气；遇风吹拂，外应卦为巽，耗体之气；诸如此类，这种天时之外应卦对体卦具有损益作用。

2. 地理之应：即占断时特定的地理自然物象。如见林木茂盛之所，则外卦为震，震巽为体，比和为吉；坤艮为体，受克不吉；乾兑为体且卦气强旺，则外应卦为体卦之财，乾兑卦气衰弱，外应卦则耗气不吉。

3. 人事之应：占断瞬间所见的人或事。如见老男为乾，老妇为坤，少男为艮，少女为兑，见盗贼为坎，见伤者为兑之象，皆可视为外应卦。

4. 时令之应：即体卦在月建日辰之卦气旺衰。得令者旺，失令者衰。

5. 方位之应：即方位之卦对体卦的作用。如占一老人之事，体卦为乾，若自南方来，则外应卦为离，克体；自西方来，扶体；自坤方艮方来则生体。

6. 动物之应：即见马为乾，见羊为兑，见狗为艮，见鸡为巽之类，可以视为外应卦，看与体卦的生克关系。

7. 静物之应：如见文书笔砚为离，见刀剑为兑，见砖瓦为艮、坤，见木器为震、巽之类。

8. 言语之应：言官非讼事，恐有纠纷之应；谈婚嫁升迁，多为喜事之兆；言农事播种，主可投资；谈收割领薪，主有财进。如此等等，但须结合所占之事，依理而推。

9. 声音之应：闻欢声笑语，主快意之事；哭泣之声，多主忧愁；雄鸡高唱为佳音；乌鸦号啼主灾咎。若依卦象论，则雷声为震，风声为巽，雨水之声为坎，钟铃之声为乾兑。

10. 颜色之应：见青绿碧色为震巽，白色为乾兑，红紫色为离，黑色为坎，黄色为艮坤。

以上十应是常见的类型。外应作为一种兆机，可以对占断者予以提示，但这种兆机必须是与所占之卦的易理相符，所以外应毕竟只是起辅助作用，对断卦者的思维起一个引导作用。

对同一个卦，用外应与不用外应所推出的结论是有粗细疏密之分的。如果占断者当时准确地捕捉到外应并且正确地运用了外应，那么，占断就会出神入化，令人感到神奇微妙；如果抛开外应，把这个卦给另一个卦技相当者推断，即使分析推断的思路毫无毛病，但推出的结论总不如前者细微准验。所以，外应的恰当运用有助于提高断卦的层次。

值得一提的是，外应中方位之应和时令之应具有相对固定性，断卦时皆需纳入分析推断的思维范畴，其余八种外应是占断瞬间所得，随机性极强，这种外应必须在当时当地才能捕捉到，离开了占断时的特定时空状态，就失去了捕捉外应的时空条件，也就无所谓外应。外应的获得必须遵循顺其自然的原则，绝不可刻意追求。在起卦或断卦过程中，某种信息兆机忽然在瞬间自然而然地涌进占断者的思维中，这种兆机者才是外应。如果在占断过程中，刻意寻求外应，所得的反而不是外应。周围的事物多得很，如果刻意寻求，可能什么东西都会是"外应"，那么多的"外应"，你到底用哪一种呢？反而叫你无所适从，甚至被不是外应的"外应"将预测思路引入歧途。

初学者不要刻意去寻求外应，卦技纯熟后，只要占断时意念高度集中，排除杂念，达到虚灵的心境，外应就可能自然而入。这是需要有一定预测功底才能达到的。

一般情况下，不用外应也都能较为准确细致地推断所测之事的全过程，所以卦为根本，外应为枝叶，切不可本末倒置。有的一见外应就纯粹将卦抛开，这未免舍本逐末，失去占断的可靠根据。

总之，外应可起锦上添花的作用，但离开了锦，花就虚无缥缈。断卦还是应紧紧抓住象数理的根本，然后才能得出准确细微的占断。外应来了就灵活地用，无外应也不必刻意追求。

象数预测断卦实例：

例一：丁丑年己酉月己卯日，一求测者走进预测室，要求测事，我问他测何事，他回答说："不告诉你能测出什么？"我见他态度不合作，便当即以其身穿绿色上装和红棕色下装起得"雷火丰"卦，见其双手抱于腹部，即以艮为变爻数，艮数为七，动爻为初九，故得：

| 主卦 | 互卦 | 变卦 |

我根据卦象断了以下几条：

1."你脾胃有病。"（双手抱腹，腹部必病弱而需护持，此为直观外应信息；今酉月金旺土虚，木值日克土，土为腹部之脾胃，受克必病，外应卦象相等。）

2."你腿部受过伤。"（互卦"泽风大过"初爻和上爻为阴爻为缺损之象，且兑为金器，有克伤它物之能，兑又正当酉月可克木，巽为下互，为身体下部，为股（大腿），巽虽值日但不及兑当月令帝旺之力，金木相战，木被伤，故断其腿部受伤。而兑金既无太过之嫌，又无不及之弊，且面测可当场观看，未见其头部有伤痕，故未断头部之伤，此为灵活运用，正确把握。）

3. "你儿子鼻上有病。"（艮为少男为其儿子，艮为鼻，遭震木之克，又遭酉月之泄，主其儿子鼻有病。求测者回答道："有鼻窦炎。"）

4. "你家里曾来过一条蛇，被家里女人打死。"求测者惊奇地瞪大眼睛，呆了一会儿才说："家里是来过一条蛇，被老婆用锄头打死。"（当时我看他一排上衣纽扣之斑纹，很像蛇皮斑纹，再看互卦，下巽正好代表蛇，遭上互兑之克，兑上巽下，蛇被击而死。但当时没想到"大过"卦为金短木长〈巽为长〉之象，故未断出蛇是被锄头、铁锹之类的金短木长之物打死。兑为女人，故断蛇被女人打死。"大过"卦，兑居上克下巽，表示此女人在家居领导地位，而这样的女人理应为家庭主妇，为其妻子。但当时却未想到这一点。）

5. "在兄弟姐妹中你排行不是老大。"回答："对！"（震为体为求测者，震木本为长男，但震虽值日，却仍不免受月令之金所克，且体生用泄气，互体为兑金又克体卦，震气受损不够强，故不为长男。）

6. "你妻子向庙里许过愿未还。"（变用艮由主用离变出，离为中女为妻，艮为庙，艮遭下互巽之克，故断其妻曾向庙里许愿未还。他说与事实完全符合。）

从以上可以看出，梅花易数关键在于联想丰富，掌握大量的万物类象，灵活取用，这种断卦方法要注意形象思维、循环思维和综合思维，相当于看图说话。

例二：1997年壬子月癸未日，一位年轻顾客到广东邵伟华信息咨询服务有限公司找到我和另外一位预测师给他调风水，同时，某公司副经理要求这位预测师给他测运气，该预测师叫他报出四柱八字，那位副经理说："你是预测师，我不报八字你就没办法测了吗？"该预测师一下被难住了，难堪得下不了台。这位顾客的要求的确是有些苛刻，辩白和沉默都不是办法。他听别人介绍过我，于是又问我能不能测。其实在他问那位预测师的时候，我就起卦算出了他近几年的运气概况。我说："你1992、1993年运气很差,办事难成,1995年开始交上好运,至今都不错,单位上的当权者赏识你,明年

(1998年）正、二月你会有晋升之喜。"他说："李顺祥先生，你算得很对。我读书毕业后从1992年到1994年一直工作不顺，很窝囊；1995年参加工作后直到现在，各方面都比较顺心，公司一把手确实比较器重我；明年能不能晋升，就有待验证了，但我认为有这种可能。"今年（1998年）正月，他高兴地打电话告诉我："我于正月被提升为经理，谢谢您的预测。"

我当时根据他的坐向起得"泽雷随"之"天雷无妄"卦：

主卦　　变卦

推断思路：

1. 用克体，本为运气不佳，但运气是变化的，不能一见用克体便断自始至终运气不佳。用卦能克体卦之年，运气才差，用卦克不了体卦，而太岁反而生助体卦之年，则运气就好。

2. 体卦震木在子月为寒木，需火暖，幸日辰未土藏火，恰好起卦时室内地毯也为红色属火。

3. 体卦震木得月建之生，用卦虽动，水可通关。所以逢属水的流年运气不错，1995年至1997年，流年为亥子丑北方水，故断其运气不错；木可扶助体卦抗金克，所以逢属木的流年运气也好，而且金为木之官，体木力量强大时反而喜金，正所谓强木得金方能成器，所以断1998（戊寅)年正（寅）、二（卯）月，木旺之时有晋升之喜。1992年、1993年，流年申、酉金当值,1994年，流年甲戌，戌中藏金，戌土又生金，所以这三年运气很差。

4. 用卦兑变乾，乾代表掌权者，为体卦之领导，也为体卦之官星，体卦得水通关，形成金生水，水生木，生则为信任，所以断单位领导赏识他。

第八节　卦爻辞占断

在古代的筮案中，有不少用卦辞、爻辞断卦的例子。没有动爻卦一般用卦辞来断，一爻动的则用动爻辞来断。

这里摘选的几个古今筮例，读者从中可略见一斑：

1. 一次，邵康节先生见一少年喜形于色，问到底有何喜事，少年回答说："没有。"邵先生感到这是一种预兆，于是起得"贲"卦五爻动，其动爻辞曰："贲于丘园，束帛戋戋，吝，终吉。"爻辞已见其吉，卦象又为"贲"之"家人"，婚喜之象，故断少年十七日内有定亲之喜。果然如期应验。

2. 《左传·庄公二十年》：陈侯让史官为陈公子完的前途占算，得"观"之"否"卦，"观"之四爻辞曰："观国之光，利用宾于王。"史官认为，这意味着公子完的后代能够在别人处拥有国家而使陈国得以延续。后来的事实证明：公子完到齐国，经过几代人的发展，最后终于夺得齐国的政权。

3. 唐代董元范的母亲得了一种怪病，每晚上就发作。卜士朱邯为之占得"解"卦上六爻动，其动爻辞曰："公用射隼于高墉之上，获之，无不利。"于是他告诉董元范：今天日色过午之时，有个带着弓箭的人从你家附近经过，你可请他帮忙，便能治好你母亲的病。董照朱的嘱咐，果然在路旁遇到当地猎人李楚宝，于是把猎人请到家中，待以酒食，晚上又留他在家住。当晚明月皓洁，李楚宝出去查看，发现房顶上站着一只大鸟，以嘴啄屋，这时屋里便传出了董母的呻吟。李拈弓搭箭，两箭都射中大鸟，鸟惊而飞走，屋里的呻吟声便也停止了。第二天，两人在一间破屋里发现一个碓臼，里面有两枝带血的箭，正是李楚宝昨晚射出的。从此以后，董母的病便再未复发过。

此例的爻辞与所发生的事相符到惊人的程度。

4. 1996年5月24日晚，我想去找韩先生，欲知能否见到，占得"需"之"泰"卦，当时我按卦象法和纳甲法综合占断，得出韩先生出去赴宴的结论。为了验证结论是否正确，特地到他家里去，其妻告诉我，丈夫到朋友家喝酒去了。"需"卦五爻辞曰："需于酒食，贞吉。"爻辞已给出了明确的答案。

以上都是只有一爻动而用动爻辞之例。遇到多爻动的情况，可参照下述方法运用卦爻辞决断：

两个爻动，取阴爻辞断未来之事，阴阳相同，取上动之爻辞。

三个爻动，以中间动爻辞断。

四个爻动，以下静之爻辞断。

五个爻动，以静爻辞断。

六个爻动，"乾"卦以用九爻辞、"坤"卦以用六爻辞断，其他卦以变卦的卦辞占断。

下 卷

纳甲预测法

从上卷可知:象数预测法起卦方便、快捷,占断准确;其特点是随意性强,思维上要求做到高度灵活,洞察入微,需要根据卦象展开丰富的联想,并作出合情合理的综合判断;它强调瞬间意念(即灵感),融象数理占于一炉,特别重视将形象思维、抽象思维、循环思维、灵感思维、辩证思维、综合思维等思维方式融为一体,有时还需运用创造性思维。对于初学者来说是不易达到这个层次的,即使熟练者,如果悟性不佳,也难于从纷繁、复杂的万物类象中筛选、提炼出十分具体的、准确的信息。所以,象数预测法的优点在于其简捷,容易入门,而难点则在于灵活通变,不易登堂入室,悟性有多高,就能达到多高的预测水平。

纳甲预测法(又称六爻预测法)也是八卦预测方法的一种。它将世应、六亲、六神诸元素分配于卦中,以五行生克制化为批断法则,具有细致、具体的特点,断卦的随意性较象数法小得多,因而容易把握,只要基础扎实,掌握好推断技巧,就可以达到很高的准确度。因此,此法备受历代易学者推崇,被誉为大宗之法。自西汉京房创立以来,此法不断得到发展改进,日趋完善。

六爻预测法的起卦方法比象数预测法的起卦方法稍微复杂一点,一般来说需要起卦工具。古代占筮,最初用蓍草,通过三演十八变的繁琐程序才能起得一卦,后经过改进,简化为用三个铜钱摇卦(即以钱代蓍之法),比原来方便快捷得多,而且预测准确率同样高。

值得一提的是,象数预测法与六爻预测法虽然有所区别,但它们同属八卦范畴,都遵循五行生克制化之理,所以二者有许多共通之处,适当综合二者的优点,对断卦是很有帮助的。

第一章 起卦纳甲

第一节 摇卦法

卦由心生，心动信息则发。人体所发射的信息，实际上就是一种具有能量的电磁波，借助某种工具，就能以某种形式反映出这种信息。用铜钱摇卦可以预测各种信息，其原理就在于此。

铜钱就是过去使用过的铜制硬币，一般中间都有孔，其种类很多，如"乾隆通宝"、"光绪通宝"等等，一般较常见的是"乾隆通宝"铜钱，如没有这种铜钱，用其他铜钱甚至现在流通的硬币代替也行。

铜钱分正面和背面，有字（如"乾隆通宝"字样）的一面为正面，另一面为背面。

摇卦时需要三个铜钱，最好是三个铜钱完全一样（大小、厚薄、质地、文字符号相同）。摇卦方法如下：

将三个铜钱合扣在手心，将意念集中于欲测之事上，不要被外界和其他杂念干扰，当你觉得将欲测之事想得差不多了，就可以摇卦。摇卦时两掌虚空，既要能罩住铜钱不使其漏出，又要使铜钱在两掌间有充分活动的空间，随意摇动若干下后，松开两手，使铜钱自动落在平整、干净、较硬的物体平面上，依三个铜钱的正背面组合分别阴阳，如此连续六次。从第二次起，可将铜钱拾起直接摇卦，不要分心。这样才能得到准确的卦。每摇一次可得一个爻象。铜钱正背面组合的识记规则如下：

三个正面，记为：×－－或×；

三个背面，记为：○－－或○；

一个正面，两个背面，为阴，记为：- -或″；

一个背面，两个正面，为阳，记为—或′。

"×"、"○"为动爻，动则变，故"×"会变为"′"，"○"会变为"″"。正因为变才有新的爻产生，由"○"或"×"变化出来的卦为变卦，未变之前的卦为主卦。

请一定明确："○"未变之前为阳爻，"×"未变之前为阴爻，变化后爻象刚好相反。

摇卦是采集信息符号的一种形式，为了使所采集的信息符号准确可靠，首先必须保证发出的信息准确可靠，而信息的发出到转换成信息符号（卦象），是通过人体和摇卦所用的铜钱与空间磁场共同配合完成的，所以，要求净心、净身（至少净手）、净钱（无污垢），意念不受外界干扰。如果做不到这四点，所摇的卦，其信息的准确度或可靠程度就难保证。有的卦推断上无任何弊端，但就是测不准，这是因为起的卦本身不具可靠性。如果不具备摇卦所必须的条件，可采用象数法起卦。

第二节　列卦法

将铜钱摇动散落六次，则得一个完整的卦。

一个主卦共六个爻，以第一次所得的爻为初爻、第二次所得的爻为二爻，第三、第四、第五、第六次所得的爻分别对应为三爻、四爻、五爻、上爻。无动爻则无变卦，有动爻则有变卦。

变卦的构成为：

主卦的动爻阴阳属性改变，静爻依旧。一个爻动，则一个爻改变其阴阳属性，多爻动，则多爻阴阳属性改变，六个爻全动，则六个爻的阴阳属性全部改变。如摇得"火风鼎"，若初爻为动爻，则初爻阴变阳，变卦为"火天大有"；若初爻、四爻、上爻三个爻动，则变卦为"地天泰"。

列式如下：

```
        火风鼎      火天大有     火风鼎       地天泰
       ─────      ─────      ──o──      ─────
   外  ─ ─       ─────      ─────      ─ ─
   卦  ─────      ─────      ──o──      ─ ─
       ─────      ─────      ─────      ─────
   内  ─────      ─────      ─────      ─────
   卦  ─ ─×      ─────      ─ ─×       ─────
```

内外卦、主变卦的区分与本书上卷象数起卦法所述的法则相同。

纳甲预测法的爻象表示法有的以"′"代表"——",以""""代表"--",以"○"代表"○——",以"×"代表"×--"。这大概是因为纳甲法重在世应、六亲,而一般不考虑卦象,为了书写方便,少占篇幅的原因吧。习惯不同,不必强求一致,只要表明意义就行。

第三节　八宫卦序

西汉易学大家京房创立的的八卦纳甲预测法,是以世应、六亲、用神为主要推断元素的,与用卦象占测和卦爻辞占测的出发点不同,虽然都遵循阴阳学说和五行生克法则,但以具体的占断方法来划分,属于不同的体系。京房也将六十四卦按一定规律排列,但其排列的次序与《易经·序卦传》所述的排列次序不同。六十四卦中,有"乾、兑、离、震、巽、坎、艮、坤"八个纯卦(上下卦相同),以纯卦为卦首又称为"首卦"。以首卦为宫名,如以乾卦为首之宫,就称"乾宫"。每宫的卦,按一定次序排列,如乾宫八卦的排列次序为:乾为天、天风姤、天山遁、天地否、风地观、山地剥、火地晋、火天大有。把八宫的卦按序列出卦象,可以发现一个规律:请看以下按乾宫次序排列的乾宫卦象:

卦象显示：以首卦为基础，从首卦的初爻开始，由下往上每变易一个爻的阴阳，即得一个新卦。乾卦初爻阳变阴，得天风姤，在此基础上，再变动二爻，得天山遁，以此为基础，再变动三爻，得天地否，如此一直变到五爻，便得出本宫第六个卦；上爻始终不变，变至第五爻，再往回变，即在第六卦的基础上，变动第四爻，则得出第七卦，最后在第七卦的基础上，使下卦的三个爻皆变，便得出本宫最末一卦。如果把八宫依序排列的卦象列出来，还可发现一个规律：每得出第七卦后，使下卦的三个爻皆变，便得出本宫最末一卦。每宫末卦的上下卦，其卦象所属的五行属性总是相克的。其他还有些规律，对研究卦象变化有一定意义，但在纳甲预测法中并不重要，故不赘述，有兴趣者可仔细玩味。

八宫又分阴阳，乾、震、坎、艮四宫为阳，兑、离、巽、坤四宫属阴。

每宫第七卦为游魂卦，末卦为归魂卦。其特性在后面详述。

八宫的卦序排列如下：

乾宫八卦

乾为天、天风姤、天山遁、天地否、风地观、山地剥、火地晋、火天大有。

兑宫八卦

兑为泽、泽水困、泽地萃、泽山咸、水山蹇、地山谦、雷山小过、雷泽归妹。

离宫八卦

离为火、火山旅、火风鼎、火水未济、山水蒙、风水涣、天水讼、天火同人。

震宫八卦

震为雷、雷地豫、雷水解、雷风恒、地风升、水风井、泽风大过、泽雷随。

巽宫八卦

巽为风、风天小畜、风火家人、风雷益、天雷无妄、火雷噬嗑、山雷颐、山风蛊。

坎宫八卦

坎为水、水泽节、水雷屯、水火既济、泽火革、雷火丰、地火明夷、地水师。

艮宫八卦

艮为山、山火贲、山天大畜、山泽损、火泽睽、天泽履、风泽中孚、风山渐。

坤宫八卦

坤为地、地雷复、地泽临、地天泰、雷天大壮、泽天夬、水天需、水地比。

第四节 世 应

象数预测法有体用之别,纳甲预测法则有世应之分。世应就类似于体用,用以分别测事的主体和客体,但世应的用法,比体用的用法要灵活一些。

如测彼此情况,世代表自己、我方,应代表他人、对方;测自己之事,世为己身,应为自己所测之事;而测与自己关系较密切的人或事,又以按六亲所取的用神为主来定主体和客体,而不以世应定。

以世为测事的主体,应为测事的客体时,二者的关系为:世弱需生时,应生世则吉,应克世则凶;世太强旺需克制时,应克世则吉,应生世则凶。切不可不论世爻之强弱,笼统地认为应生世则吉,应克世则凶。这一点请读者注意。

世动世空我心不实,应动应空他心有变。世应生克的吉凶程度,又以各自的力量而定。

世应在不同的卦中各有其相应的爻位,世临之爻,称为世爻,应临之爻,称为应爻。那么,世爻和应爻的位置是如何确定的呢?一卦六个爻,初、二、三爻分别与四、五、上爻相对应。世应之间总是相隔两个爻,世应之间的两个爻称为间爻。所以，只要知道了世爻的位置，也就知道了应爻的相应位置。

上一节谈了每宫八个卦的次序及其爻变规律，每宫八个卦的世爻位置变化规律与爻变规律相似（末卦除外）。这里所说的爻变，只是相对于本宫的卦变与爻变规律而言，绝不是指摇卦时所得变爻，切莫混淆。以乾宫为例：首卦是基础卦，无变爻，世爻居于上爻之位（其余各宫首卦世爻皆居上爻之位）。

第二卦天风姤，由首卦初爻变而得，世爻在初爻之位；第三卦由第二卦的二爻变而得，世爻在二爻之位；第四卦由第三卦的三爻变而得，世爻在三爻之位；第五卦由第四卦的四爻变而得，世爻在四爻之位；第六卦由第五卦的五爻变而得，世爻在五爻之位；末卦由第七卦下卦三个爻变而得，以三爻开始，引动二爻、初爻俱变，故世爻在三爻。其余七宫各个卦的世爻位置与乾宫完全相同。

所以，只要懂得了宫内卦序的排列和爻变规律，也就知道了世爻的位置。初学时，有些模糊，容易弄错，练习一段时间后，就逐渐熟练了。若能背熟八宫卦序，定世爻位置更快。记忆力差的读者，可参考下述"寻世歌诀"法：

天同二世天异五，
地同四世地异初，
人同四位人异三，
纯六三异下天处。

歌诀中天、地、人指上下卦爻位。上卦三个爻，上爻（第六爻）为天，中爻（五爻）为人，下爻（四爻）为地；下卦三个爻，上爻（三爻）为天，中爻（二爻）为人，下爻（初爻）为地。同、异指爻象的阴阳同、异。

例释（以乾、兑、离宫为例）：

天同二世天异五——上下卦仅天爻相同，而其余之爻不同者世爻必在二爻之位；上下卦仅天爻不同而其余之爻相同者，世爻在五爻之位。

"天同二世"例：

乾宫天山遁　　　兑宫泽地萃　　　离宫火风鼎

"天异五"例：

乾宫山地剥　　　兑宫地山谦　　　离宫风水涣

地同四世地异初——上下卦仅地爻相同而其余之爻不同者，世爻必在四爻之位；上下卦仅地爻不同其余之爻相同者，世爻必在初爻。

"地同四世"例：

乾宫风地观　　　兑宫水山蹇　　　离宫山水蒙

"地异初"例：

乾宫天风姤　　　兑宫泽水困　　　离宫火山旅

人同四位人异三——上下卦仅人爻相同而其余之爻不同，世爻必在四爻之位；上下卦仅人爻不同而其余之爻相同，世爻在三爻之位。

"人同四位"例：

乾宫火地晋　　　兑宫雷山小过　　　离宫天水讼

"人异三"例：

乾宫火天大有　　兑宫雷泽归妹　　　离宫天火同人

纯六三异下天处——纯指八纯卦，即八宫首卦，世爻必在第六爻（上爻）。三异：上下卦天地人三个爻全都对应相反；下天：下卦天位，即三爻。"三异下天处"意为上下卦天地人爻全都对应相反，则世爻必在三爻之位。

"纯六"例：

乾为天　　　　　兑为泽　　　　　　离为火

"三异下天处"例：

乾宫天地否　　　兑宫泽山咸　　　　离宫火水未济

其余五宫的世应法请读者自行练习。只要能记住并会用上述四句歌诀，六十四卦的世应位置便可一眼观定，而不必机械记忆六十四卦的世应位置，也不必查工具书。

第五节　纳　支

八卦纳甲预测法主要是根据卦中地支间的五行生克强弱关系推断吉凶的，所以如果卦中不配上地支，就无法进行推算。地支纳入六十四卦，每卦的地支组合各不相同，如果死记硬背，实在费力不好记。下面先将六十四卦纳支及六亲爻象全图分宫排列于下：

一、乾宫八卦

乾为天	天风姤	天山遁	天地否
父母戌土′世	父母戌土′	父母戌土′	父母戌土′应
兄弟申金′	兄弟申金′	兄弟申金′应	兄弟申金′
官鬼午火′	官鬼午火′应	官鬼午火′	官鬼午火′
父母辰土′应	兄弟酉金′	兄弟申金′	妻财卯木″世
妻财寅木′	子孙亥水′	官鬼午火″世	官鬼巳火″
子孙子水′	父母丑土″世	父母辰土″	父母未土″

风地观	山地剥	火地晋	火天大有
妻财卯木′	妻财寅木′	官鬼巳火′	官鬼巳火′应
官鬼巳火′	子孙子水″世	父母未土″	父母未土″
父母未土″世	父母戌土″	兄弟酉金′世	兄弟酉金′
妻财卯木″	妻财卯木″	妻财卯木″	父母辰土′世
官鬼巳火″	官鬼巳火″应	官鬼巳火″	妻财寅木′
父母未土″应	父母未土″	父母未土″应	子孙子水′

二、兑宫八卦

兑为泽
父母未土〃世
兄弟酉金'
子孙亥水'
父母丑土〃应
妻财卯木'
官鬼巳火'

泽水困
父母未土〃
兄弟酉金'
子孙亥水'应
官鬼午火〃
父母辰土'
妻财寅木〃世

泽地萃
父母未土〃
兄弟酉金'应
子孙亥水'
妻财卯木〃
官鬼巳火〃世
父母未土〃

泽山咸
父母未土〃应
兄弟酉金'
子孙亥水'
兄弟申金'世
官鬼午火〃
父母辰土〃

水山蹇
子孙子水〃
父母戌土'
兄弟申金〃世
兄弟申金'
官鬼午火〃
父母辰土〃应

地山谦
兄弟酉金〃
子孙亥水〃世
父母丑土〃
兄弟申金'
官鬼午火〃应
父母辰土〃

雷山小过
父母戌土〃
兄弟申金〃
官鬼午火'世
兄弟申金'
官鬼午火〃
父母辰土〃应

雷泽归妹
父母戌土〃应
兄弟申金〃
官鬼午火'
父母丑土〃世
妻财卯木'
官鬼巳火'

三、离宫八卦

离为火
兄弟巳火'世
子孙未土〃
妻财酉金'
官鬼亥水'应
子孙丑土〃
父母卯木'

火山旅
兄弟巳火'
子孙未土〃
妻财酉金'应
妻财申金'
兄弟午火〃
子孙辰土〃世

火风鼎
兄弟巳火'
子孙未土〃应
妻财酉金'
妻财酉金'
官鬼亥水'世
子孙丑土〃

火水未济
兄弟巳火'应
子孙未土〃
妻财酉金'
兄弟午火〃世
子孙辰土'
父母寅木〃

山水蒙	风水涣	天水讼	天火同人
父母寅木′	父母卯木′	子孙戌土′	子孙戌土′应
官鬼子水″	兄弟巳火′世	妻财申金′	妻财申金′
子孙戌土″世	子孙未土″	兄弟午火′世	兄弟午火′
兄弟午火″	兄弟午火″	兄弟午火″	官鬼亥水′世
子孙辰土′	子孙辰土′应	子孙辰土′	子孙丑土″
父母寅木″应	父母寅木″	父母寅木″应	父母卯木′

四、震宫八卦

震为雷	雷地豫	雷水解	雷风恒
妻财戌土″世	妻财戌土″	妻财戌土″	妻财戌土″应
官鬼申金″	官鬼申金″	官鬼申金″应	官鬼申金″
子孙午火′	子孙午火′应	子孙午火′	子孙午火′
妻财辰土″应	兄弟卯木″	子孙午火′	官鬼酉金′世
兄弟寅木″	子孙巳火″	妻财辰土′世	父母亥水′
父母子水′	妻财未土″世	兄弟寅木″	妻财丑土″

地风升	水风井	泽风大过	泽雷随
官鬼酉金″	父母子水″	妻财未土″	妻财未土″应
父母亥水″	妻财戌土′世	官鬼酉金′	官鬼酉金′
妻财丑土″世	官鬼申金″	父母亥水′世	父母亥水′
官鬼酉金′	官鬼酉金′	官鬼酉金′	妻财辰土″世
父母亥水′	父母亥水′应	父母亥水′	兄弟寅木″
妻财丑土″应	妻财丑土″	妻财丑土″应	父母子水′

五、巽宫八卦

巽为风
兄弟卯木′世
子孙巳火′
妻财未土〃
官鬼酉金′应
父母亥水′
妻财丑土〃

风天小畜
兄弟卯木′
子孙巳火′
妻财未土〃应
妻财辰土′
兄弟寅木′
父母子水′世

风火家人
兄弟卯木′
子孙巳火′应
妻财未土〃
父母亥水′
妻财丑土〃世
兄弟卯木′

风雷益
兄弟卯木′应
子孙巳火′
妻财未土〃
妻财辰土〃世
兄弟寅木〃
父母子水′

天雷无妄
妻财戌土′
官鬼申金′
子孙午火′世
妻财辰土〃
兄弟寅木〃
父母子水′应

火雷噬嗑
子孙巳火′
妻财未土〃世
官鬼酉金′
妻财辰土〃
兄弟寅木〃应
父母子水′

山雷颐
兄弟寅木′
父母子水〃
妻财戌土〃世
妻财辰土〃
兄弟寅木〃
父母子水′应

山风蛊
兄弟寅木′应
父母子水〃
妻财戌土〃
官鬼酉金′世
父母亥水′
妻财丑土〃

六、坎宫八卦

坎为水
兄弟子水〃世
官鬼戌土′
父母申金〃
妻财午火〃应
官鬼辰土′
子孙寅木〃

水泽节
兄弟子水〃
官鬼戌土′
父母申金〃应
官鬼丑土〃
子孙卯木′
妻财巳火′世

水雷屯
兄弟子水〃
官鬼戌土′应
父母申金〃
官鬼辰土〃
子孙寅木〃世
兄弟子水′

水火既济
兄弟子水〃应
官鬼戌土′
父母申金〃
兄弟亥水′世
官鬼丑土〃
子孙卯木′

| 泽火革 | 雷火丰 | 地火明夷 | 地水师 |

泽火革
官鬼未土〃
父母酉金′
兄弟亥水′世
兄弟亥水′
官鬼丑土〃
子孙卯木′应

雷火丰
官鬼戌土〃
父母申金〃世
妻财午火′
兄弟亥水′
官鬼丑土〃应
子孙卯木′

地火明夷
父母酉金〃
兄弟亥水〃
官鬼丑土〃世
兄弟亥水′
官鬼丑土〃
子孙卯木′应

地水师
父母酉金〃应
兄弟亥水〃
官鬼丑土〃
妻财午火〃世
官鬼辰土′
子孙寅木〃

七、艮宫八卦

艮为山
官鬼寅木′世
妻财子水〃
兄弟戌土〃
子孙申金′应
父母午火〃
兄弟辰土〃

山火贲
官鬼寅木′
妻财子水〃
兄弟戌土〃应
妻财亥水′
兄弟丑土〃
官鬼卯木′世

山天大畜
官鬼寅木′
妻财子水〃应
兄弟戌土〃
兄弟辰土′
官鬼寅木′世
妻财子水′

山泽损
官鬼寅木′应
妻财子水〃
兄弟戌土〃
兄弟丑土〃世
官鬼卯木′
父母巳火′

火泽睽
父母巳火′
兄弟未土〃
子孙酉金′世
兄弟丑土〃
官鬼卯木′
父母巳火′应

天泽履
兄弟戌土′
子孙申金′世
父母午火′
兄弟丑土〃
官鬼卯木′应
父母巳火′

风泽中孚
官鬼卯木′
父母巳火′
兄弟未土〃世
兄弟丑土〃
官鬼卯木′
父母巳火′应

风山渐
官鬼卯木′应
父母巳火′
兄弟未土〃
子孙申金′世
父母午火〃
兄弟辰土〃

八、坤宫八卦

坤为地	地雷复	地泽临	地天泰
子孙酉金〃世	子孙酉金〃	子孙酉金〃	子孙酉金〃应
妻财亥水〃	妻财亥水〃	妻财亥水〃应	妻财亥水〃
兄弟丑土〃	兄弟丑土〃应	兄弟丑土〃	兄弟丑土〃
官鬼卯木〃应	兄弟辰土〃	兄弟丑土〃	兄弟辰土′世
父母巳火〃	官鬼寅木〃	官鬼卯木′世	官鬼寅木′
兄弟未土〃	妻财子水′世	父母巳火′	妻财子水′

雷天大壮	泽天夬	水天需	水地比
兄弟戌土〃	兄弟未土〃	妻财子水〃	妻财子水〃应
子孙申金〃	子孙酉金′世	兄弟戌土′	兄弟戌土′
父母午火′世	妻财亥水′	子孙申金〃世	子孙申金〃
兄弟辰土′	兄弟辰土′	兄弟辰土′	官鬼卯木〃世
官鬼寅木′	官鬼寅木′应	官鬼寅木′	父母巳火〃
妻财子水′应	妻财子水′	妻财子水′应	兄弟未土〃

从上列六十四卦中可以看出，每个卦都是由上下两个经卦组成，凡是上卦相同的经卦，不论属于何宫，其纳支完全一样；凡是下卦相同的经卦，不论属于何宫，其纳支也完全相同。

比如"天火同人"卦与"天山遁"卦，上卦皆为乾经卦，纳支从上往下依次都为：

戌土、申金、午火；

又如"天火同人"卦与"风火家人"卦，下卦都是离经卦，纳支从上往下依次都为：

亥水、丑土、卯木。

因此，只要熟记八宫首卦的纳支，就可快速地给其余五十六卦中的任意一卦配上地支。

但必须注意：不要把八宫首卦上经卦的纳支配在相同经卦的下卦中，也不能把首卦下经卦的纳支搬到有相同经卦的上卦中。经卦卦象虽同，但因上下卦位置不同，所以纳支就不同，万万不可混淆。

记忆八宫首卦六爻纳支，可选择适宜自己的记忆方法，只要有规律可循，利于记忆就行。比如乾纯卦，从初爻至上爻纳支依次为：子、寅、辰、午、申、戌，因乾属阳卦，所纳之支也全为阳支、奇数，从下至上每相邻之支隔一阴支，如子与寅隔丑，寅与辰隔卯；其余震、坎、艮三个阳纯卦纳支也都为阳支；阴纯卦兑、离、巽、坤全纳阴支。只要记住每个卦初爻或上爻就可推出六个爻的纳支。其规律是：阳纯卦地支序数由下往上顺数阳支，阴纯卦由上往下顺数阴支。

八卦纳支的练习开始可用纸笔排列，熟练后要逐渐学会在脑中起卦纳支，于不动声色之间断人吉凶祸福。

第六节　纳　干

天干共十位，以甲为首，将干支纳入八卦之法，称为纳甲法。此处之"甲"实乃"六十花甲"之意。古人将天干纳入八卦，是有一定实用价值的，否则不会多此一举，也不会将六爻预测法称为纳甲预测法。只是这种预测方法以地支为主，天干为辅，而经历代相传，经过"去繁就简，去辅从主"，至今只用地支而根本不用天干了。这种"去法"未免割裂了纳甲法中天干部分的精华。有的预测者（甚至有的预测名家）之所以对有的卦测不准，就是不懂得纳甲法中天干的作用。天干对断卦的微妙作用，读者可从本书某些卦例中去领悟，详细论述可参阅《中国六爻预测学》和《八卦解惑》两本函授培训辅导教材。

天干有十，卦有八，将十天干纳入八卦，乾、坤两卦各纳两干，其余六个卦各纳一干。其纳干规则是：乾内卦纳甲，外卦纳壬；坤内卦纳乙，外卦纳癸；兑纳丁，离纳己，震纳庚，巽纳辛，坎纳戊，艮纳丙。列式如下：

乾纯卦	兑纯卦	离纯卦	震纯卦
──── 壬戌	─ ─ 丁未	──── 己巳	─ ─ 庚戌
──── 壬申	──── 丁酉	─ ─ 己未	─ ─ 庚申
──── 壬午	──── 丁亥	──── 己酉	──── 庚午
──── 甲辰	─ ─ 丁丑	──── 己亥	─ ─ 庚辰
──── 甲寅	──── 丁卯	─ ─ 己丑	─ ─ 庚寅
──── 甲子	──── 丁巳	──── 己卯	──── 庚子

巽纯卦	坎纯卦	艮纯卦	坤纯卦
──── 辛卯	─ ─ 戊子	──── 丙寅	─ ─ 癸酉
──── 辛巳	──── 戊戌	─ ─ 丙子	─ ─ 癸亥
─ ─ 辛未	─ ─ 戊申	─ ─ 丙戌	─ ─ 癸丑
──── 辛酉	─ ─ 戊午	──── 丙申	─ ─ 乙卯
──── 辛亥	──── 戊辰	─ ─ 丙午	─ ─ 乙巳
─ ─ 辛丑	─ ─ 戊寅	─ ─ 丙辰	─ ─ 乙未

其余五十六卦就直接按上下经卦所属进行纳干。如：

天山遁	雷火丰	水地比	风天小畜
──── 壬戌	─ ─ 庚戌	─ ─ 戊子	──── 辛卯
──── 壬申	─ ─ 庚申	──── 戊戌	──── 辛巳
──── 壬午	──── 庚午	─ ─ 戊申	─ ─ 辛未
──── 丙申	──── 己亥	─ ─ 乙卯	──── 甲辰
─ ─ 丙午	─ ─ 己丑	─ ─ 乙巳	──── 甲寅
─ ─ 丙辰	──── 己卯	─ ─ 乙未	──── 甲子

第二章 六亲 六神

八卦纳甲预测法中的六亲与四柱命理预测学中的六亲意义相似。六亲包括父母、兄弟、妻财、官鬼、子孙。将六亲纳入卦中，可使预测的事项便于按五行分类，因而它的随意性小，而具体性、明确性、对应性强，所以较易掌握。六亲是取用神的依据，必须牢固掌握。

第一节 六亲的划分

生我者为父母；克我者为官鬼；我生者为子孙；我克者为妻财；比和者为兄弟。

六亲是以卦所在之宫的五行属性为基准划分的。由于宫的五行属性不同，所以六亲名称虽相同，其六亲五行属性亦不同。

乾、兑宫属金，以金为基准划分六亲，故金爻为兄弟，土爻为父母，火爻为官鬼，木爻为妻财，水爻为子孙。

同理，离宫属火，火爻为兄弟，木爻为父母，水爻为官鬼，金爻为妻财，土爻为子孙。

震、巽宫属木，木爻为兄弟，水爻为父母，金爻为官鬼，土爻为妻财，火爻为子孙。

坎宫属水，水爻为兄弟，金爻为父母，土爻为官鬼，火爻为妻财，木爻为子孙。

艮、坤宫属土，土爻为兄弟，火爻为父母，木爻为官鬼，水爻为妻财，金爻为子孙。

六十四卦六亲关系见本卷第一章第五节爻象全图。

第二节　快速、正确排六亲

在六爻预测中，卦爻六亲是信息分析与推断的基本元素。可以说，没有六亲，就难以完成六爻预测的全过程。一个卦的卦象确立之后，首先需要给每个爻安上六亲，然后才能据此进行信息的分析与推断。

对于初学者或业余爱好者来说，如果不会独立装卦，则可查《六十四卦爻象全图》。但如果完全照搬，也可能出错。当然，这种错误不会出现在主卦中，而是出现在变卦中。比如起得"天山遁"之"火水未济"卦，如果从六十四卦爻象全图中完全照搬，就会组合成下面的卦象：

天山遁	火水未济
父母戌土′	兄弟巳火′应
兄弟申金′应	子孙未土〃
官鬼午火′	妻财酉金′
兄弟申金′	兄弟午火〃世
官鬼午火〃世	子孙辰土′
父母辰土〃	父母寅木〃

实际上，这个卦的主卦六亲是对的，而变卦六亲则是错的，因为变卦六亲也必须按主卦所属的卦宫五行去定。

主卦"天山遁"属乾宫卦，乾宫五行属金，所以卦中的金为兄弟爻，木为妻财爻，水为子孙爻，火为官鬼爻，土为父母爻。主卦、变卦的六亲都要以乾宫为标准去定。因此，整个卦象正确的六亲应该是：

天山遁	火水未济
父母戌土 ′	官鬼巳火 ′ 应
兄弟申金 ○ 应	父母未土 ″
官鬼午火 ′	兄弟酉金 ′
兄弟申金 ○	官鬼午火 ″ 世
官鬼午火 × 世	父母辰土 ′
父母辰土 ″	妻财寅木 ″

只要记住了"以主卦的卦宫五行定六亲"这个法则，变卦的六亲就不会排错了。

装卦查"六十四卦爻象全图"是比较浪费时间的。如果作为专业预测师，装卦还要去查工具书，那就会让人笑话你连基本功都不具备。其实，无论是专业预测师还是六爻爱好者，都应该熟练掌握装卦的基本功，这样才能为研究和预测节省时间，也更加方便。试想，如果有人临时要求你测一件紧急事，而你又没带八卦工具书，你怎么办？

给卦爻安六亲，对初学者来说，似乎有些麻烦，但其实这是一件非常简单的事情。下面介绍一首十分简短的歌诀，你只要掌握了它，就能在瞬间为卦爻正确地排出六亲。歌诀是：

一二三六外卦宫，
四五世爻内变更，
归魂内卦是卦宫。

解释：

一二三六外卦宫——凡世爻在一爻、二爻、三爻、六爻的卦，其外卦就是卦宫。

比如，"天风姤"世居一爻，"天山遁"世居二爻，"天地否"世居三爻，这三个卦的外卦都为乾，所以，它们都属于乾宫卦，卦宫五行为金，金为兄弟爻。又比如："泽水困"世居一爻，外卦为兑，所以，"泽水困"属兑宫，卦宫五行为金，金为兄弟爻。"再比如，风雷益"，世居三爻，外卦为巽，所以属巽宫，卦宫五行为木，木为兄弟爻。"离为火"，世居第六爻，外卦为离，故属离宫，卦宫五行属火，火为兄弟爻。

四五世爻内变更——凡世爻在四爻、五爻的卦，将内卦三个爻的阴阳全部颠倒之后所得的卦就是此卦的卦宫。

比如，"风地观"世居四爻，"山地剥"世居五爻，其内卦为坤；将坤的三个阴爻颠倒后变为三个阳爻则为乾，所以，"风地观"、"山地剥"都是属于乾宫。又比如，"风水涣"，世居五爻，内卦为坎，将坎的三个爻阴阳颠倒后则为离，所以，"风水涣"属于离宫。

归魂内卦是卦宫——凡属归魂卦的，皆以内卦为卦宫。

八宫中每宫的最后一个卦为归魂卦，一共有8个，分别是乾宫"火天大有"、兑宫"雷泽归妹"、离宫"天火同人"、震宫"泽雷随"、巽宫"山风蛊"、坎宫"地水师"、艮宫"风山渐"、坤宫"水地比"。归魂卦的世爻都无一例外地居于三爻。

前面第一句歌诀"一二三六外卦宫"讲到，世居三爻者，其外卦为卦宫，而归魂卦的世爻虽然也全都在三爻，却是以内卦为卦宫。这与其他世居三爻的卦是不同的，需要特别注意加以区分。

世居三爻的卦一共16个，其中有8个是归魂卦。怎样区分呢？归魂卦的特征是：内外卦比较，天爻、地爻都相同，惟独人爻不同。比如：

火天大有	雷泽归妹	天火同人
───── 应	─ ─ 应	───── 应
─────	─ ─	─ ─
─────	─────	─────
───── 世	─ ─ 世	───── 世
─────	─────	─ ─
─────	─────	─────

大家对照卦象就一目了然了。这几个归魂卦，内卦就是其卦宫。

只要找出了卦所属的卦宫，也就知道了卦宫的五行，卦宫五行就是卦中的兄弟爻。然后，以兄弟爻为"我"，按"生我者为父母、克我者为官鬼、我克者为妻财、我生者为子孙、比和者为兄弟"之法则即可确定主卦和变卦各个爻的六亲。

注意：以此歌诀确定卦宫五行，是针对主卦而言的；变卦须以主卦的卦宫排六亲，不需要也不能再另外去确定变卦的卦宫。

第三节　六亲持世

世爻在卦中地位很重要，在许多情况下，它与用神有着密切的关系，尤其是世爻为用神时，更是全卦的核心。世爻所临的六亲，可以反映出许多规律性的意象。古人有以下总结：父母持世主身劳，求嗣妾众也难招，官动财旺宜赴试，财动谋利莫心焦，占身财动无贤妇，又恐区区寿不高。

父母为辛苦之神，主奔波劳碌，谋事多须努力奋斗，方可成功；父母爻克子孙，占求子嗣不利；占考试，若得日月生扶，得卦中官鬼爻旺动生之，必榜上有名；占求财，得财动克世（世爻有力），可得财；占自身，遇财爻发动克世，难得贤妇，且寿不长。

子孙持世事无忧，求名切忌坐当头，避乱许安失可得，官讼从今了便休，有生无克诸般吉，有克无生反见愁。

子孙为福神，有趋吉避凶之能，飞灾横祸化于无形；子孙克官鬼，官鬼主功名，故子孙持世不利求功名；子孙生财，占失物可寻回；占官非词讼，官鬼为祸根，子孙克去官鬼，官司易了结。以上皆指子孙旺而持世又不被克破时的情形，若衰弱又遭克破，诸占皆凶。

鬼爻持世事难安，占身不病也遭官，财物时时忧失脱，功名最喜世当权，入墓愁疑无散日，逢冲转祸变为欢。

官鬼乃忧患之神，故持世事难安（指占忧患之事）；占自身主疾病官非（指身弱遭克时）；占财物防失脱破耗（但财爻生世相亭匀反得财）；占功名为用神，旺相当权则仕途顺畅；官鬼持世入墓，忧愁疑虑难休止，若逢冲则可冲去愁疑转祸为欢。

财爻持世益财荣，兄若交重不可逢，更遇子孙明暗动，利身克父丧文风，求官问讼宜财托，动变兄官万事凶。

财爻持世，占求财以其为用神，乃进财之征，但若遇兄弟爻动克住财爻则不利；子孙生财，卦中若遇之明动或暗动生世（世须有力），必获财利；财爻克父母，父母又代表文书之类，故若占父母或文途，必不吉；求官问讼，宜世旺更宜财爻相帮，若世化兄弟官鬼乃克耗自身，诸事皆凶。

兄弟持世莫求财，官兴须虑祸将来，朱雀并临防口舌，如摇必定损妻财，父母生身必有寿，化官化鬼有奇灾。

兄弟乃劫财之神，若其持世，一般不利求财（世财皆有力且相亭匀仍可求）；官旺动而克世爻兄弟，灾祸临近；兄弟本主争竞，若再与朱雀口舌之神并，言语纠纷难免；兄弟爻动克妻破财；父母可生兄弟，占身益寿；世爻兄弟化官鬼回头克，其灾不小。

以上是古人总结的六亲持世的各种情形，属于经验性总结的一般规律，并非绝对如此，当世爻或变爻在全卦中力量发生重大变化时，就会打破上述一般规律而出现相反的情况，希读者视具体情况灵活变通，不要拘执。

第四节　六亲发动

卦中动爻是明显的信息标志，六亲发动具有以下信息导向：

父动当头克子孙，病人无药主昏沉，姻亲子息应难得，买卖劳心利不存。观望行人书信动，论官下状理先分，士人科举登金榜，失物逃亡要诉论。

子孙发动伤官鬼，占病求医身便瘥，行人买卖身康泰，婚姻喜美是前缘。产妇当生子易养，词讼私和不利官，谒贵求名休进用，劝君守分听乎天。

官鬼从来克兄弟，婚姻未就生疑滞，病因门庭祸祟来，耕种蚕桑皆不利。出外逃亡定见灾，词讼官非有囚系，买卖财轻赌博输，失脱难寻多暗昧。

财爻发动克文书，应举求名总是虚，将本经营为大吉，亲姻如意乐无虞。行人在外身将动，产妇求产易脱除，失物静安家未出，病人伤胃更伤脾。

兄弟交重克了财，病人难愈未离灾，应举夺标为忌客，官非阴贼耗钱财。若带吉神为有助，出路行人便未来，货物经商消折本，买婢求妻事不谐。

第五节　六亲变化

父母化父母，进神文书许，化子不伤丁，化官鬼迁举，化财宅长忧，兄弟为泄气。

子孙化退神，人财不称情，化父田蚕败，化财加倍劳，化鬼忧生产，兄弟谓相生。

官鬼化进神，求官应即速，化财占病凶，化父文书遂，化子必伤官，化兄家不睦。

妻财化进神，钱财入宅来，化官忧戚戚，化子笑哈哈，化父宜家长，化兄当破财。

兄弟化退神，凡占无所忌，化父妾奴惊，化财财源遂，化官弟有灾，化子却如意。

第六节　六　神

一、概念

所谓六神，是指青龙、朱雀、勾陈、螣蛇、白虎、玄武，它们是八卦纳甲占测法中所使用的神煞名称，又称为六兽。

六神的五行属性：青龙属东方木，朱雀属南方火，勾陈、螣蛇属中央土，白虎属西方金，玄武属北方水。

八卦中的六神就好比四柱命理中的神煞一样，对预测具有辅助作用。六神具有一定的导向作用，它可在一定程度上增强或削弱六爻的五行力量。因为六神各自具有自己的五行属性，所以这种增减作用易于把握，不像四柱命理中的神煞那样难于衡量。

六神特性：青龙主吉庆、酒色；朱雀主文书、口舌；勾陈主田地、疑虑、牢狱；螣蛇主虚惊、怪异；白虎主血光、丧孝；玄武主盗贼、暗昧。六神的上述特性，能否显现出来，关键取决于其在卦中的力量大小。其吉凶也取决于它对用神的喜忌。比如青龙属木吉庆，但若卦中木为忌神，青龙也难显其吉；白虎属金主血光凶伤，但若卦中金为喜用神，则白虎也不为凶。所以，断卦必以五行生克喜忌为主，不可拘泥于六神。

二、起例

六神配六爻：

以起卦的日干为准，甲乙日初爻起青龙，丙丁日初爻起朱雀，戊日初爻起勾陈，己日初爻起螣蛇，庚辛日初爻起白虎，壬癸日初爻起玄武。其余五个爻依序配六神。列式如下：

爻位	甲乙日	丙丁日	戊日	己日	庚辛日	壬癸日
上爻	玄武	青龙	朱雀	勾陈	螣蛇	白虎
五爻	白虎	玄武	青龙	朱雀	勾陈	螣蛇
四爻	螣蛇	白虎	玄武	青龙	朱雀	勾陈
三爻	勾陈	螣蛇	白虎	玄武	青龙	朱雀
二爻	朱雀	勾陈	螣蛇	白虎	玄武	青龙
初爻	青龙	朱雀	勾陈	螣蛇	白虎	玄武

三、六神发动歌：

青龙发动万事通，进财进禄福无穷，
临仇遇忌都无益，酒色成灾在此中。
朱雀发动文印旺，煞神相并漫劳功，
是非口舌皆因此，动出生身却利公。
勾陈发动忧田土，冲岁遭忌为忌逢，
生用有情方是吉，若然安静不迷蒙。
螣蛇鬼克忧思伴，怪梦阴魔暗里攻，
持世落空休道吉，逢冲之日莫逃凶。
白虎交重丧恶事，官司病患必成凶，
持金动克妨人口，遇火生身便不同。
玄武动摇多暗昧，若临官鬼贼交攻，
有情生世邪无犯，仇忌临之奸盗凶。

限于篇幅，加之本书属于入门教材，为了保持本书由浅入深的连贯性，已有较深研究的读者可参阅拙著《中国六爻预测学》。

第三章　用神　原神　忌神　仇神　伏神　飞神

第一节　用　神

用神是以卦中六亲对所测人、事、物的代称。比如测房屋，以卦中父母爻来代表，父母爻即为用神；测妻子，以卦中妻财爻来代表，妻财爻即为用神；测自身，以世爻代表自己，世爻就是用神。

取用神是断卦的关键步骤之一，用神取错，占测也就会失误。比如占测财运当取妻财爻为用，却错误地取父母爻为用，则占测就会有方向性的错误，自然不会得到正确的结论。

用神的确定以六亲类象为根据，分类如下：

父母：父母、与父母同辈之亲属、有血缘关系或亲密关系的长辈、老师、所在单位、天空、房屋、服装、雨具、车船、文书、消息、徽章、商标、证件、票证、广告等。

兄弟：同胞手足、有其他血缘关系的兄弟姐妹、结拜兄弟姐妹、朋友、同事等。

妻财：妻妾、情妇、兄嫂弟媳、仆人、钱财、货物、珠宝、粮食、用具等。

官鬼：丈夫、功名、官府、长官、司法者、雷霆、祸患、疑虑、鬼神、匪盗、官司、牢狱、刑法、病痛、尸首等。

子孙：子女、后辈、门徒、忠臣、医生、药物、公安人员、兵士、牲畜、飞禽走兽等。

宇宙万事万物，难以列举，读者可举一反三，类推引申。

用神是所测之事的核心，用神受克破，事必不吉，用神弱而得生助，事必称心。

第二节　原神　忌神　仇神

生用神者为原神，克用神者为忌神，克制原神而生忌神者为仇神。

比如木为用神，水生木，水就为木之原神。

金克木，金就为木之忌神。

土克水而生金，土就为木之仇神。

原神、忌神对用神的生克作用，是断卦的重要依据，但正如第一章所讲，五行生克有真假之别，那么原神在什么情况下才能生用神，在什么情况下又不能生用神呢？

原神有力可生用神，分为以下九种情况：

1. 原神旺于月、日建有力者

如亥子月或亥子日得"坎"卦：

　　坎为水

　　兄弟戊子水〃世

　　官鬼戊戌土′

　　父母戊申金〃

　　妻财戊午火〃应

　　官鬼戊辰土′

　　子孙戊寅木〃

初爻寅木为用，上爻子水原神旺于月建或日建有力，可以生用神寅木。

2. 原神相于月、日建有力者

如申酉月或申酉日得"坎"卦：

坎为水

兄弟戊子水〃世

官鬼戊戌土′

父母戊申金〃

妻财戊午火〃应

官鬼戊辰土′

子孙戊寅木〃

原神子水相于月建或日建有力，可以生初爻寅木。

3. 原神化进神有力者

如卯月卯日得"恒"之"大过"卦：

雷风恒	泽风大过
妻财庚戌土〃应	妻财丁未土〃
官鬼庚申金×	官鬼丁酉金′
子孙庚午火′	父母丁亥水′世
官鬼辛酉金′世	官鬼辛酉金′
父母辛亥水′	父母辛亥水′
妻财辛丑土〃	妻财辛丑土〃应

五爻申金虽休囚于月、日建，但动化进神即为有力，待时可帮三爻酉金。

4. 原神化有力之回头生者

如戌月卯日得"困"之"坎"卦：

泽水困	坎为水
父母丁未土〃	子孙戊子水〃世
兄弟丁酉金′	父母戊戌土′
子孙丁亥水○应	兄弟戊申金〃
官鬼戊午火〃	官鬼戊午火〃应
父母戊辰土′	父母戊辰土′
妻财戊寅木〃世	妻财戊寅木〃

四爻亥水虽死于月建休于日建，但化申金有力之回头生，则可生初爻寅木。

5. 原神与忌神同动，原神得生有力者

如丑月壬申日得"丰"之"萃"卦：

雷火丰	泽地萃
官鬼庚戌土〃	官鬼丁未土〃
父母庚申金×世	父母丁酉金′应
妻财庚午火′	兄弟丁亥水′
兄弟辛亥水〇	子孙乙卯木〃
官鬼辛丑土〃应	妻财乙巳火〃世
子孙辛卯木〇	官鬼乙未土〃

原神亥水与忌神申金同动，原神得生助有力，即可转生初爻卯木。

6. 原神旺相有力逢空或化空无碍者

如酉月癸酉日得"夬"之"需"卦：

泽天夬	水天需
兄弟丁未土〃	妻财戊子水〃
子孙丁酉金′世	兄弟戊戌土′
妻财丁亥水〇	子孙戊申金〃世
兄弟甲辰土′	兄弟甲辰土′
官鬼甲寅木′应	官鬼甲寅木′
妻财甲子水′	妻财甲子水′应

四爻亥水虽处旬空，但得月、日建生，旺相有力不以空论，可生二爻寅木。

7. 原神旺相有力临墓绝或化墓绝无碍者

如申月申日得"乾"之"遁"卦：

乾为天	天山遁
父母壬戌土′世	父母壬戌土′
兄弟壬申金′	兄弟壬申金′应
官鬼壬午火′	官鬼壬午火′
父母甲辰土′应	兄弟丙申金′
妻财甲寅木 ○	官鬼丙午火〃世
子孙甲子水 ○	父母丙辰土〃

初爻子水动而化辰墓，因子水处旺相之地不以化入墓论。此为旺而化库，原神有力可生二爻寅木用神。

8. 原神化退，占近事临月、日建旺相有力而暂不退者

如寅月卯日得"损"之"颐"卦：

山泽损	山雷颐
官鬼丙寅木′应	官鬼丙寅木′
妻财丙子水〃	妻财丙子水〃
兄弟丙戌土〃	兄弟丙戌土〃世
兄弟丁丑土〃世	兄弟庚辰土〃
官鬼丁卯木 ○	官鬼庚寅木〃
父母丁巳火′	妻财庚子水′应

二爻卯木化寅木退神，如占近事其临月、日建旺相而暂时不退可生初爻巳火。

9. 原神旺相化仇神回头克，仇神休囚不能克原神者

如亥月子日得"艮"之"蹇"卦：

艮为山	水山蹇
官鬼丙寅木○世	妻财戊子水〃
妻财丙子水×	兄弟戊戌土′
兄弟丙戌土〃	子孙戊申金〃世

子孙丙申金′应　　子孙丙申金′
父母丙午火〃　　　父母丙午火〃
兄弟丙辰土〃　　　兄弟丙辰土〃应

五爻子水虽化戌土回头克，然子处旺地戌处休囚，囚土难克旺水，子水原神仍可生上爻寅木用神。

反之，原神无力而不能生用神，也有九种情况：

1. 原神死于月、日建无力者

如未月戌日得"蛊"之"艮"卦：

山风蛊　　　　　艮为山
兄弟丙寅木′应　　兄弟丙寅木′世
父母丙子水〃　　　父母丙子水〃
妻财丙戌土〃　　　妻财丙戌土〃
官鬼辛酉金′世　　官鬼丙申金′应
父母辛亥水○　　　子孙丙午火〃
妻财辛丑土〃　　　妻财丙辰土〃

二爻亥水虽动，然死于月、日建休囚无力，难以生上爻寅木。

2. 原神休囚于月、日建静而无力者

如巳月卯日得"乾"卦：

乾为天
父母壬戌土′世
兄弟壬申金′
官鬼壬午火′
父母甲辰土′应
妻财甲寅木′
子孙甲子水′

初爻子水囚于月建，休于日建，安静无力难生二爻寅木。

3. 原神休囚化退神者

如戌月巳日得"损"之"颐"卦：

山泽损	山雷颐
官鬼丙寅木′应	官鬼丙寅木′
妻财丙子水″	妻财丙子水″
兄弟丙戌土″	兄弟丙戌土″世
兄弟丁丑土″世	兄弟庚辰土″
官鬼丁卯木○	官鬼庚寅木″
父母丁巳火′	妻财庚子水′应

二爻卯木囚于月、休于日建无力，其又化寅木退神更难生助初爻巳火。

4. 原神休囚化回头克损者

如巳月巳日得"益"之"观"卦：

风雷益	风地观
兄弟辛卯木′应	兄弟辛卯木′
子孙辛巳火′	子孙辛巳火′
妻财辛未土″	妻财辛未土″世
妻财庚辰土″世	兄弟乙卯木″
兄弟庚寅木″	子孙乙巳火″
父母庚子水○	妻财乙未土″应

初爻子水囚于月、日建又化未土回头克，无力生二爻寅木。

5. 原神休囚被旺相仇神克损者

如午月午日得"随"之"无妄"卦：

泽雷随	天雷天妄
妻财丁未土×应	妻财壬戌土′
官鬼丁酉金′	官鬼壬申金′
父母丁亥水′	子孙壬午火′世

妻财庚辰土〃世　　　妻财庚辰土〃

兄弟庚寅木〃　　　　兄弟庚寅木〃

父母庚子水′　　　　父母庚子水′应

四爻亥水处囚地，又遭上爻未土乘旺动来克损，则难以生助二爻寅木。

6. 原神休囚逢空或化空者

如巳月丁巳日得"震"之"大壮"卦：

震为雷　　　　　**雷天大壮**

妻财庚戌土〃世　　　妻财庚戌土〃

官鬼庚申金〃　　　　官鬼庚申金〃

子孙庚午火′　　　　子孙庚午火′世

妻财庚辰土×应　　　妻财甲辰土′

兄弟庚寅木×　　　　兄弟甲寅木′

父母庚子水′　　　　父母甲子水′应

初爻子水囚于月、日建，又旬空难以生助二爻寅木。

7. 原神休囚临墓绝或化墓绝者

如巳月辰日得"需"之"蹇"卦：

水天需　　　　　**水山蹇**

妻财戊子水〃　　　　妻财戊子水〃

兄弟戊戌土′　　　　兄弟戊戌土′

子孙戊申金〃世　　　子孙戊申金〃世

兄弟壬辰土′　　　　子孙丙申金′

官鬼壬寅木○　　　　父母丙午火〃

妻财壬子水○应　　　兄弟丙辰土〃应

初爻子水休囚入日墓，又动而化墓，难生二爻寅木。

101

8. 原神化进但处休囚或被月、日建动爻克损不能进者

如巳月午日得"丰"之"革"卦：

雷火丰	泽火革
官鬼庚戌土〃	官鬼丁未土〃
父母庚申金×世	父母丁酉金′
妻财庚午火′	兄弟丁亥水′世
兄弟己亥水′	兄弟己亥水′
官鬼己丑土〃应	官鬼己丑土〃
子孙己卯木′	子孙己卯木′应

五爻申金虽动化进神，但遭月、日建克损则进而不进，难生三爻亥水。

9. 原神衰弱化忌神回头生，但原神弱极不受生或忌神弱极不能生者

如午月午日得"困"之"坎"卦：

泽水困	坎为水
父母丁未土〃	子孙戊子水〃世
兄弟丁酉金′	父母戊戌土′
子孙丁亥水○应	兄弟戊申金〃
官鬼戊午火〃	官鬼戊午火〃应
父母戊辰土′	父母戊辰土′
妻财戊寅木〃世	妻财戊寅木〃

四爻亥水虽化申金回头生，但申金遭月、日克损难以生水，亥水因于月、日建本身无力，则难以生助初爻寅木。又如己未月戊戌日得"困"之"坎"卦，亥水因被月、日克损太过，虽化申金回头生，但本身力量太弱已不受生，故无力生木。

忌神能否克用神，也分两大类情形。

下列情况，忌神可以克用神：

(1) 忌神旺于月、日建有力者；

(2) 忌神相于月、日建有力者；

（3）忌神化进神有力者；

（4）忌神化有力之回头生者；

（5）忌神与仇神同动，忌神得生有力者；

（6）忌神旺相有力逢空或化空无碍者；

（7）忌神旺相有力临墓绝或化墓绝无碍者；

（8）忌神化退，占近事临月、日建旺相有力而暂不退者；

（9）忌神旺相化闲神（泄用神、耗原神、克忌神、生仇神者为闲神）回头克，闲神休囚不能克忌神者。

下列情况，忌神无力克用神：

（1）忌神死于月、日建无力者；

（2）忌神休囚于月、日建静而无力者；

（3）忌神休囚化退神者；

（4）忌神休囚化回头克损者；

（5）忌神休囚被旺相之闲神克损者；

（6）忌神休囚逢空或化空者；

（7）忌神休囚临墓绝化墓绝者；

（8）忌神化进，但处休囚或被月、日建、动爻克损而不能进者；

（9）忌神化仇神回头生，忌神弱极不受生或仇神弱极不能生者。

用神与原神、忌神、仇神的关系，是生或克的关系。原神对用神有益，忌神、仇神皆对用神有损，但由于五行具有循环相生、隔位相克之性，所以，只要能使相克的两行之间有一种能起到"承上启下"的通关作用之某行，就可变相克为相生，忌神克用神，但忌神生原神，仇神又生忌神，所以，如果能使原神起到通关的作用，就可以化克为生，进而使仇神生→忌神生→原神生→用神。而要起到通关的作用，首先要卦中有通关的这种五行，其次要使这种五行有力，所谓有力，就是要旺相或发动。

例如，一妇求测夫病何日愈，得"乾"之"遁"卦：

甲戌　癸酉　甲子　乙巳

乾为天	天山遁	六神
父母壬戌土′世	父母壬戌土′	玄武
兄弟壬申金′	兄弟壬申金′应	白虎
官鬼壬午火′	官鬼壬午火′	螣蛇
父母甲辰土′应	兄弟丙申金′	勾陈
妻财甲寅木○	官鬼丙午火〃世	朱雀
子孙甲子水○	父母丙辰土〃	青龙

官鬼午火为用神，初爻子水忌神动临日辰旺而克用，病沉重；幸二爻寅木原神动而生用，且天干纳甲，甲寅双体有力，日辰又透甲木，可化水生火，故有救。酉月木死，但日辰子水生之为有气，木临日辰之时由弱转强化水生火，病可愈。果于丙寅日康复。

又例，张先生求测官运，得"姤"之"否"卦：

甲戌　乙亥　庚申　壬午

天风姤	天地否	六神
父母壬戌土′	父母壬戌土′应	螣蛇
兄弟壬申金′	兄弟壬申金′	勾陈
官鬼壬午火′应	官鬼壬午火′	朱雀
兄弟辛酉金○	妻财乙卯木〃世	青龙
子孙辛亥水○	官鬼乙巳火〃	玄武
父母辛丑土〃世	父母乙未土〃	白虎

午火用神生世爻，且世应安静，有官职在身，但不宜用神失令，忌神子孙亥水临月建旺动克用，加之仇神得日辰帮动而生忌神，用神遭重克而无生，本月癸亥日必有剥官之忧。果于第四日（癸亥日）被撤职查办。

两卦用神皆为午火，忌神都动，前者有原神通关相救，后者不但无原神救助，反有仇神助纣为虐，所以吉凶截然不同。

凡卦中原神有力与忌神同动，则原神生用神之力反而加大，且忌神不克用神，仇神、忌神、原神同动，生用之力更大；忌神旺动，无原神或原神衰弱安静，忌神必克用神，再若仇神同动，克用之力愈增。

第三节　伏神　飞神

六十四卦中，有的卦五行六亲不全，只有三行或四行。比如"地风升"卦，六个爻共有三行，只有妻财、官鬼、父母三种六亲，如果起得此卦，要占测子女或兄弟之事，用神应取子孙爻或兄弟爻，但卦中并不见这两个爻（称为用神不现），该怎样取用神呢？我们知道，八宫首卦六爻中，是五行俱全的，因此，凡是所得的卦中缺什么六亲，都可以在本宫首卦中寻找。寻得的用神，叫伏神。借用的方法是在与首卦对应的爻位上取。如"地风升"卦属震宫，我们将"震"、"升"二卦列出对比便易于明白伏神的寻找方法：

震为雷		地风升
妻财庚戌土〃世		官鬼癸酉金〃
官鬼庚申金〃		父母癸亥水〃
子孙庚午火′	（伏子孙午火）	妻财癸丑土〃世
妻财庚辰土〃应		官鬼辛酉金′
兄弟庚寅木〃	（伏兄弟寅木）	父母辛亥水′
父母庚子水′		妻财辛丑土〃应

"升"卦无子孙、兄弟二爻、在"震"卦中它们分别居于四爻、二爻之位，所以，"升"卦的两个伏神便分别对应地居于四爻、二爻之下，居于伏神之上的六亲，称为伏神的飞神，"升"卦中妻财丑土是子孙午火的飞神，父母亥水是兄弟寅木的飞神。

伏神与飞神的关系是：

伏克飞神为出暴，

飞来克伏反伤身；

伏去生飞为泄气，

飞来生伏得长生；

爻逢伏克飞无事，

用见飞伤伏不宁；

飞伏不和为无助，

伏藏出现审来因。

例如：伏克飞神为出暴。某先生占家中父母及妻子吉凶，得渐卦：

壬申　壬子　壬戌　乙巳

风山渐	六神
官鬼辛卯木′应	白虎
(伏妻财子水)父母辛巳火′	螣蛇
兄弟辛未土″	勾陈
子孙丙申金′世	朱雀
父母丙午火″	青龙
兄弟丙辰土″	玄武

伏神妻财子水旺克飞神父母巳火，妻子无事，父母定有灾，伏克飞为出暴，快而凶，应期多在最近的亥子日。果于第二天（亥日）父病，第三天动手术。

飞来克伏反伤身。一人占妻近期财运，得"明夷"卦：

癸酉　庚申　甲戌　乙巳

地火明夷	六神
父母癸酉金″	玄武
兄弟癸亥水″	白虎
官鬼癸丑土″世	螣蛇
(伏妻财午火)兄弟己亥水′	勾陈
官鬼己丑土″	朱雀
子孙己卯木′应	青龙

妻财午火伏神为用，飞神兄弟亥水得月之生有力而克伏神。戌日水有制无妨，亥日水当值，重克伏神，不但破财，犹恐伤身。果于翌日因生意亏损数千元，又遭伤灾。

飞来生伏得长生。吴某在外听说其妹在家患病，问何日愈，摇得"升"

卦：

    癸酉 甲寅 癸酉 癸亥

    地风升   六神

    官鬼癸酉金〃   白虎

    父母癸亥水〃   螣蛇

    妻财癸丑土〃世 勾陈

    官鬼辛酉金′   朱雀

（伏兄弟寅木）父母辛亥水′   青龙

    妻财辛丑土〃应 玄武

  兄弟寅木伏神为用，临月建，又得飞神临时辰癸亥双体之生，病轻且易痊愈，今被日辰所克，过酉、戌二日必愈。果于第三日（亥日）康复。

  伏神为用，其生克吉凶与一般用神的看法大致相同，只是伏神之上有了飞神这层"隔膜"，卦中其他爻对伏神的生克作用就需透过飞神才能充分发挥。比如伏神为木，飞神为水，忌神金欲克木，却有飞神水为伏神木之屏障，若非金特别强，水木特别弱，忌神金就难以克伤伏神木。又如伏神为木，飞神为金为忌神，这个飞神就象架在伏神头上的一把剑，若非伏神有日、月之生，且金休囚空破或被日月动爻彻底制住，伏神就难以出头，所以，飞神对伏神的影响是很大的。具体地说，伏神有用的情况有：

  1. 伏神得日、月之生，或临日、月；

  2. 伏神得飞神生或旺动之爻生；

  3. 日月动爻冲克飞神（飞神为伏神之原神除外）；

  4. 飞神空破墓绝于日、月（飞神不为伏神之原神时）；

  5. 飞神化回头克而无力牵制伏神。

伏神无用的情况有：

  1. 伏神休囚无气被日、月克害；

  2. 飞神旺相，又得日、月动爻生扶而克制伏神；

  3. 伏神墓于日、月及飞神；

  4. 伏神休囚空破无生扶。

第四节　用神两现

一卦六爻，即使五行俱全，也总会有两个五行属性相同的六亲。如乾卦，就有两个父母爻，如果要测父母之类的事，该取哪一个父母爻为用神呢？

《卜筮正宗》曰："舍其闲爻而用持世，舍其无权而用月日，舍其安静而用动爻，舍其不破而用月破，舍其不空而用旬空。天机尽泄于有病之间，断法总在于医药之处。"但也有的主张"舍其月破而用不破，舍其旬空而用不空，舍其破伤而用不伤"。二者的观点不尽相同，我通过在预测实践中比较、验证，认为两种观点都有可取之处。后者用以断事之吉凶，前者用以断事之应期。

还有一种情况，卦中用神两现都动或都不动，则取离世爻较近者或得日、月卦爻生助而较有力者。

例一，张先生求测近期财运，得"蛊"卦：

癸酉　壬戌　癸亥　庚申

山风蛊	六神
兄弟丙寅木〃应	白虎
父母丙子水〃	螣蛇
妻财丙戌土〃	勾陈
官鬼辛酉金〃世	朱雀
父母辛亥水〃	青龙
妻财辛丑土〃	玄武

财爻生世，易得之象。卦中用神两现，戌临月建旺说明财多而易得，故以戌土定事之吉；那么何时得财呢？丑为旬空，天机透露，出空填实之日可得，故以丑土断应期。实际果于乙丑日得财。

例二，一妇求测儿子的慢性病何时能治愈，摇得"豫"之"归妹"卦：

戊辰　癸亥　甲午　丁卯

雷地豫	雷泽归妹	六神
妻财庚戌土〃	妻财庚戌土〃应	玄武
官鬼庚申金〃	官鬼庚申金〃	白虎
子孙庚午火′应	子孙庚午火′	螣蛇
兄弟乙卯木〃	妻财丁丑土〃世	勾陈
子孙乙巳火×	兄弟丁卯木′	朱雀
妻财乙未土×世	子孙丁巳火′	青龙

用神子孙两现，一动一静，取动爻巳火为用，但动爻月破旬空，衰败之象，正说明其子有病在身，幸四爻午火临日辰扶助用神巳火，且巳火又动化回头生，乃凶中有救，病可治愈。卦中午火临日辰而有力，据此断病可治，而巳火空破，乃病之所在，填实之时病则可愈。慢性病，断愈期远应年月，明年己巳年巳月，用神填实，病必愈，后果于1989（己巳）年巳月康复。

总之，主卦用神两现，各有玄机所在，应仔细斟酌，综合判断。

第四章 月建 月破 日辰 旬空

第一节 月建

一年十二个月，配以十二地支，每个地支掌一月生克之权。

比如正月建寅，寅木掌正月之权，十月建亥，亥水司十月之令。

卦爻的旺衰强弱，在很大程度上取决于月建。

月建可以生扶衰弱之爻，克制强旺之爻。静爻得月建生扶不失其强，动爻被月建冲克难显其力。

伏神被飞神克制，若得月建制服飞神，扶助伏神而可为用。

静爻被动爻克害，有月建克制动爻，则静爻有救。

动爻克动爻，月建克住施克之爻则另一爻受克之力大减。

动爻生动爻，月建克住其中施生之爻则另一爻受生之力大减。

变爻回头生克冲合刑害本爻，月建可增减变爻对本爻的作用力。

测月内之事，月建始终起主要作用，测长久之事，出月则原月建失权退居，新的月建又占主导地位。

月建入爻，当令之爻力量强大，月建不入爻，卦中之爻仍脱离不了与月建的关系，月建临用神、原神，大吉大利，月建临忌神、仇神凶祸难免，其吉凶的应期，月建入爻则速，不入爻则缓。

临月建之爻，当权得令，强旺有力，不畏克害空破，可待时而用。

例一，某人求测官司胜败

摇得"蒙"之"损"卦：

壬申　丁未　丙戌　己亥

　　山水蒙　　　　　　山泽损　　　　　　六神

　　父母丙寅木′　　　　父母丙寅木′应　　　青龙

　　官鬼丙子水″　　　　官鬼丙子水″　　　　玄武

　　子孙丙戌土″世　　　子孙丙戌土″　　　　白虎

　　兄弟戊午火″　　　　子孙丁丑土″世　　　螣蛇

　　子孙戊辰土′　　　　父母丁卯木′　　　　勾陈

　　父母戊寅木×应　　　兄弟丁巳火′　　　　朱雀

　　应爻寅木发动克世，此事必由对方挑起，幸世爻戌土临月、日建旺相有力，应爻寅木处休囚又化巳火泄气，难以克害世爻，此讼事己方必胜。后果如所测。

　　例二，某市文化局赵××求测官运

　　摇得"噬嗑"之"大畜"：

　　癸酉　辛酉　丁未　丙午

　　火雷噬嗑　　　　　　山天大畜　　　　　　六神

　　子孙己巳火′　　　　兄弟丙寅木′　　　　青龙

　　妻财己未土″世　　　父母丙子水″应　　　玄武

　　官鬼己酉金○　　　　妻财丙戌土″　　　　白虎

　　妻财庚辰土×　　　　妻财甲辰土′　　　　螣蛇

　　兄弟庚寅木×应　　　兄弟甲寅木′世　　　勾陈

　　父母庚子水′　　　　父母甲子水′　　　　朱雀

　　世爻、官鬼各旺于日、月建，官鬼化财爻戌土回头生，又得动爻辰土生，晋升之象；应兄虽动而克世，但休囚旬空又被旺官克制，难以为害。加之世爻己未双体之土居君爻尊位，断月内必有升官之喜。实际于本月庚戌日被提升为副局长。

例三，宋先生求测父患肝硬化之病还有救否

摇得"同人"之"离"卦：

　　　　　癸酉　庚申　戊辰　乙卯

天火同人	离为火	六神
子孙壬戌土′应	兄弟己巳火′世	朱雀
妻财壬申金〇	子孙己未土″	青龙
兄弟壬午火′	妻财己酉金′	玄武
官鬼己亥水′世	官鬼己亥水′应	白虎
子孙己丑土″	子孙己丑土″	螣蛇
父母己卯木′	父母己卯木′	勾陈

用神卯木死于月建，困于日辰又遭旺相之申金动来克害，病必严重；原神亥水虽得月生，但安静旬空，力量微弱难以通关；用神有克无生，此病多凶，慎防月内申、酉之日。后于本月癸酉日未时去世。

例四，何先生欲做一笔生意，求测能赚钱否

摇得卦"师"之"坎"：

　　　　　癸酉　癸亥　己亥　庚午

地水师	坎为水	六神
父母癸酉金″应	兄弟戊子水″世	勾陈
兄弟癸亥水×	官鬼戊戌土′	朱雀
官鬼癸丑土″	父母戊申金″	青龙
妻财戊午火″世	妻财戊午火″应	玄武
官鬼戊辰土′	官鬼戊辰土′	白虎
子孙戊寅木″	子孙戊寅木″	螣蛇

玄武临财所营生意多暗昧，财处月、日死地遭五爻旺兄之克，不仅钱财难求，而且还防本人有灾。实际该人财迷心窍，铤而走险倒卖国家文物，后被公安机关查获，不仅没收了全部财物，而且本人也落入法网。

例五，某生意人求测近期财运

摇得"兑"之"节"卦：

| 甲戌 | 丁卯 | 丁未 | 辛亥 |

兑为泽	水泽节	六神
父母丁未土〃世	子孙戊子水〃	青龙
兄弟丁酉金′	父母戊戌土′	玄武
子孙丁亥水○	兄弟戊申金〃应	白虎
父母丁丑土〃应	父母丁丑土〃	螣蛇
妻财丁卯木′	妻财丁卯木′	勾陈
官鬼丁巳火′	官鬼丁巳火′世	朱雀

财爻临月建又得子孙动来相生，世临日辰，可谓身财两亨，断其近期财运必佳。辰月财有余气，财运尚可；巳月原神临月破，午月福财同处休囚，较卯、辰之月将大为逊色。后实际情况与所测完全相符。

例六，某商店老板张某摇卦求测冬季财运

摇得"临"之"夬"卦：

| 壬申 | 壬子 | 戊午 | 丙辰 |

地泽临	泽天夬	六神
子孙癸酉金〃	兄弟丁未土〃	朱雀
妻财癸亥水×应	子孙丁酉金′世	青龙
兄弟癸丑土×	妻财丁亥水′	玄武
兄弟丁丑土×	兄弟甲辰土′	白虎
官鬼丁卯木′世	官鬼甲寅木′应	螣蛇
父母丁巳火′	妻财甲子水′	勾陈

妻财亥水临月建动化回头生又转生世爻，为财运亨通之象，但不宜间爻两重兄弟争相发动攻克财爻，伏下破财之患；目下子水当令，财爻、兄爻与月令尚可三会水局生世，财利犹可，待交丑令，兄弟当旺，财爻受伤，定见破耗。后子月财运甚佳，至丑月商店被盗，破财近万元。

第二节 月破

卦中之爻被月建冲谓之月破，简称破。寅月申爻破，卯月酉爻破，辰月戌爻破，巳月亥爻破，午月子爻破，未月丑爻破，申月寅爻破，酉月卯爻破，戌月辰爻破，亥月巳爻破，子月午爻破，丑月未爻破。

月破之爻，根基被冲拔，如枯木朽株，气息奄奄，自身过分衰弱，难以吸纳生气，所以逢生不起，逢伤更衰，难起作用（辰月戌破，戌月辰破，未月丑破，丑月未破，因土冲有激旺之意，与其他月破不尽相同，须区别对待）。用神临月破为凶，忌神临月破则吉，原神临月破好事难长久，伏神临月破难以为用，飞神为忌临月破伏神易出。

月破，顾名思义，指月内而言，如果本身虽不旺但有气，则出月不破，填实不破，逢合不破，旺动不破。

月破之爻，如果无日辰，或其他动爻生扶，反被其克伐，或临墓化墓，临空化空；化回头克，则为真破，即使出月也无用。

例一，关××求测兄被讼吉凶，摇得"巽"之"渐"卦：

乙亥　乙酉　癸亥　乙卯

巽为风	风山渐	六神
兄弟辛卯木′世	兄弟辛卯木′应	白虎
子孙辛巳火′	子孙辛巳火′	螣蛇
妻财辛未土″	妻财辛未土″	勾陈
官鬼辛酉金′应	官鬼丙申金′世	朱雀
父母辛亥水○	子孙丙午火″	青龙
妻财辛丑土″	妻财丙辰土″	玄武

兄弟卯木遭月令官鬼克破，明现官非之事；卯木月破幸得亥水动爻临日相生，此为破而不破，凶中有救；目下似乎大凶，待出月交亥令用神不破，原神临旺之时自可转危为安。实际该人之兄因经济之事，被他人诉讼，酉月

拘捕入狱，亥月被保释。

例二，某电子器材厂法人代表求测单位前景，摇得"困"之"兑"卦：

壬申　戊申　庚辰　己卯

泽水困	兑为泽	六神
父母丁未土〃	父母丁未土〃世	螣蛇
兄弟丁酉金'	兄弟丁酉金'	勾陈
子孙丁亥水'应	子孙丁亥水'	朱雀
官鬼戊午火〃	父母丁丑土〃应	青龙
父母戊辰土'	妻财丁卯木'	玄武
妻财戊寅木×世	官鬼丁巳火'	白虎

"困"者，危困也；今世爻妻财月破日囚又化巳火官鬼耗气，且又与月建构成三刑之局，刑损己身；其临月破，不见生扶，只见损耗，是为真破；卦逢六合变六冲亦是破散之意，断其月内必然破产倒闭。后果验。

第三节　日　辰

每日当值的地支称为日辰，又称日建或日令。日辰为一日之主，如果不被月建克制，则在当日内对卦爻有生克主宰之权。

日辰对卦爻的生克冲合作用，与月建基本相同，就不赘述。这里谈谈月建与日辰对卦爻共同作用的结果：

（1）月日五行相同临爻，则该爻极旺。

（2）月日建皆生助卦爻，则该爻力量十分强大，其他动爻难以克制该爻。

（3）月日建皆克损卦爻而无旺动之爻通关生助，则该爻受伤极重，不能对他爻发生作用。

（4）当月建与日辰五行不同类时，月建之力强于日辰。单就一个爻而言，爻逢月生日克者旺，爻逢月克日生者弱。

例一，业余二段围棋手文某求测第二天与他人比赛胜负如何，摇得"坎"卦：

　　　　癸酉　丁巳　戊子　癸亥
　　　　坎为水　　　　　　六神
　　　　兄弟戊子水〃世　　朱雀
　　　　官鬼戊戌土′　　　青龙
　　　　父母戊申金〃　　　玄武
　　　　妻财戊午火〃应　　白虎
　　　　官鬼戊辰土′　　　螣蛇
　　　　子孙戊寅木〃　　　勾陈

应临月建旺，世临日辰但失令，此应爻弱，比赛在丑日，应爻虽休于当天日辰，却得月令扶助 可算旺相；世爻因于月令又被丑土克合，与应爻相比，强弱显而易见，水虽克火，火多水灼，世爻必遭反晦，比赛定输。实际：第二日晨9时开局至午12时弈毕,结果以7目劣势负于对手。

例二，某人求测高考，摇得"中孚"之"巽"卦：

　　　　甲戌　丁卯　戊午　乙卯
　　　　风泽中孚　　　　巽为风　　　　　六神
　　　　官鬼辛卯木′　　官鬼辛卯木′世　朱雀
　　　　父母辛巳火′　　父母辛巳火′　　青龙
　　　　兄弟辛未土〃世　兄弟辛未土〃　　玄武
　　　　兄弟丁丑土×　　子孙辛酉金′应　白虎
　　　　官鬼丁卯木′　　妻财辛亥水′　　螣蛇
　　　　父母丁巳火○应　兄弟辛丑土〃　　勾陈

父母巳火临日辰动而生世，表示学校愿意录取自己。考试在未月，到时兄弟丑土为旺动，考试竞争激烈。未月世爻临月建，旺于三爻丑土，考试竞争必胜，定能名登金榜。后果然考上。

例三，陶先生想换一下工作地方，问能否调动，得"遁"之"乾"卦：

丙子　癸巳　丙寅　壬辰

天山遁	乾为天	六神
父母壬戌土′	父母壬戌土′世	青龙
兄弟壬申金′应	兄弟壬申金′	玄武
官鬼壬午火′	官鬼壬午火′	白虎
兄弟丙申金′	父母甲辰土′应	螣蛇
官鬼丙午火×世	妻财甲寅木′	勾陈
父母丙辰土×	子孙甲子水′	朱雀

父母辰土为用，月生日克为旺，喜得官鬼午火发动来生，生大于克，吉利之象，求谋定然如意，断其巳、午月内调动必成。后果于午月调动。

例四，某人求测近期财运，摇得"否"之"晋"卦：

丙子　丙申　己亥　丁卯

天地否	火地晋	六神
父母壬戌土′应	官鬼己巳火′	勾陈
兄弟壬申金〇	父母己未土″	朱雀
官鬼壬午火′	兄弟己酉金′世	青龙
妻财乙卯木″世	妻财乙卯木″	玄武
官鬼乙巳火″	官鬼乙巳火″	白虎
父母乙未土″	父母乙未土″应	螣蛇

财爻持世正合求财之意。世爻月克日生，损益相当，为弱，加之五爻兄弟临月建旺动相克，破财必然。

实际该人于当月做一笔木耳生意，本欲偷税，后被发现遭重罚。

第四节　旬　空

六十甲子纪日共分六旬，每旬各有两支退隐，此两支称为旬空。

甲子旬中戌亥空，甲戌旬中申酉空，甲申旬中午未空，甲午旬中辰巳空，甲辰旬中寅卯空，甲寅旬中子丑空。

这里的"旬"，非一月"上旬、中旬、下旬"之意，它是以干支配合划分，以有甲天干之日为旬首，而不是以每月初一、十一、二十一为旬首。比如某月初一丙寅，属甲子旬中的第三天，而旬首甲子日始于上月（大月）二十九日。从上月二十九日至本月初八，依次为甲子、乙丑、丙寅、丁卯、戊辰、己巳、庚午、辛未、壬申、癸酉，此十日皆属甲子旬，地支不见戌亥二支，故戌亥为旬空之支，甲子旬中所起的卦，如果有戌亥之爻，就为旬空之爻。

日建之所以能主宰六爻之生克，就是因为日支当值司令，旬空则旬内不当值，故无权，所以，旬空之支，在旬内不能行生克之职，旬空之爻退隐，在旬内既难受生克也难生克他爻。六十甲子循环往复，旬空之支只限于旬内十日，出了该旬，便可出现，称为出空，出空当值之日，称为填实。如初二为癸丑，寅为旬空之支，初三为甲寅，该日寅木出空当值，就为填实。

出空、填实的卦爻，有的可发挥其正常的生克作用，有的不能发挥作用。二者的分别，野鹤老人有云："旺不为空，动不为空，有日建动爻生扶者不空；动而化空、伏而旺相皆不为空。月破为空，伏而受克为空，真空为空。真空者，春土、夏金、秋木、三冬逢火是真空。"四季之月水是真空。

例一，姚××求测借贷可得否，摇得"豫"静卦：

癸酉　丁巳　己丑　己巳

雷地豫　　　　六神

妻财庚戌土〃　　勾陈

官鬼庚申金〃　　朱雀

子孙庚午火′应　青龙

兄弟乙卯木〃　　玄武

子孙乙巳火〃　　白虎

妻财乙未土〃世　腾蛇

世爻妻财暗动合应，且得应爻之生，求而必得之象；应爻午火旬空，喜其临月建旺相不以真空论,待出旬值日之时事必遂愿。后果于午日借得。

例二,天久旱不雨,故求测月内何日有雨,得"噬嗑"之"未济"卦:

乙亥	癸未	丁巳	甲辰
火雷噬嗑		火水未济	六神
子孙己巳火 ′		子孙己巳火 ′ 应	**青龙**
妻财己未土 ″ 世		妻财己未土 ″	玄武
官鬼己酉金 ′		官鬼己酉金 ′	白虎
妻财庚辰土 ″		子孙戊午火 ″ 世	腾蛇
兄弟庚寅木 × 应		妻财戊辰土 ′	勾陈
父母庚子水 ○		兄弟戊寅木 ″	朱雀

初爻父母子水旬空发动,似乎出旬值日之时有雨,殊不知子水月死日囚即为真空,纵出空值日亦难作用。故断月内无雨。后果然。

第五章 动静 生克 冲合

第一节 动 静

"易爻不妄成,神爻岂乱发?"卦中之爻,无故不动,动必为吉凶之兆。所以,对动爻必须仔细斟酌,根据其变化,判断吉凶。

动必变,爻变则卦变,上下卦中,只要各有一个爻动,就势必导致整个卦变,所以动爻不仅本身会变,还会引发动爻所在之经卦的他爻变化;即使全卦六爻中只有一个爻动,所变出的也必然是另一个重卦,正所谓牵一发而动全身。

在相同的时令条件下,动爻变化之力比由动爻引起的静爻变化之力大得多。

动爻能生克静爻,静爻难以生克动爻。

为什么呢?

因为静爻乃消极、被动之象,处于"潜龙勿用"状态,欲有作为,需等候时机,而动爻乃积极、主动之象,处于"飞龙在天"的状态,正是有所作为之时。所以动静的区别是很大的。

当然,动爻之力量强于静爻,也是相对的,有条件的,首先得取决于本身具有的内在力量,如果静爻临月日建,而动爻临月破、日破、墓绝之地,动爻也不能冲克静爻。

例如,某工商银行职员魏某求测丈夫做胃部手术平安否:

丁丑 丁未 丁巳 癸卯

地火明夷	地山谦	六神
父母癸酉金〃	父母癸酉金〃	青龙
兄弟癸亥水〃	兄弟癸亥水〃世	玄武
官鬼癸丑土〃世	官鬼癸丑土〃	白虎
兄弟己亥水′	父母丙申金′	螣蛇
官鬼己丑土〃	妻财丙午火〃应	勾陈
子孙己卯木○应	官鬼丙辰土〃	朱雀

四爻丑土为用（舍其闲爻而用持世），初爻卯木动来克害，似乎病人有危，不知丑土用神月扶（未丑本气相冲为冲旺）日生，旺相有力，卯木虽动来相克，但休囚又化辰土耗气，蝼蚁之力何撼泰山？故断手术顺利平安。果验。

静爻与静爻之间，也有生克作用，旺相之静爻，可以生合冲克衰弱之静爻，旺相之静爻可以生合另一有力之静爻，但衰弱之静爻却不能冲克旺相之静爻。

例一，江××求测母病吉凶：

癸酉　己未　己丑　丁卯

离为火	六神
兄弟己巳火′世	勾陈
子孙己未土〃	朱雀
妻财己酉金′	青龙
官鬼己亥水′应	玄武
子孙己丑土〃	白虎
父母己卯木′	螣蛇

妻财酉金得月日生旺，冲克父母卯木，父母爻休囚受克不见生扶，显然病入沉疴；卦逢六冲，久病逢冲则死。季夏火有余气，未月燥土生金不力，用神尚可残喘；惟秋后忌神当令，用神遭破，恐是劫数难逃。后果于酉月病逝。

例二，邓××求测外出平安否：

　　丁丑　乙巳　丙辰　癸巳

　　山雷颐　　　　六神

　　兄弟寅木ˊ　　　青龙
　　父母子水〃　　　玄武
　　妻财戌土〃世　　白虎
　　妻财辰土〃　　　螣蛇
　　兄弟寅木〃　　　勾陈
　　父母子水ˊ应　　朱雀

　　卦中虽有兄弟两重克世，然世处旺相，兄逢休囚，其有克害之心而无克害之力，故断一路平安。后果然。

第二节　本爻与变爻生克

　　上一节谈了动爻与动爻之间，动爻与静爻之间，静爻与静爻之间的生克关系。主卦动必生出变卦，主卦之爻称为本爻，变卦之爻若由主卦本爻变出者，称为变爻。变爻对本爻具有回头生克冲合的作用，如子爻变出丑爻，为回头克合；午爻化出亥爻为回头克，子爻化出申爻为回头生。用神需生时宜化回头生，不宜化回头克；忌神宜化回头克，不宜化回头生。

　　例一，董先生求测工作调动：

　　丁丑　癸卯　丙寅　甲午

　　天山遁　　　　　　天泽履　　　　　　六神

　　父母壬戌土ˊ　　　父母壬戌土ˊ　　　青龙
　　兄弟壬申金ˊ应　　兄弟壬申金ˊ世　　玄武
　　官鬼壬午火ˊ　　　官鬼壬午火ˊ　　　白虎
　　兄弟丙申金〇　　　父母丁丑土〃　　　螣蛇
　　官鬼丙午火×世　　妻财丁卯木ˊ应　　勾陈
　　父母丙辰土×　　　官鬼丁巳火ˊ　　　朱雀

内卦三爻俱发，实为动之心切；官父同动化回头生，一片祥瑞之景，不但工作有动且有升迁之喜；兄弟申金妄动，不过事多竞争，幸其休囚日破又动化入墓，终究无碍。断其立夏后必有升迁。实际于巳月升为商业局副局长。

例二，方××因秉公执法得罪他人，为防他人陷害求测吉凶：

丁丑　壬子　辛亥　丁酉

天火同人	乾为天	六神
子孙壬戌土 ′ 应	子孙壬戌土 ′ 世	腾蛇
妻财壬申金 ′	妻财壬申金 ′	勾陈
兄弟壬午火 ′	兄弟壬午火 ′	朱雀
官鬼己亥水 ′ 世	子孙甲辰土 ′ 应	青龙
子孙己丑土 ×	父母甲寅木 ′	玄武
父母己卯木 ′	官鬼甲子水 ′	白虎

丑土临玄武动来克世，果然有人暗中相害。喜世爻自旺于月、日之令，丑土又化寅木回头克破，魑魅魍魉不过徒生害人之心，世爻正气自旺何惧之有？后果平安无事。

第三节　暗动与日破

静爻旺相，日辰冲之为暗动；静爻休囚，日辰冲之为日破。

暗者，隐蔽不显之意，故暗动者，看似未动，实则已动，动则力显，可司生克之职，与明动之爻相似。暗动反映在人事之上为福来不知，祸至不觉，尤其是凶祸之事，因不易察觉，所以便难于防范。因此，用神、原神暗动无克破则吉，忌神暗动无制则凶（忌神暗动得原神明动通关无妨）。伏神暗动易出，飞神暗动若克制伏神则不吉。

日破之爻与月破之爻相似，都属于休囚又遭冲克之爻。日破之爻若有根气，则出日不破，填实之日不破，得动爻之生不为真破，可待时发用。

例一，何先生问自己健康状况，摇得"蹇"卦：

癸酉　戊午　戊子　戊午

水山蹇　　　　　六神

子孙戊子水〃　　朱雀
父母戊戌土′　　青龙
兄弟戊申金〃世　玄武
兄弟丙申金′　　白虎
官鬼丙午火〃　　腾蛇
父母丙辰土〃应　勾陈

官鬼午火暗动克世爻，断他身体已经染上慢性病，但自己并未感觉到。他问是什么病，我告诉他大概是心脏有毛病（官鬼午火）。第二天到医院检查，果然如此。

例二，一人求测自己工作有无变动，摇得"遁"卦：

壬申　辛亥　壬子　戊申

天山遁　　　　　六神

父母壬戌土′　　白虎
兄弟壬申金′应　腾蛇
官鬼壬午火′　　勾陈
兄弟丙申金′　　朱雀
官鬼丙午火〃世　青龙
父母丙辰土〃　　玄武

六静卦，似乎工作不会变动，但用神世爻官鬼午火日破，又无原神生助，工作上已出现危机，本月若无变动，在下个月（壬子月）必被解职。后果然在壬子月因在工作中屡犯错误而被开除。

第四节 动静之多寡

卦中只有一个爻发动（暗动亦算），其余五个爻安静，称为独发；只有一个爻安静，其余五个爻发动，称为独静；六个爻全都发动，称为尽发；六个爻全都安静称为尽静。

独发之卦，吉凶易于判断；独静之卦，生克关系比较复杂，有的主张以独静之爻判吉凶，未免欠妥；应以用神为准断之；尽静尽发之卦，吉凶仍依用神推断，所谓"静者恒美，动者常咎"，若脱离用神，乃不合实际之谈。

例一，某人求测工作分配：

癸酉　戊午　庚申　丁亥

泽风大过	雷风恒	六神
妻财丁未土〃	妻财庚戌土〃应	螣蛇
官鬼丁酉金○	官鬼庚申金〃	勾陈
父母丁亥水′世	子孙庚午火′	朱雀
官鬼辛酉金′	官鬼辛酉金′世	青龙
父母辛亥水′	父母辛亥水′	玄武
妻财辛丑土〃应	妻财辛丑土〃	白虎

五爻原神酉金动来生世，虽化申金退神，喜其临日辰旺而不退。目下金处死地，此事暂时难成，待交秋令后，原神临旺，分配定能如意。实际于申月顺利分配。

例二，某人因练气功走火入魔，其子代占吉凶：

甲戌　丙寅　庚午　己卯

乾为天	山地剥	六神
父母壬戌土′世	妻财丙寅木′	螣蛇
兄弟壬申金○	子孙丙子水〃世	勾陈

官鬼壬午火 ○	父母丙戌土 〃	朱雀
父母甲辰土 ○应	妻财乙卯木 〃	青龙
妻财甲寅木 ○	官鬼乙巳火 〃应	玄武
子孙甲子水 ○	父母乙未土 〃	白虎

乾卦纯阳被剥，五爻乱动乱攻，显然经脉气乱，阴阳失衡，幸六爻戌土用神（卦中用神两现，余五爻乱动乱攻，上爻戌土安静旬空为卦之玄机所在，故取戌爻为用）安静不动，为元神性定不乱，世得日生，有如中流砥柱，可抗邪气交攻。目下用神处春令死地又化寅木回克，暂时病重难愈；待交夏令后原神火旺通木土之关，用神得生定可转危为安。后于巳月幸得明师调理，病情逐渐好转，庚午月痊愈。

例三，某人求测官运：

庚午　己丑　丙申　丙申

泽风大过　　　　六神

妻财丁未土 〃	青龙
官鬼丁酉金 ′	玄武
父母丁亥水 ′世	白虎
官鬼辛酉金 ′	螣蛇
父母辛亥水 ′	勾陈
妻财辛丑土 〃应	朱雀

父爻亥水持世，得五爻酉金相生，二爻亥水比和，乃为上得领导之信，下得同志之助。今世处太岁囚地居"在渊"之位，需待时而用，酉年岁君生世，必得提拔。实际上酉年调升为局长。

例四，王女士将两千元钱和一份十分重要的计算机软件装在手袋里，早晨在火车站购票时不慎丢失，求测有希望找回否：

丙子　庚寅　己卯　戊辰

山水蒙	泽火革	六神
父母丙寅木 ○	子孙丁未土 〃	勾陈
官鬼丙子水 ×	妻财丁酉金 ′	朱雀
子孙丙戌土 × 世	官鬼丁亥水 ′世	青龙
兄弟戊午火 ×	官鬼己亥水 ′	玄武
子孙戊辰土 ○	子孙己丑土 〃	白虎
父母戊寅木 × 应	父母己卯木 ′应	螣蛇

六爻乱动，正合年底春运期间车站之繁乱情景。"蒙"者，蒙昧之意，乃是在懵懵懂懂中将钱物遗失。五爻变出一用神遭日辰冲破又旬空，钱物恐失落于道路而难找回。六爻乱动，正为人事纷杂，寻找此物无异大海捞针。实际：虽求助于火车站治安室、派出所等部门帮助查找，终是杳无音信。

第五节　卦爻进退新论

进退是六爻预测中的一个基本要素。六爻卦中的进退，就是指爻之进退。

卦爻化进，称之为"进神"；卦爻化退，称之为"退神"。

传统的观点认为：

寅化卯、丑化辰、辰化未、未化戌、戌化丑、巳化午、申化酉、亥化子，此为化进。

卯化寅、辰化丑、未化辰、戌化未、丑化戌、午化巳、酉化申、子化亥，此为化退。

《卜筮正宗》论进退之法有三："旺相者乘势而进一也；休囚者待时而进二也；动爻变爻有一逢空破冲合者，待期填补合冲而进三也。退神之法亦有三：旺相者或有日月动爻生扶，占近事暂时而不退者一也；休囚者即时而退二也；动爻变爻有一而逢空破冲合者，待期填补合冲而退三也。"

进退之吉凶以喜忌为准。用神、原神化进无冲克则吉，化退无生扶不宜；忌神、仇神化进无冲克则凶，化退无生扶则吉。用神化进无克破增吉，宜于发展，忌神化进无制增凶，不可冒进；用神化退无生扶减吉，事难发展；忌神化退无生扶减凶，灾祸渐消。

例一，好友刑××求测在外地工作的哥哥，年前能否回家过春节：

甲戌	丁丑	戊申	庚申

风火家人	山水蒙	六神
兄弟辛卯木 '	兄弟丙寅木 '	朱雀
子孙辛巳火○应	父母丙子水 〃	青龙
妻财辛未土 〃	妻财丙戌土 〃 世	玄武
父母己亥水○	子孙戊午火	白虎
妻财己丑土 × 世	妻财戊辰土 '	螣蛇
兄弟己卯木○	兄弟戊寅木 〃 应	勾陈

卦中兄爻两现，但均处旬空化退神，又遭太岁合、日辰申金暗合，必不能归。后果然因公事所阻未能回家。这就是用神化退的作用。

例二，司××求测患肺心病住院多月的父亲的吉凶：

丙子	丁酉	癸巳	癸亥

坤为地	山地剥	六神
子孙癸酉金 × 世	官鬼丙寅木 '	白虎
妻财癸亥水 〃	妻财丙子水 〃 世	螣蛇
兄弟癸丑土 〃	兄弟丙戌土 〃	勾陈
官鬼乙卯木 〃 应	官鬼乙卯木 〃	朱雀
父母乙巳火 〃	父母乙巳火 〃 应	青龙
兄弟乙未土 〃	兄弟乙未土 〃	玄武

酉金明动，亥水暗动，金水相生来克害巳火父爻，幸父爻得日辰相扶，病情暂不致十分危重。嫌忌神亥水化进，有雪上加霜之势。用神本遭太岁克，今又遭金水忌神攻击，星点之火，何抗旺水？病必凶危。慎防冬令亥、子月之危。后果然于当年子月病逝。此为忌神化进的危害。

传统的六爻进退理论在以上两个卦中得到了验证。

但是，上列两个卦只是验证了传统六爻进退理论的一部分（即卯化寅为退，亥化子为进）。笔者在预测实践中发现，涉及到卦爻进退的有些卦，如果按照传统的六爻进退理论去预测，就会出现错误的结果。这就说明，传统的六爻进退理论既有正确的部分，也有错误的部分，需要我们去纠正、补充和完善。

事实上，卦爻的进退，并不是像上述传统理论那么简单。卦爻进退是一个比较复杂的问题：有些表面看起来是进，但实际上是退；有些在此时为进，而在彼时则为退。总之，进退无定法，需要根据具体的卦象、具体的时间甚至所测的具体事情去判定卦爻之进退。

下面，笔者谈谈对卦爻进退的个人观点：

进退有两层含义：

1. 时序之进退。进者，前进也；退者，后退也。

2. 力量之进退。进者，代表卦爻五行力量的增加，代表发展壮大、信心增强、积极上进等含义；退者，代表卦爻五行力量的减弱，代表破败衰退、信心不足、消极退却等含义。

传统的六爻进退理论，如果用于表示时序之进退，那是完全正确的，因为时序进退是固定不变的，无论年月日时，都是按"寅化卯、丑化辰、辰化未、未化戌、戌化丑、巳化午、申化酉、亥化子"为化进，"卯化寅、辰化丑、未化辰、戌化未、丑化戌、午化巳、酉化申、子化亥"为化退的时序进行的。这是客观规律。

在六爻预测中，卦爻五行力量之变化代表着相应事物信息之变化，我们就是根据卦爻的喜忌及其喜忌的力量大小去推断事物之吉凶否泰的，所以，在绝大多数情况下，卦爻之进退，都是指卦爻力量之增减，而并非指时间之先后。因此，卦爻之进退，应该从五行力量的角度去判定，不应从时序的角度去判定。

我们知道，子午卯酉为帝旺，为最旺状态；寅申巳亥为临官，为次旺状态。前者比后者旺的程度要高，所以，"寅化卯、巳化午、申化酉、亥化子"为化进，"卯化寅、午化巳、酉化申、子化亥"为化退是有道理的，在大多数的普通情况下也是正确的。

"丑化辰、辰化未、未化戌、戌化丑"为化进，"辰化丑、未化辰、戌化未、丑化戌"为化退，这种传统观点从时序的角度讲肯定正确无疑，但如果从五行力量的角度讲，则值得商榷。

为什么这样说呢？

我们知道：未本为燥土，内有藏干乙生丁、丁生己，土有生无克，所以未土最强；戌月金有余气，金克木而使木难克土，戌又为燥土，内有丁火相生，其力量仅次于未；丑月为季冬，丑为寒湿之土，藏干辛、癸对土只有泄耗而无生益，故丑比戌弱；辰月为季春，木有余气克土，辰中藏干癸生乙、乙克戊，土有克无生，故辰土最衰。因此，四土的强弱排序就应为：

未＞戌＞丑＞辰

这样，四土之间的进退就应为：

辰化丑、戌、未皆为化进；

丑化戌、未为化进，化辰为化退；

未化丑、戌、辰皆为化退；

戌化未为化进，化丑、辰为化退。

显然，这与传统的辰戌丑未之间的进退是有所不同的。

至此，卦爻十二地支之间的化进化退便有了上述的理论。这种理论无疑要比传统之六爻进退理论合理得多。

但是，这还不是最完善的进退理论，因为这种理论仅仅是从普通的、静态的角度去衡量的。事实上，在六爻预测中，由于时令的变化，十二地支的旺衰会随之变化，当权司令的地支要比同类没有当权司令的地支旺。比如，寅月寅木当权司令，寅就比卯旺，寅化卯就不为化进而为化退；同样，卯化寅不为化退而为化进。又比如，丑月丑土当权司令，它就比辰、戌、未土旺，所以，这时的丑化戌、化未不再是化进而为化退了；同理，这时的未化丑则为化进而不为化退了。其他同类地支在不同月令状态下的化进化退同理可推。可见，卦爻化进化退并不是一成不变的，而是灵活多变的，需要根据具体的时令去进行判定。《易经》变易之妙，由此可见一斑。要学好八卦预测，千万不可教条搬用古人的东西，必须以去粗取精、去伪存真的治学态度去学习、研究，最终做到合理、正确的取舍。

需要强调的是，卦爻化进，并不等于力量就一定得到很大的增强，就一定能够起到多大作用。卦爻化进，能否起到作用，取决于卦爻化进后的实际力量。力量大则能起到较大作用，力量小则作用不大甚至无法起到作用。比如在未月，测当月之事，用神亥水化子水，虽然为化进，但水在未月非常衰弱，其力量也微弱得很，因而作用不大甚至不起作用。反之，化退的道理也一样：如果化退之后力量仍然很大，则仍然可以起到较大作用。比如，卯月测事，卯化寅为化退，但寅在卯月并不算衰弱，这种化退只是力量稍微有所减弱而已，并不是完全不起作用，相反，由于寅木不弱，因而其作用也不可小视。

例一，吴先生母亲生病卧床，求测其母亲何时能康复：

丁丑　乙巳　辛亥　乙未

水山蹇	火地晋	六神
子孙戊子水×	官鬼己巳火′	螣蛇
父母戊戌土○	父母己未土〃	勾陈
兄弟戊申金×世	兄弟己酉金′世	朱雀
兄弟丙申金○	妻财乙卯木〃	青龙
官鬼丙午火〃	官鬼乙巳火〃	玄武
父母丙辰土〃应	父母乙未土〃应	白虎

以五爻父母戌土为用神。戌土动化未土，按传统的观点为化退，但以笔者的观点为化进。用神化进，有利于身体康复。化进之日，为力量增加的日期标志，所以断其本月己未日将会康复。结果，到戊午日，其母身体便大为好转，能够下床正常活动，己未日完全康复。

如果按戌土化未土为化退，则己未日康复就没有理由了。按传统观点，戌化丑为化进，那就应该在癸丑日康复，但事实并非如此。这就说明戌化丑为化进并不可信。

例二，张女士求测父亲近期病情是否会好转：

```
丙子    庚寅    庚子    甲申
火地晋           坎为水           六神
官鬼己巳火○     子孙戊子水〃世   螣蛇
父母己未土×     父母戊戌土'      勾陈
兄弟己酉金○世   兄弟戊申金〃     朱雀
妻财乙卯木〃     官鬼戊午火〃应   青龙
官鬼乙巳火×     父母戊辰土'      玄武
父母乙未土〃应   妻财戊寅木〃     白虎
```

用神两现，以五爻父母未土为用神。未土动化出戌土为化退，表示父亲身体状况有下降趋势。未化戌化退，化出之爻即为应期，但在庚寅月已无戌日，所以断其辛卯月的第一个戌日——庚戌日病情将会加重，需要注意监护。结果，辛卯月庚戌日其父昏迷了两个多小时，经抢救后苏醒。

如果按未化戌为化进，则戌日其父病情就应该得到好转，但事实却恰恰相反。这说明未化戌不为化进，而为化退。

例三，王女士问弟弟何时回家：

```
戊寅    庚申    丙申    壬辰
火地晋           水地比           六神
官鬼己巳火○     子孙戊子水〃应   青龙
父母己未土×     父母戊戌土'      玄武
兄弟己酉金○世   兄弟戊申金〃     白虎
妻财乙卯木〃     妻财乙卯木〃世   螣蛇
官鬼乙巳火〃     官鬼乙巳火〃     勾陈
父母乙未土〃应   父母乙未土〃     朱雀
```

世爻酉金为用神。酉化申，一般情况下都为化退。进退的实质在于力量之增减，所以，我们要分析动变后的力量变化情况。申月申金当令，当令者最旺，所以，申比酉旺，在这种情况下，酉化申不为化退，反为化进。用神化进，其弟一定会回家。何时回家？今天申金值日，应期就是今日申时。结果：其弟在同学家玩了一周，说还要玩几天才回来。不料当天下午其同学因事要去外地，所以他只好当天回家。下午申时，王女士的弟弟突然回到家，令一家人都感到意外。

我们从以上进退的卦例可以看到，卦爻之进退，需要区分形式的进退与实质上的进退，不可简单地一概而论。在某些特殊情况下，卦爻的进退与通常情况下是刚好相反的。能否正确判断卦爻之进退，关键在于能否针对具体的时间和具体的卦象组合进行具体分析。如果仅仅是机械地套用卦爻进退的理论，遇到特殊情况时，就容易出现错误了。

第六节　爻之六合

六合即子丑相合，寅亥相合，卯戌相合，辰酉相合，巳申相合，午未相合。

合与冲相对。合有吸引、和谐、聚合、生助之意，如寅亥合、辰酉合、午未合，为生合；也有牵绊之意，如子丑合、卯戌合、巳申合，为克合。生合用神则吉，合化为忌神或克合用神则不吉。如寅为用神，得亥生合，增强用神之力为吉；子为用神，被丑土合，或合化为土，则使用神受损而不吉；巳为用神，申巳合化为水而克制用神不吉。用神被合住，一时也难起作用，须待逢冲之时才有用。

六合分以下六种方式：

1. 日、月合爻：日、月克合动爻为合住，生合动爻为合旺，生合静爻为合起。
2. 爻与爻合：动爻与动爻合，动爻与静爻合。
3. 爻动化合：爻动化回头合，也分生合与克合两种。
4. 卦逢六合：六合卦，内外卦各爻对应相合，如"泰"、"否"、"节"等卦。

5. 六冲变六合：即主卦为六冲卦，变卦为六合卦，如"乾"之"泰"卦。

6. 六合变六合：即主、变卦皆为六合卦，如"旅"之"节"卦。

第七节　爻之六冲

六冲者，即子午相冲，丑未相冲，寅申相冲，卯酉相冲，辰戌相冲，巳亥相冲。卦爻逢任意一组或一组以上，谓爻之六冲。上卦三个爻与下卦三个爻分别相冲之卦，为六冲卦。

冲与合相对。冲多主破散分离。凡事逢冲易散，故用神不宜逢冲破，而忌神反宜被冲破。冲与克不完全相同，克者，凡受克者减力，施克者耗力，而冲则有冲旺冲衰之别。子午冲、寅申冲、卯酉冲、巳亥冲，为水火不容，金木相战，既冲又克，冲的结果是双方损力，故为冲衰，力量过分弱小的一方则被冲破冲散。丑未冲、辰戌冲，乃同类相冲，激起旺气，实为相助，故为冲旺；但如果日或月冲土爻，而土爻又被有力之动爻克制，则土爻为被冲散冲破。

日月如天，力最大，可冲破、冲散、冲起卦爻，而卦爻不能冲动日月。

通常认为六冲是一对一之冲，如一子可冲一午，或一午可冲一子，而两子不冲一午，两午不冲一子，其实并非如此。二冲一或三冲一之力更大。子午冲，就是水火交战，水众冲火越彻底，火众冲水越激烈，岂有不冲之理？

例一，某县邮局职员李女士摇卦求测与男友的恋爱关系发展如何：

```
        丙子    乙未    己未    庚午
        兑为泽                  六神
        父母丁未土〃世          勾陈
        兄弟丁酉金'              朱雀
        子孙丁亥水'              青龙
        父母丁丑土〃应          玄武
```

妻财丁卯木'　　　白虎

官鬼丁巳火'　　　螣蛇

未有实质性婚姻关系的以应爻为对方。应落空亡，他心不实；世处六爻得月日帮扶太过，太过则悔，本人亦有退悔之意。她说："确实如此。不知能不能继续维持？"世应比和，二人关系似乎平静如水，但卦逢六冲，两人已生嫌隙。现应爻被月、日冲动，对方有离去之意，惟世爻安静，目下尚可维持；只防来年应爻临太岁冲世，恐是挥手作别之时。实际于丁丑年夏和平分手。

例二，张某商店被盗，摇卦求测能否破案，钱物能否追回：

壬申　癸丑　乙巳　己卯

火地晋	山风蛊	六神
官鬼己巳火'	妻财丙寅木' 应	玄武
父母己未土″	子孙丙子水″	白虎
兄弟己酉金○世	父母丙戌土″	螣蛇
妻财乙卯木×	兄弟辛酉金' 世	勾陈
官鬼乙巳火×	子孙辛亥水'	朱雀
父母乙未土″ 应	父母辛丑土″	青龙

四爻兄弟酉金临旺冲克卯木财爻，卯木又动化酉金回克，二酉冲克一卯，卯处休囚必遭克破，此财破定；主卦两重官鬼临日而旺，且官鬼巳火与兄弟酉金动合金局，劫财更凶，显然盗贼猖獗；子孙亥水虽克官鬼，但处日破之地，乃破案无望之象。故断此案难破，物不能回。实际自事发后一年多亦未破案。

第八节　合冲并见

一卦中，爻与爻合，爻与爻冲，日月合爻，日月冲爻，变爻回头冲、合本爻，这些情况，有时是单一的，有时是并存的，即既有合又有冲。比如辰月卯日得"乾"之"巽"卦，世爻戌土与应爻辰土相冲，与日建卯木相合，与变爻卯木相合。合冲并见分"合处逢冲，冲中逢合"两类。

合处逢冲有三种情形：

1. 六合变六冲（即六合卦变六冲卦）。

2. 日月冲卦中相合之爻。

3. 有合之爻变回头冲。

冲中逢合也有三种情形：

1. 六冲变六合。

2. 日月合卦中相冲之爻。

3. 被冲之爻变回头合。

合主聚，冲主散；冲中逢合主先散后聚，先失后得，先难后易，先疏后密；合处逢冲则反。

例一，刘先生求测：与他人合伙做生意如何：

丙子	甲午	庚子	甲申

雷地豫	坤为地	六神
妻财庚戌土〃	官鬼癸酉金〃世	螣蛇
官鬼庚申金〃	父母癸亥水〃	勾陈
子孙庚午火○应	妻财癸丑土〃	朱雀
兄弟乙卯木〃	兄弟乙卯木〃应	青龙
子孙乙巳火〃	子孙乙巳火〃	玄武
妻财乙未土〃世	妻财乙未土〃	白虎

应爻临月建动来生合世爻，目下合作必当如意；只是应遭太岁及日冲，乃为合处逢冲，先聚后散，防秋后金水临旺，日辰冲散应爻，恐再难携手。

实际：午未月合作较为愉快，申月却分账散伙。

例二，某人欲留职停薪，摇卦求测能办成否：

丁丑　己酉　丙辰　辛卯

坤为地	泽地萃	六神
子孙癸酉金〃世	兄弟丁未土〃	青龙
妻财癸亥水×	子孙丁酉金′应	玄武
兄弟癸丑土×	妻财丁亥水′	白虎
官鬼乙卯木〃应	官鬼乙卯木〃	螣蛇
父母乙巳火〃	父母乙巳火〃世	勾陈
兄弟乙未土〃	兄弟乙未土〃	朱雀

卦逢六冲，冲则散，此事似乎难成，殊不知世爻得日辰生合，为冲中逢合，先难后易。应爻被月冲，成事当在合应之期，故断戌月求谋可遂。后果于戌月办成。

第九节　三合局

申子辰合水局，寅午戌合火局，亥卯未合木局，巳酉丑合金局。在纳甲预测法中，三合局的构成通常分四种情况：

1. 一卦之中有一爻动而合局，这一爻往往是中神之爻；
2. 一卦中有两爻动而合局；
3. 外卦四爻、上爻同动，与变爻组成三合局；
4. 内卦初爻、三爻同动，与变爻组成三合局。

其实，三合局，无非是力量的聚合形式，除上述四种合局之外，月日建与卦中动爻也可组成三合局，如寅月戌日得"乾"之"小畜"卦，四爻午火动，日月动爻组成寅午戌三合火局，如果午为用神，则加大其力量则增吉，午为忌神，则增凶。

三合局既是由三个地支构成，必使三个支互相配合而无伤方可成局得化，从而发挥作用，如果有一支力量不足，则需待时而用。

例一，占谋职可得否，得"乾"之"需"卦：

甲戌　己巳　丁酉　丙午

乾为天	水天需	六神
父母戊戌土○世	子孙戊子水〃	青龙
兄弟戊申金〃	父母戊戌土〃	玄武
官鬼戊午火○	兄弟戊申金〃世	白虎
父母甲辰土〃应	父母甲辰土〃	螣蛇
妻财甲寅木〃	妻财甲寅木〃	勾陈
子孙甲子水〃	子孙甲子水〃应	朱雀

卦中午戌旺动，寅木静，三合火局中寅木之力暂时不足，待寅日当值，合局成化而生世爻，事必成，果于壬寅日如愿以偿。

例二，占求财何时得，得"萃"之"革"卦：

戊寅　丙辰　丁亥　乙巳

泽地萃	泽火革	六神
父母丁未土〃	父母丁未土〃	青龙
兄弟丁酉金〃应	兄弟丁酉金〃	玄武
子孙丁亥水〃	子孙丁亥水〃世	白虎
妻财乙卯木×	子孙己亥水〃	螣蛇
官鬼乙巳火〃世	父母己丑土〃	勾陈
父母乙未土×	妻财己卯木〃应	朱雀

内卦初、三爻动构成三合局，但未土旬空为虚，必待出空填实之时合局得化，合局为财来生世，求财必得。出空填实是应于月还是应于日？观世爻巳火，被日辰冲破，虽得合局之生，世爻太弱却不受生，巳月世爻由弱变强，本可得财，但巳冲亥又破三合局，午月午未合土，亦破三合局，未月不但填实卦中虚空之未爻，且未月乃季夏，世爻巳火得气而不弱，身财两亨，必是得财之时，后来果于未月发财数万。

三合局之力比六合之力大，所以其吉凶的程度也更深，但条件必须是合局有力，尤其是三合局之中神（三合局中间一字，如寅午戌之"午"）不受克破，否则就不能构成真正的三合局，或者说是有其形无其力。

第十节　三会局

地支三会局不仅在四柱命理预测学中有很大作用，而且在八卦纳甲预测法中也有其重要的实用价值。

历来诸书只论三合，不谈三会，这是一种缺陷。我们知道，八卦纳甲预测的理论根据就是五行力量的变化。三合是地支力量的聚合，三会也是地支力量的会聚，两种形式的结果都使会合之局的力量加强。实际上，正如本书上卷所论，在同一时令状态下，三会局的力量比三合局的力量更大。三会局引起的吉凶变化并不亚于三合引起的吉凶变化。所以，大家不可忽视。

三会局与三合局相似，也强调"中神"的核心作用。如寅卯辰三会，卯为三会局之中神，对寅、辰有凝聚作用，为力量的核心和力量的聚合点，寅、辰对卯则有维护、加强的作用。

三会局的构成条件和形式：

1. 月建、日辰与动爻可构成三会局，但中神必须旺于月建或日辰。如寅月卯日或卯月寅日，与动爻辰土可构成三会局，寅月辰日与动爻卯木，卯月辰日与动爻寅木，寅月或寅日与动爻卯、辰，卯月或卯日与动爻寅、辰都可构成三会木局。这种三会木局一般情况下都能成化。辰月辰日与卦中动爻寅卯之三会木局一般在当时不能成化，这是因为中神不在月日，力量不足以引化三会局。卦中动爻组成三会木局，但月日不见中神时，此三会局当时也不能成化。会而不化之局，随着时令的变化，当月、日出现中神时，则可成化。这种情况是指测长远之事的卦而言；测近期之事，等不到时令的这种变化，则无所谓成化。

2. 卦中之爻旺动可组成三会局。

如丙子年丙申月乙酉日丁亥时得"贲"之"中孚"卦：

山火贲	风泽中孚
官鬼丙寅木 ′	官鬼辛卯木 ′
妻财丙子水 ×	父母辛巳火 ′
兄弟丙戌土 ″应	兄弟辛未土 ″世
妻财己亥水 ○	兄弟丁丑土 ″
兄弟己丑土 ×	官鬼丁卯木 ′
官鬼己卯木 ′世	父母丁巳火 ′应

卦中亥子丑三爻同动三会水局，因水得日月之生，会局可化。

由于三会局之力特别强大，因此，当会局成化时可以破六合、三合之局。如寅卯辰会可以破卯戌合、辰酉合及申子辰之合；而对寅亥合则起加强作用；若寅午戌合火力量强大，三会木局不致木多火窒，则可助寅午戌三合火局之势，若三合火局中神受损而力量不足，三会木局导致木多火窒，则破寅午戌之合局。破局就是使原局的力量在很大程度上遭到损失，再无力维持原来的合局，所以，五行力量就发生重大变化。

以上谈的是三会木局，其余三会金局、三会水局、三会火局的道理仿此。

例一，一九九六年七月十六日午时某人摇卦求测侄儿能否回来：

丙子　丙申　戊戌　戊午

地山谦	艮为山	六神
兄弟癸酉金 ×	妻财丙寅木 ′世	朱雀
子孙癸亥水 ″世	子孙丙子水 ″	青龙
父母癸丑土 ″	父母丙戌土 ″	玄武
兄弟丙申金 ′	兄弟丙申金 ′应	白虎
官鬼丙午火 ″应	官鬼丙午火 ″	螣蛇
父母丙辰土 ″	父母丙辰土 ″	勾陈

用神长生于月建又化进神，日辰戌土本克用，但卦中酉金旺动与月日会成金局使日辰不但不克用，反而会金生用，用神为水，旺则流动，丑土克亥合子，止水之流，水遇阻则回头，故断辛丑日回家。后果如所测。

有的书上说，遇艮坤之卦，测出行走不成，测行人不能回，其实并非绝对。通过此卦可见一斑。研习八卦宜明理、变通，不要教条、僵化。

例二，一九九八年三月十四日，天气晴朗，"中心"决定部分职工明后两天去游武当山，我于当晚亥时测十五、十六日武当山天气情况，得"巽"之"家人"卦：

戊寅　丙辰　丁亥　辛亥

巽为风	风火家人	六神
兄弟辛卯木′世	兄弟辛卯木′	青龙
子孙辛巳火′	子孙辛巳火′应	玄武
妻财辛未土〃	妻财辛未土〃	白虎
官鬼辛酉金′应	父母己亥水′	螣蛇
父母辛亥水○	妻财己丑土〃世	勾陈
妻财辛丑土×	兄弟己卯木′	朱雀

十五日，日辰戊子，与卦中动爻三会亥子丑父母水局成化，父母主雨，故明日必雨。十六日，日辰己丑，土当值，水退位，土得日月帮入卦动而克父母亥水，必雨过天晴。后与预测结果完全一致。

141

第六章 卦爻特殊信息标志

第一节 游魂卦 归魂卦

每宫第七卦为游魂卦，末卦为归魂卦。游魂卦：火地晋、雷山小过、天水讼、泽风大过、山雷颐、地火明夷、风泽中孚、水天需。归魂卦：火天大有、雷泽归妹、天火同人、泽雷随、山风蛊、地水师、风山渐、水地比。

在京房易的八宫中，从第二卦至第六卦其世爻的位置逐渐上升，第七卦、末卦之世爻位置又分别下降至四爻、三爻。游魂卦主所占之事迁变无常，归魂卦则主拘泥反复。测归期，游魂多主暂不归，归魂则已起归意；测出行，游魂行千里，归魂不出疆；测谋事，得游魂卦主事难长久，起伏变化大，得归魂卦主旧事难更新，新事难进展，反反复复；测家宅，游魂主多搬迁，归魂主有忧疑。如此等等。以上只是就游魂、归魂卦具有这些特性而言，但结果是吉是凶，是成是败，必须以用神为主进行推断。

例一，某人求测工作调动：

乙亥　戊寅　己巳　乙巳

风泽中孚　　　　六神
官鬼辛卯木′　　　勾陈
父母辛巳火′　　　朱雀
兄弟辛未土〃世　　青龙
兄弟丁丑土〃　　　玄武
官鬼丁卯木′　　　白虎
父母丁巳火′应　　腾蛇

卦虽六爻安静，但逢游魂有变动之意，且为期不远，又官父同旺，世得父生，调动必成。后果于巳月调动。

例二，某人欲去南方谋职，不知财运如何：

丙子　辛卯　戊午　庚申

風山漸　　　　　　六神

　　　官鬼辛卯木ˊ应　朱雀
(伏妻财子水)　父母辛巳火ˊ　青龙
　　　兄弟辛未土〃　　玄武
　　　子孙丙申金ˊ世　白虎
　　　父母丙午火〃　　螣蛇
　　　兄弟丙辰土〃　　勾陈

妻财子水虽临当年太岁，然其伏于五爻巳火绝地之下，财运非佳。世爻被月建卯木合（暗合）住、申金休囚遭二爻午火暗动临日辰克制，又卦逢归魂，出行当有反复，故断此行若无他事所阻，则本人必有退却之心。他说："听说到南方谋职很难，我心里始终犹豫不定，但不去心又不甘，故来求测，现吉凶既明，我便决意不去了。"

第二节　六冲卦　六合卦

上卦三个爻与下卦三个爻按天地人位对应相冲者，称为六冲卦，对应相合者，称为六合卦。

六冲卦有： 乾、兑、离、震、巽、坎、艮、坤、大壮、无妄。

六合卦有： 否、困、旅、豫、节、贲、复、泰。

六冲卦六个爻各自对冲。冲者，动也，散也。所以六冲卦具有动荡、急骤、不稳定、散失、分离排斥之象，凡事容易冲散，其吉凶就看是用神被冲损还是忌神被冲损。好事不宜六冲，冲则散，凶事反喜六冲，冲则止。如测病逢六冲卦，忌神被冲去，则病愈，用神被冲去，则病情加重，甚至有生命之危。

六合卦六个爻各自相合，具有缓慢、稳定、牵绊、聚合、亲密之特性，得生合之爻，力量增强，被克合之爻，力量受到牵制，所以用神得生合则吉，忌神得生合则凶，用神被克合不宜，忌神被克合则吉。

六合卦变六冲卦，谋事先易后难，先成后败，先聚后散；占官讼祸患则先有阻滞，忧愁困扰，但最终烟消云散，冲凶见吉。六冲变六合卦，谋事先难后易，挫折在前，成功在后，先散后聚；若占官讼祸患之事逢之，则虽可暂时安静，终究免不了是非缠绕，难以摆脱。

例一，吴某的摩托车凌晨丢失，求测可找回否：

甲戌	丙子	丁亥	乙巳	
水泽节		兑为泽		六神
兄弟戊子水〃		官鬼丁未土〃世		青龙
官鬼戊戌土′		父母丁酉金′		玄武
父母戊申金×应		兄弟丁亥水′		白虎
官鬼丁丑土〃		官鬼丁丑土〃应		腾蛇
子孙丁卯木′		子孙丁卯木′		勾陈
妻财丁巳火′世		妻财丁巳火′		朱雀

测车辆当以父母爻为用神，然车子丢失亦是失财之事，故需父财兼看。父爻申金休于月、日动化兄弟亥水泄气，正合失车之事，世爻妻财遭月、日旺兄克破，为破财之象；又逢六合变六冲，定然有去无回。后果未找回。

例二，周××求测工作调动：

乙亥	丁亥	戊午	乙卯	
艮为山		山火贲		六神
官鬼丙寅木′世		官鬼丙寅木′		朱雀
妻财丙子水〃		妻财丙子水〃		青龙
兄弟丙戌土〃		兄弟丙戌土〃应		玄武

子孙丙申金 ′ 应	妻财己亥水 ′	白虎
父母丙午火 〃	兄弟己丑土 〃	螣蛇
兄弟丙辰土 ×	官鬼己卯木 ′ 世	勾陈

官爻寅木持世，得五爻子水临月建暗动相生，此事定得他人暗中相助。辰土兄弟虽动喜其化卯木回头克制，于事无碍；卦得六冲变六合，先难后易，调动必成。后果于子月调动。

第三节　反　吟

反吟者，相反也，在八卦中指对冲之意，其中又分卦之反吟与爻之反吟。所谓卦之反吟，是指经卦反吟，依八卦方位，凡对冲者即是，如坎与离、震与兑之类。反吟卦是由主卦变化而得，由于上下卦的不同变化，又分内外卦反吟、外卦反吟、内卦反吟三种形式。

内外卦反吟，指主卦的上下卦与变卦的上下卦全都反吟。如"水火既济"变"火水未济"，"乾为天"变"巽为风"之类。

外卦反吟，指变卦的外卦与主卦的外卦反吟。如"天火同人"变"风火家人"，"水山蹇"变"火山旅"之类。

内卦反吟，指变卦的内卦与主卦的内卦反吟。如"巽为风"变"风天小畜"，"雷山小过"变"雷地豫"之类。

反吟卦多主事有反复。由于纳甲预测法侧重于六爻地支生克冲合的作用，所以爻之反吟比卦之反吟用得更多。所谓爻之反吟，是指变卦之变爻与本爻全都相冲。卦反吟与爻反吟是两个不同的概念，卦反吟爻并不反吟，爻反吟卦却不反吟。纳甲占测法所指的反吟主要是爻反吟，这种情况仅限于经卦中坤变巽、巽变坤的范围。如坤纯卦变巽纯卦：

坤为地	巽为风
子孙癸酉金 × 世	官鬼辛卯木 ′ 世
妻财癸亥水 ×	父母辛巳火 ′

兄弟癸丑土〃　　　兄弟辛未土〃
官鬼乙卯木×应　　子孙辛酉金′应
父母乙巳火×　　　妻财辛亥水′
兄弟乙未土〃　　　兄弟辛丑土〃

主卦六个爻与变卦六个爻全都化回头之冲，称为内外卦爻皆反吟。还有另外两种情况是内卦爻反吟或外卦爻反吟，如"观"之"巽"、"小畜"之"泰"、"渐"之"谦"、"升"之"益"、"升"之"家人"等等。

反吟主事之反复，吉凶仍以用神推断，若用神不遭冲克破损，虽事有曲折，终能成就；若用神化冲克破损，凡谋不但反复，而且凶多吉少。

例一，徐某求测流年财运：

丁丑　壬寅　丁亥　戊申

天地否　　　　　　泽风大过　　　六神

父母壬戌土○应　　父母丁未土〃　　青龙
兄弟壬申金′　　　兄弟丁酉金′　　玄武
官鬼壬午火′　　　子孙丁亥水′世　白虎
妻财乙卯木×世　　兄弟辛酉金′　　螣蛇
官鬼乙巳火×　　　子孙辛亥水′　　勾陈
父母乙未土〃　　　父母辛丑土〃应　朱雀

财爻持世发动得日辰子孙亥水之生，本是财运亨通之象，嫌其化兄弟酉金回头冲克，且酉金得太岁生，一年难免破耗；内卦反吟，亦为反复不安，奔波劳碌之象。实际：春节后去南方打工，至申月因事返乡，酉月又南下，去后不久，得知母重病，又回家一趟，如此往返奔波，费时耗财不已。

例二，屈某求测当兵如何：

乙亥　己卯　丙辰　癸巳

泽地萃　　　　　　泽风大过　　　六神

父母丁未土〃　　　父母丁未土〃　　青龙
兄弟丁酉金′应　　兄弟丁酉金′　　玄武

子孙丁亥水 ′	子孙丁亥水 ′世	白虎
妻财乙卯木 ×	兄弟辛酉金 ′	螣蛇
官鬼乙巳火 ×世	子孙辛亥水 ′	勾陈
父母乙未土 ″	父母辛丑土 ″应	朱雀

财官同动相生，似为吉象，然不喜世动化亥水临太岁回头克，又卦逢反吟，反复不安，故当兵难以如愿。但其告知：各项检查均过关，顺利入伍。实际：屈某有纹身，其在当地面试舞弊过关，虽于当月顺利应征入伍，但到部队复检时被发现而退回。

第四节　伏　吟

卦变而卦爻地支及六亲不变谓之伏吟。伏吟也分内外伏吟、内卦伏吟、外卦伏吟三种情况。伏吟卦只限于乾震二经卦之互变。

内外卦伏吟，如"震"之"乾"卦：

震为雷	**乾为天**
妻财庚戌土 ×世	妻财壬戌土 ′世
官鬼庚申金 ×	官鬼壬申金 ′
子孙庚午火 ′	子孙壬午火 ′
妻财庚辰土 ×应	妻财甲辰土 ′应
兄弟庚寅木 ×	兄弟甲寅木 ′
父母庚子水 ′	父母甲子水 ′

内外卦都变,而六爻地支五行、六亲不变。

"乾"之"震"也为伏吟，另外还有"无妄"与"大壮"的互变，也为内外伏吟。

内卦伏吟，是指内卦乾变震，或震变乾，内卦不是乾、震二卦互变者，无伏吟现象，外卦伏吟的道理一样。比如"小畜"之"益"、"大有"之"随"之类都是内卦伏吟；"丰"之"同人"、"否"之"豫"之类都是外卦伏吟。

伏吟主忧虑呻吟不安之象，内卦伏吟，内不安，外卦伏吟，外不宁，内外伏吟，内外皆不安宁。当然，这仅仅是伏吟卦的一般性质，要推断事的具体情状，还需结合卦中用神与他爻的组合，如有福神、青龙喜神化解，又当别论，至于事之吉凶，则必须根据用神的旺衰生克决定。所以，伏吟可描述人事难安之情状（即心理状况），但并不完全能决定吉凶。卦遇伏吟，即使忧虑不安，但若用神不遭克害，都是令人满意的，可以说忧虑是自寻烦恼；但若伏吟卦中用神被克破，不但忧虑在前，而且结果也会令人伤心。

例一，某人求测父病：

乙亥　壬午　癸酉　癸亥

火雷噬嗑	火天大有	六神
子孙己巳火′	子孙己巳火′应	白虎
妻财己未土〃世	妻财己未土〃	螣蛇
官鬼己酉金′	官鬼己酉金′	勾陈
妻财庚辰土×	妻财甲辰土′世	朱雀
兄弟庚寅木×应	兄弟甲寅木′	青龙
父母庚子水′	父母甲子水′	玄武

用神子水处囚地，内卦伏吟，正是忧虑病痛之象，其临月破，幸得日辰生之有救，病重尚不至死。三爻辰土得月令生旺动来克害用神，午未月忌神乘旺，难免一时病重；等秋后金水临旺扶起用神，病情自会好转。实际：其父患糖尿病、慢性肾炎，午、未月病情较重，立秋后逐渐好转，至亥月出院。

例二，伍××求测流年运气：

甲戌　丙寅　丙子　辛卯

泽雷随	水天需	六神
妻财丁未土〃应	父母戊子水〃	青龙
官鬼丁酉金′	妻财戊戌土′	玄武

父母丁亥水 ○	官鬼戊申金 ″世	白虎
妻财庚辰土 ×世	妻财甲辰土 ′	螣蛇
兄弟庚寅木 ×	兄弟甲寅木 ′	勾陈
父母庚子水 ′	父母甲子水 ′应	朱雀

世临财爻虽发动，惜遭父兄同动相克，恐一年破耗较多，且春冬两季尤甚。内卦伏吟，忧虑不安之象，办事不免塞难。后其告知：当年不仅工作、婚姻不顺，且春冬财运极差，家中父母多病，兄弟又与别人纷争，而致官司缠身。一年未得安宁。

第五节　三　刑

寅巳申全，子卯相遇，丑戌未全，辰午酉亥相见，谓之刑。刑者，刑伤之意。刑是克的一种特殊表现形式。

关于三刑的用法，《卜筮正宗》曰："夫三刑者，用神休囚，有他爻之克，内有兼犯三刑者，主见凶灾。卦中三刑俱全不动，用神不伤损有生扶，从无应验。"

三刑若有化解，则不为凶。所谓化解，是指三刑之支，有冲、合而破其刑，或刑用神之爻有克制，或贪生、贪合而忘刑。总之，用神有力，刑用之爻无力，则不能刑害用神；用神休囚，刑用之爻旺相，又无化解，则用神被刑而见凶。

例一，霍×之夫因犯法被捕，求测夫之吉凶：

甲戌	癸酉	戊申	丁巳
水地比		风地观	六神
妻财戊子水 ×应		官鬼辛卯木 ′	朱雀
兄弟戊戌土 ′		父母辛巳火 ′	青龙
子孙戊申金 ″		兄弟辛未土 ″世	玄武
官鬼乙卯木 ″世		官鬼乙卯木 ″	白虎

父母乙巳火〃　　　父母乙巳火〃　　　螣蛇
兄弟乙未土〃　　　兄弟乙未土〃应　　勾陈

用神卯木逢月破日克，实为大凶；幸六爻原神子水发动相生，凶中有救，罪不至死；惟用神遭克太过，恐活罪不轻，故断必被重判。后果判刑十五年。由此可见相刑仍以生克为先，此卦若不论子水生卯木，反论子卯相刑之凶，则此人犯必当死罪。何以凶中有救？实为子水生卯木而非刑也。

例二，雷××求测官非：

　　甲戌　己巳　甲寅　壬申
　　风山渐　　　　　水地比　　　　六神
　　官鬼辛卯木○应　妻财戊子水〃应　玄武
　　父母辛巳火′　　兄弟戊戌土′　　白虎
　　兄弟辛未土〃　　子孙戊申金〃　　螣蛇
　　子孙丙申金○世　官鬼乙卯木〃世　勾陈
　　父母丙午火〃　　父母乙巳火〃　　朱雀
　　兄弟丙辰土〃　　兄弟乙未土〃　　青龙

世爻申金虽发动克应，但休囚日破，又与月、日三刑，实为刑损己身，故本人必然遭殃。雷××听后不悦而归。后他人告知：此人因与领导不和，挟私恨欲图报复，四处投信诬告领导贪赃受贿。后专案组前来调查，真相大白。单位不仅给予记过处分，且扣除全部奖金降级使用，留职察看一年。正所谓"害人终害己"。

例三，某医院职员沈××求测流年财运：

　　甲戌　丙寅　辛未　癸巳
　　地风升　　　　　　　六神
　　官鬼癸酉金〃　　　　螣蛇
　　父母癸亥水〃　　　　勾陈
　　妻财癸丑土〃世　　　朱雀

官鬼辛酉金′　　　青龙
父母辛亥水′　　　玄武
妻财辛丑土″应　　白虎

财爻丑土持世且与太岁、日建构成三刑，似乎不吉。不知此"丑戌未"三刑乃本气相刑，土反被刑旺，是财气丰隆之兆；又世应俱临财爻，内外获财之象，故断当年财运必佳。来年反馈：一年进益颇丰，且夏季获意外之财数万。

例四，邝××求测近期财运：

　　甲戌　　乙亥　　乙卯　　甲申

　　火水未济　　　　山火贲　　　　六神
　　兄弟己巳火′应　　父母丙寅木′　　玄武
　　子孙己未土″　　　官鬼丙子水″　　白虎
　　妻财己酉金〇　　　子孙丙戌土″应　螣蛇
　　兄弟戊午火×世　　官鬼己亥水′　　勾陈
　　子孙戊辰土〇　　　子孙己丑土″　　朱雀
　　父母戊寅木×　　　父母己卯木′世　青龙

兄爻午火持世化官鬼回头克,且又组成"辰午酉亥"自刑局全，世财皆弱，不但不利求财，反有灾祸隐伏；子孙辰土遭初爻寅木乘旺化进相克，亦非吉兆，子女亦需防凶。此人本为问财，听到我嘱其防凶，当下大为不悦，认为我胡言告事，悻悻而去。实际上该人为俚赖之辈，因言行不检，得罪他人。月内偶带儿子骑车出外游玩，晚归时被他人在路上截住毒打，遍体鳞伤，其子亦遭其累，全身多处被打伤，十分凄惨，后父子共同住院治疗数月方愈。

第七章　先贤纳甲预测精华借鉴

　　纳甲法自西汉京房创立至今已历时两千年左右，其间经过历代易学家的不断研究总结，在理论上和占卜技法上都有了较大的发展并日趋完善。但由于易卜的浩瀚，却非哪一个易学名家能彻底通晓而发尽精蕴。纵观古今卜易书籍，皆各有许多可取之处，亦各有少数疏失谬误之处。鉴别学术观点正误的依据不是凭某一名家的个人之见，而是凭预测中的检验。作为初学者，在缺乏实践经验的情况下，怎样判别诸书个别不同的观点呢？笔者认为，错误的观点在理论上肯定也有错误之处，因此，如果尽量将不同的观点进行比较、分析，有些模糊的观点是可以从中得到鉴别的。当然，最后还得通过自己的实践验证。但根据人的易学思维规律，最好还是能首先接受尽可能没有错误的系统知识，这样不但不至于陷入学术误区，而且今后碰到一些新观点，也能甄别。明代刘伯温先生所著的《黄金策》可谓纳甲卜筮的经典之作，备受后代易学家推崇，尤其是首篇《千金赋》，阐述卜筮之总则，确属千金不易之言，学易者宜细加研读。另外，《碎金赋》也值得一阅。本章悉皆录入，个别地方有所补充订正。

　　（按：原注为《卜筮正宗》作者之注，括弧内补注为本书作者所注，供读者参考。）

第一节　《黄金策·千金赋》诠释

　　动静阴阳，反复迁变——动就是交重之爻，静就是单拆之爻，交拆之爻属阴,重单之爻属阳。若爻是单拆,这谓之安静,安静的爻没有变化的理。若是交重,这谓之发动,发动的爻然后有变。故此交原是坤卦属阴,因它动了就变作单是乾卦属阳了。大凡物动就有个变头。为什么交就变了单、重变了拆?该把那个"动"字当作一个"极"字的意思解说。古云物极则变,器满则倾,假如天气热极,天就作起风云来,倘风雨大极就可晴息了。故古注譬以谷舂之成米,以米炊之成饭,若不以谷舂,不以米炊,是不去动它了,到底谷原是谷,米原是米,岂不是不动则不变了?发动之内,也有变好,亦有变坏。阳极则变阴,阴极则变阳,这个意思就是"动静阴阳,反复迁变"了。

虽万象之纷纭,须一理而融贯——此一节只讲得一个理字,那"象"字当作"般"字解。理就是中庸之理。卦中刑冲、伏合、动静、生克制化之间,有一个一定不易之理在里头,拿这个卦理评到中庸之极至处,虽万般纷纭论头,一理可以融贯矣。(中庸之理即中和平衡,用神太过、不及皆为病,去病之时即为事之应期。)

夫人有贤不肖之殊,卦有太过不及之异,太过者损之斯成,不及者益之则利——贤不肖之殊,人生之不齐也,过不及之异,卦爻之不齐也。人以中庸之德为方,卦惟中和之象为美;德主中庸则无往而不善,象至中和则无求而不遂。故卦中动静、生克、合冲、空破、旺衰、墓绝、现伏等处,就有太过不及的理在焉。大凡卦理只论得中和之道,假如乱动就要搜独静之爻,安静就要看逢冲之一日,月破要出破填合,合处逢冲,这些法则就是"太过者损之斯成,不及者益之则利"。旧注以用神多现为太过,以用神只一位不值旺令为无气,谓不及,其意浅矣!不知卦中无不有太过不及者,就是动静、生克合冲、旬空月破、旺衰墓绝、伏藏出现,个个字可以当它太过,亦可以当它不及。此活泼之中自有玄妙,学者宜加以参之。

生扶拱合,时雨滋苗——生我用爻者谓之生,扶我用爻者谓之扶,拱我用爻者谓之拱,合我用爻者谓之合。生者即金生水类五行相生也。扶者即亥扶子、丑扶辰、寅扶卯、辰扶未、巳扶午、未扶戌、申扶酉。拱者即子拱亥、卯拱寅、辰拱丑、午拱巳、未拱辰、酉拱申、戌拱未。合有二合、三合、六合，二合者即子与丑合类，三合者即亥卯未合成木局，六合者即六合卦也。此节亦承上文而言，不及者宜益之耳。倘若用神衰弱冲破，得了生扶拱合，就如旱苗得雨，则苗勃然兴之矣！倘若卦中忌神衰弱冲破，得了生扶拱合，谓之助纣为虐，其祸愈甚矣！学者宜别之，下三条仿此。

克害刑冲，秋霜杀草——克者相克，即金克木类是也。害者六害，即子害未、丑害午、寅害巳、卯害辰、申害亥、酉害戌是也。刑者即寅巳申等类是也。冲者子午相冲等类是也。此亦结上文而言，倘用神衰弱，并无生扶拱合，反见克害相冲，故喻之秋霜杀草也。大凡刑冲三者卦中常验，六害并无应验，尤当辨焉。（刑害的实质不外乎生克，学者应抓住实质，勿被名称所惑。）

长生帝旺，争如金谷之园——长生即火长生于寅类也，帝旺即火帝旺于午类也，用神遇之，虽衰弱者亦作有气论，故以金谷譬焉。此节论用神长生帝旺在日辰上头，不言长生帝旺于变爻里边，若以变爻遇帝旺而言误矣！假如午火又化出午火来，这是伏吟卦了，有什么好处？安得以金谷喻之？大凡用神帝旺于日辰上，主速；长生于日辰上，主迟。盖长生犹人初生，长养以渐，帝旺犹人壮时，其力方锐，所以长生迟而帝旺速也。（长生帝旺，测月内之事，主要应以月令衡量，须知长生帝旺之爻也有旺而不强的，断卦时需仔细斟酌。）

死墓绝空，乃是泥犁之地——死、墓、绝皆从长生上数起，空是旬空；死者亡也，犹人病而死也；墓者蔽也，犹死而葬于墓地；绝者魇绝也，犹人死而根本断绝也；空者虚也犹深渊薄冰之处，人不能践履也；泥犁，地狱名，言其凶也。这四者与克害刑冲意思相仿，又引有过不及之意。倘用神无生扶拱合，反遇死墓绝空，故以泥犁喻之。大凡卦中爻象，只讲得长生、墓、绝三件，向日辰是问，就是变出来的也要看，惟沐浴、冠带、临官、帝旺、衰、病、死、胎、养不可向变出之爻是问。若化出来的，当以生克冲合、进神退神、反吟伏吟论也。（用神逢泥犁之地凶，忌神逢泥犁之地则反吉。长生、墓、绝，岂可只问日辰而不问月建？学者当详审。）

日辰为六爻之主宰，喜其灭项以安刘——日辰乃卜筮之主，不看日辰则不知卦中吉凶轻重了。盖日辰能冲起、冲实、冲散那动空静旺的爻象，能合能填月破之爻，衰弱的能扶助帮比，强旺的能抑挫制伏，发动的能去克得，伏藏的能去提拔，可以成得事，可以坏得事，故为六爻之主宰也。如忌神旺动，用神休囚，倘得日辰去克制那忌神，生扶了用神，凡事转凶为吉，故曰"灭项兴刘"。（月日须同看。）

　　月建乃万卦之提纲，岂可助纣而为虐——月建乃卜筮之纲领，月建亦能救事坏事，故言万卦之提纲。若是卦中有忌神发动克伤用神，倘遇月建生扶那忌神，这是助纣为虐了。倘忌神克用神，如遇月建克制忌神，生扶那用神，就是救事了。凡看月建只论得生克，与日辰相同。大凡月建的祸福不过司权于月内，不能始终其事，而日辰不论久远，到底有权的。就是长生、沐浴、冠带这十二神与日辰固有干系，与月建上不过只论得月破，休囚旺相生克。今有人说衰病死墓于月建上不好，长生帝旺于月建上好，种种误传不可信也。（占当月之事，当月之月建不可轻视；若占长久之事，以后流年太岁、流月月建亦不可轻视。断卦应四值同看，不可分割。）

　　最恶者岁君，宜静而不宜动——即本年太岁之爻曰岁君，系天子之象，既能最恶，岂不能最善？既宜安静，岂不宜发动乎？若是太岁那一爻，临忌神发动，来冲克世身用象，主灾厄不利，一岁之中屡多驳杂，故曰最恶，故宜安静。此言岁君若临忌神则宜静而不宜动也。若是太岁那一爻动来生合世身之象，主际遇频加，一岁之中连增喜庆，当言最善，亦宜发动。若用神临之，其事必干朝廷，若日辰动爻冲之，谓之犯上，毋论公私，皆宜谨慎可也。

　　最要者身位，喜扶而不喜伤——身即月卦身也，"阳世则从子月起，阴世还从午月生"其法见《启蒙节要》篇内。大抵成卦之后，看卦身现与不现，与月建、日辰、动爻有无干涉，则吉凶便知。占事为事体，占人为人身，惟喜生扶拱合，不宜克害刑冲。凡占卦以身为占事之主，故曰"最要"也。（卦身之说，与用神之说往往会发生矛盾，应以用神为最要。）

　　世为己应为人，大宜契合；动为始变为终，最怕交争——交重为动，动则阳变为阴，阴变为阳，卦中遇此，当以动爻为事之始，变爻为事之终。发动之爻变克变冲谓之交争，凡世应宜生合用神，怕变克冲也。（未必尽然，如财为用，世爻动而克之，当世财相亭时，同样可得财。其余类此。）

应位遭伤，不利他人之事，世爻受制，岂宜自己之谋——应位者，该当一个用神解说。如占他人亦各有用神分别，或占交疏之人及无尊卑之人，是应为他人也；倘占父友、家主、师父辈，这是父母爻为用神了；子孙之友，这是子孙爻为用神了；妻妾奴婢，这是妻财爻为用神了。那父友、自友及子孙之友，虽是他人，当分别老幼称呼名分取用，不可一概以应位误断。如卜损益自己之事，以世爻为自己也，世若受制，岂宜自己之谋乎？

世应俱空，人无准实——此节亦引上文而言世应也。但凡谋事，势必托人，世空则自己不实，应空则他人不实，若世应皆空，彼此皆无准实，谋事无成。或世应空合，谓之虚约而无诚信。如托尊长辈谋事而得父母爻生合世爻，托之自然有益，倘或应至，总得长辈之力，而那一边不实，亦难成事也。

内外竞发，事必翻腾——竞者冲克也，发者发动也。凡占的卦内外纷纷乱动，乱冲乱击，是人情不常，必主事体反复翻腾也。

世或交重，两目顾瞻于马首；应如发动，一心似托于猿攀——马首是瞻，或东或西；猱猿攀木，自心靡定。世以己言，应以人言。书曰"应动恐他人有变，世动自己迟疑"，皆言其变迁更改，不能一其思虑耳。此引上文世应彼我之意，又引竞发有翻腾而言。其事之吉凶，总不外乎生扶拱合克害刑冲空破间耳。

用神有气无他故，所作皆成；主象徒存更被伤，凡谋不遂——用神者，如占文书、长辈以父母爻为用神之类是也。主象者亦即用神也。"故"字该作"病"字解。何谓之病？凡用神遇刑冲克害就是病了。如卦中用神旺相遇了病，可待去病日期，亦能成事；如旺相而又无刑冲克害等病，凡谋必从心所欲，无不可成矣。倘用神衰弱无气，而又遇月建日辰刑冲克害，犹如一个天元不足、瘦弱不堪的人，岂可再加之以病乎？故爻弱而又受刑冲害者，凡事枉费心力，终无可成之理。盖用爻虽然出现，别无生助，而卦中又无原神，纵有而值空破坏者，谓之主象徒存，徒存者徒然出现也，谋事焉能遂意哉！

有伤须救——伤，伤克用神之神也；救，救护用神之神也。如申金是用神而被午火发动来克，则申爻有伤矣。若是日辰是子，或动爻是子，子去冲克午火，或亥日亥爻制伏午火，则午火有制，而申金岂非有救乎？倘月建冲克用神，得日辰去生合用神，又或日辰去克用神，卦中动出一爻生它，这便是有伤得救了。凡遇有伤得救，每事先难后易，先凶后吉，用神得救乃为有用耳。

无故勿空——故者，谓受伤的意思，勿字该当"不"字解说。大凡旬空之爻，安静又遇月建日辰克制，这是有故之空了，即使出旬值日，亦不能为吉为凶，这样旬空，到底无用之空矣。若旬空之爻发动，或得月建日辰生扶拱合它，或日辰冲起它，或动爻生合它，这是无故之空，待其出旬值日得合之时，仍复能事，故曰无故之空爻，勿以为空也。虽值旬空而没有受月建日辰克伤的，不可当它真空论。又如用神化回头克，又见会局来克，来克太过岂不是有伤了？若是日月不伤它，用神一空则不受其克，亦称无故矣。古有避凶之说，亦近乎无故之理。旧注误以无伤克之爻不可空，日月二建克它又宜空，大失先天之妙旨，又失是篇之文理矣。

空逢冲而有用——凡遇卦爻旬空，今人不拘吉凶，概以无用断之，殊不知见日辰冲亦有可用之处。盖冲则必动，动则不空，所以"空逢冲而有用"也。（真空逢冲亦无用矣。）

合遭破以无功——此节独言合处逢冲。盖卦爻逢合，如同心协力，事必克济，凡谋望欲成事者，得之则无不遂矣。倘合处遇冲刑破克，惟恐奸诈小人两边破说，必生疑惑猜忌之心。如寅与亥合，本相和合，若见申日或遇申爻动来冲克寅木，则害了亥水矣，故曰"合遭破以无功"。合者成也，和好之意；破者散也，冲开之意。凡遇成事而得合处逢冲之卦者，事必临成见散；凡欲散之事而得合处逢冲之卦者，必遂意也。冲中逢合者反是。（合逢冲是否散，要视合冲的力量而定。若合力极大，冲力极小，不为散；冲力大于合力则散。）

自空化空，必成凶咎——自空者用爻旬空也，化空者亦言用爻化值旬空也，凶咎言不能成事。此节亦引上文谋望之事，倘用爻空或用爻动化空，则动有更变，空有疑惑，事必无成，故曰凶咎也。

刑合克合，终见乖戾——合者和合也，凡占见之无不吉利。然人不知合中有刑有克；合而有克，终见不和合，而有刑终见乖戾，且如用神未字为财爻，午字为福爻，午与未合，然午带自刑，名为刑合。又如子字为财爻，子与丑合，丑土能克子水，谓之克合。如占妻妾，始合终背，诸事终乖戾也。

动值合而绊住——大凡动爻不遇合然后为动，若是合则绊住而不能动矣。既不能动，则不能生物克物矣。如日辰合子，须待冲其本爻日至，可应事之吉凶；如旁爻动来合之，须待冲那旁爻之日至，可应事之吉凶矣。假如用丑土财而子日合之，待未日应事，子爻合之待午日应事。又如子孙爻动而被日辰合住，则不能生财，待冲动子孙期至，方有财也。余仿此。

静得冲而暗兴——大凡不发动之爻，不可言之安静，若被日辰冲之，则虽静亦动，谓之暗动。犹如人卧而被人呼唤，既不能安然而睡，即是卦中发动的能冲得安静的爻。且爻遇暗动者，犹人在私下作事也，暗动之爻生扶我，定有私下一人帮衬；倘或克害我，定被一人在私下谋损。其理深微，应事在于合日。

入墓难克，带旺匪空——入墓难克者，言动爻入墓不能去克他爻也，又言他爻入墓不受动爻所克也。假如寅木发动本去克土，倘遇未日占卦，那木入墓于未日，或化出是未，是入墓于未爻也，则不能去克土矣。又如寅动克土，而土爻遇辰日则入墓于日辰，或化辰爻入墓于变爻。皆不受寅木之克，故曰入墓难克。旺相者即如春令木旺火相，夏令火旺土相，秋令金旺水相，冬令水旺木相，四季之月土旺金相。古谓当生者旺，所生者相是也，此爻空亡不作空论。又云旺相之爻过一旬，过旬仍有用，故曰"匪空"。

有助有扶，衰弱休囚亦吉——此节独指用神而言也。且如春天占卦，用爻属土是衰弱休囚，本为不美，倘得日辰动爻生扶拱合，虽则无气，不作休囚论，譬如贫贱之人而得贵人提拔也。忌神倘无气，则不宜扶助也。

贪生贪合，刑冲克害皆忘——此节亦指用神而言也。倘用神遇刑冲克害，皆非美兆，若得旁有生爻合爻，则被贪生贪合，自不为患矣，故曰忘冲忘克。假如用神是巳，卦中动出寅字来，寅本刑巳，但寅木能生巳火，故巳火贪其生而忘其刑也。又如卦中动出亥字来冲克巳火，又得动出卯字来，则亥水贪生于卯而忘克于巳也；如寅字动，则亥水贪合于寅而忘冲于巳也。此乃忘克、忘冲、忘刑之例，余皆仿此，详推可也。

别衰旺以明克合，辨动静以定刑冲——此节分别衰旺、动静、生克制化、阴阳之理，若独别衰旺不辨动静，则谬于所用矣。如旺爻本能克得衰爻，若安静，纵旺而不能去克衰爻了。衰爻本不能去克旺爻，若发动了就克得旺爻了。盖动犹人之起，静犹人之伏；虽则旺相不过一时目下旺，虽则衰弱亦不过目下一时衰，俟旺者退气衰者得扶，而衰爻可克旺爻矣。如旺爻动克衰爻而无日辰救护者，立时受其克也。惟是日辰能冲克得动静之爻，即如动爻生克不得那日辰，若是月建载在卦中，那动爻也能克得它了。如此则衰旺动静之理明矣。

并不并，冲不冲，因多字眼——并者，谓卦中之爻日辰临之也，冲者，谓卦中之爻日辰冲之也。"不"字言所并之爻不能并，所冲之爻不能冲也。何谓不能并？假如子日占卦，卦中见有子爻作用神，日辰并之，倘子爻衰弱，已有日辰并之，便作旺论。然亦不可子爻化墓、化绝、化克，此谓日辰变坏，不能谓善于爻，而凶反见于本日也，故曰并不能并也。何谓不能冲？又如子日占卦，卦中见有午字作用神，日辰冲之，如子爻在卦中动来冲克午爻，若得子爻化墓、化绝、化克，此谓日辰化坏，不能为害于午，而其吉反见于本日也。故曰冲不能冲也。此二者皆因子日占卦，卦中多这个子爻变坏了，所以如此，余如此例。（原注似有曲解原文之嫌，学者细详。）

刑非刑，合非合，为少支神——刑，三刑也；合，合局也。如寅巳申三刑，丑戌未为三刑，子卯为二刑，辰午酉亥为自刑。假如卦中有寅巳二字而无申，有寅申二字而无巳，有巳申二字无寅，为少一字而不成刑也。如亥卯未为三合，申子辰为三合，巳酉丑为三合，寅午戌为三合，假如有亥卯而无未，有未卯而无亥，有亥未而无卯，为少一字而不成合也。三合三刑之法必须见全，有两爻动则刑合得一爻起，如一爻动则刑合不得两爻起了。如卦中刑合俱见全，倘俱安静便不成刑合了。如此占验就明白晓畅矣！

爻遇令星，物难我害——令星者月建之辰也，物者指卦中动爻而言。倘用神是月建之辰，而月建乃健旺得令星也，即使动爻来伤，何足惧哉！故曰物难为我之害也。

伏居空地，事与心违——伏者伏神也。六爻之内如缺用神，当查本宫首卦用神为伏，卦上六爻为飞，飞为显，伏为隐。若六爻之中并无用神，而伏神又值旬空，倘无提拔者，谋事决难成就，故曰"事与心违"。

伏无提拔终徒尔，飞不推开亦枉然——亦引上文之意。伏者，言用神不现而隐伏于下也，如无日月动爻生扶拱合，谓之伏无提挈。飞者，是用神所伏之上显露神也。推者冲也，言冲开飞神使伏神可出也。（推者非独指冲也，克去或合去飞神亦为推开。）

空下伏神易引拔——言伏神在飞爻旬空之下。盖本爻既空，犹无拦绊，则伏神得引拔而出也。引者是拱扶并之神。拔者亦生扶拱合，冲飞引伏之意。

制中弱主难以维持——制者，言月建日辰制克也；弱主者，指衰弱之爻也。如用神衰弱而又被日月二建制克，纵得动爻生之亦不济事，盖衰弱之爻再遇日月克者，如枯枝朽树，纵有如膏之雨，难以望其生长新根。此指用神出现而言也，如伏神如是，纵遇并引亦无用矣。

日伤爻真罹其祸，爻伤日徒受其名——日辰为六爻主宰，总其事者也；六爻为日辰臣属，分治其事者也。是以日辰能刑冲克害得卦爻，卦爻不能刑冲克害日辰也。月建与卦爻亦然。

墓中人不冲不发——大抵用爻入墓则多阻滞，诸事费力难成，须待日辰动爻冲之，或冲克其墓爻，方有用也。古书云："冲空则起，破墓则开。"

鬼上身不去不安——身，借用而言世也。但凡官鬼持世爻上，如自己若非职役之人，以官鬼为忧疑阻滞之神，须得日辰动爻冲克去之，方可安然无虑矣。或忌神临于世上亦然，但不可克之太过，恐我亦伤。先圣曰：人而不仁疾已甚，乱也，惟贵得其中和耳。（官鬼持世是否宜去之，应分喜忌而论，不可概言"不去不安"。）

德入卦而无谋不遂，忌临身而多阻无成——德，合也，和合中自有恩情德义。故凡谋为，用神动来合世，或用神化得生合，或日辰临用合世，或日辰生合用爻，皆德入卦中，而无谋不遂矣。但合处逢冲恐有更变。倘忌神如是，则多阻而无成矣。（原注将德释为合，似不合原文本义。德与忌相对，德当释为用神。）

卦遇凶星避之则吉——凶星即是忌神。凡用爻被月建日辰伤克，不论空伏，始终受制，无处可避。如无月日伤克，独遇卦爻中忌神发动来伤，若用爻值旬空伏藏不受其克，谓之避，待冲克忌神之日，其凶自散也。如用爻出现不空便受其毒，难免其伤也，故曰"避之则吉"。

爻逢忌杀敌之无伤——爻者用爻也，如求财以财爻为用之类是也。敌，救护之意，譬如求财，卦中财爻属木，倘有金爻动来克财，凶也，或得火爻发动克金，则金爻自治不暇，焉能克木？木爻无患矣！故曰"敌之无伤"。

主象休囚，怕见刑冲克害；用爻变动，忌遭死墓绝空——主象亦言用神也。如值休囚，已不能为事矣，岂可再见刑克？如用神发动，犹人勇往直前，岂可自化墓绝？（原文之意比原注贴切。）

用化用有用无用，空化空虽空不空——用神化用神，有用之用神，有用之用神。有用者用神化进神，无用者用神化退神并伏吟卦也，故以"有用无用"分别之。空爻安静则不能化空，爻发动则能化，既发动，动不为空也，化出之空亦因动而化。凡动爻值空，或动爻变空，皆不作真空论，出旬有用矣。

养主狐疑，墓多暗昧，化病兮伤损，化胎兮勾连——长生、沐浴、冠带、临官、帝旺、衰、病、死、墓、绝、胎、养，此十二神，卦中惟是长生、墓、绝三件，卦卦须看，爻爻要查，其余沐浴、冠带、临官、帝旺、衰、病、死、胎、养各神，俱各有生克冲合、进神退神、伏吟反吟论，不可执疑于养主狐疑、病主伤损、胎主勾连。《十八论》内已明论之，学者宜自详辨。

凶化长生，炽而未散——用爻化入长生者吉；如凶神化长生者，则其祸根始萌，日渐增长也，必待墓绝日始铲其势。

吉连沐浴，败而不成——沐浴，其名败神，又称沐浴煞，乃无廉无耻之神，其性淫败，然而有轻重之分别。即如金败于午，败中兼克；寅木败于子，败中兼生；卯木败于子，败中兼刑；水败于酉，败中兼生；土败于酉，败中兼泄气；火败于卯，败中兼生。惟占婚姻最忌之。倘夫择妻姻，得财爻而化沐浴兼生者，必败门风，兼克者因奸杀身。即如诸占，倘世爻化之，生者因色坏名，克者因奸丧身，有救者险里逃生，故曰"吉神不可化沐浴"也。

戒回头之克我，勿反德以扶人——回头克乃用神自化忌神，如火爻化水之类是也。诸占世爻、身爻、用爻遇之不吉也。凡用神动出生合世爻，是有情于我，谋为易成也；或用神发动不来生合世身，而反生合应爻及旁爻者，皆谓反德扶人，凡占遇之，所求不易，是损己利人之象也。

恶曜孤寒，怕日辰之并起——恶曜指忌神言也；孤，孤独无生扶拱合也；寒，衰弱无气也。凡占遇忌神孤寒，则永无损害我矣。惟怕日辰并起，而孤寒得势，终不免得其损害，如值月建，真可畏也。

用爻重叠，喜墓库之收藏——如卦中用爻重叠太过，最喜用神之墓持临身世，谓之归我收藏也。（中和为贵之意。）

事阻隔兮间发，心退悔兮世空——间爻者，世应当中两爻是也。盖此二爻居世应之中，隔彼此之路，动则有人阻隔，要知何等人阻隔，以五类推之，如父母动即尊长之辈是也。凡世爻旬空，其心怠意懒，不能勇往精进，以成其事，故曰"心退悔兮世空"。

卦爻发动须看交重，动变比和当明进退——凡卦发动之爻须看交重，交主未来，重主已往。如占逃亡，见父母并朱雀发动，若爻交，当有人来报信，如值重爻，则信已先知，他仿此。动变比和者，指言进退二神也，如寅木化卯是进神，卯变寅是退神，《十八论》内详明。进主上前，退主退后。

煞生身莫将吉断，用克世勿作凶看，盖生中有刑害之两防，合处有克伤之一虑——煞者忌神也，生者合也，身者如自占以世而言也。如卦中忌神发动，则有伤于用神矣，即使生合我，有何益哉？况生合之中有刑、有害、有克，如忌神生世兼有刑克者，不但谋事无成，所求不得，恐因谋而致咎。即如一人乡试于辰月酉日，卜得节之坎卦，世爻巳火化寅木忌神，生中带刑，又卯木忌神暗动生世，后至临场病。此是忌生身也，生中带刑也。害者相同，克者尤重，又如用神动来克世，谓之物来寻我，凡谋易就，勿因克我当作凶看，得用神克世本是吉也，不宜又去生合应爻，谓之厚于彼而薄于我，则虽用神克世，亦作凶看，不可不知也。（用克世，若世用两停则吉，若用太强旺，世太衰弱，用克世则不吉。须分别之。）

刑害不宜临用，死绝岂可持身——凡用神、身、世遇日辰相刑，必主不利，占事不成，占物不好，占病沉重，占人有病，占妇不贞，占文卷必破绽，占讼有刑害。动爻不过坏事，大概相仿，化者亦然，须推衰旺生克，分其轻重详之。死绝于日辰之爻临持世身用神者，诸占不利，变动化入者亦然。然有绝处逢生之辨，学者宜知。

动逢冲而事散——盖冲之一爻不可一例推之。如旬空安静之爻，逢冲日起；旬空发动之爻，逢冲日实；安静不空之爻，逢冲曰暗动；发动不空之爻，逢冲曰散，又曰冲脱。凡动爻而逢冲散脱者，吉不成吉，凶不成凶也。（动爻逢冲曰散之说，未可拘执，须看冲力大小，是否真散。如午动不空逢子冲，午临日月动，子动冲之，午不散，午失令而子得令，则午动逢子冲必散。即两者相冲，弱者散，强者不散；势均力敌，双方皆受伤。）

绝逢生而事成——大凡用神临于绝地，不可执定绝于日辰论之，用神化绝皆是也，倘遇生扶，乃凶中有救，大吉之兆，名曰"绝处逢生"。

如逢合住，须冲破以成功——卦中用神忌神遇日辰合，或自化合，或有动爻来合，不拘吉凶，皆不见效，须待冲破日期可应事之吉凶。假如用爻动来生世，凡事易成，若遇合住，则又阻滞，须待冲之日，事始有成。此下皆断日期之法也。（合有合住、合旺、合化之分。如辰酉合，若化为金，则酉被合旺，辰被合化，酉为用神，合旺之时见吉，酉为忌神，合旺之时见凶。辰酉合而不化，若金旺于土，则辰被合住，金仍被生合而稍旺。若喜酉旺，逢卯冲反不吉，非冲日应吉也。若卯戌合而不化，则为双方皆被合住。诸如此类，须细加分别。）

若遇休囚，必生旺而成事——断日期之法不可执一，当以活法推之，庶无差误。如用爻合住，因以冲之日期断矣，或用爻休囚，必生旺之期能成其事，故无气当以旺相月断之。如用爻旺相不动，则以冲动月日断之。如用爻有气动，则以合日断之。或有气动合日辰，或日辰临之动，或日辰临之动来生合世身，即以本日断之。若用爻受制，则以制煞日月断之。若用爻得时旺动，而又遇生扶者，此为太旺，当以墓库日月断之。若用爻无气发动而遇生扶，即以生扶月日断之。若用爻入墓，当以冲墓冲用月日断之。若用爻旬空安静，即以出旬逢冲之日断之。若用爻旬空发动，即以出旬值日断之。若用爻发动旬空被合，即以出旬冲日断之。若用爻旬空安静被冲，即以出旬合日断之。若用爻旬空发动逢冲，谓之冲实，即以本日断之。以上断法撮其大要，其中至妙之理，学者自当融通活变，分其轻重，别其用忌，断无差矣。

速则动而克世，缓则静而生身——此亦断日辰之法也。如来人定其迟速，若用神动而克世，来期甚速；如动而生世则迟；如静而生世则又迟矣。更宜以衰旺动静推验，则万无一错。如衰神发动克世，比旺动来克者又缓矣。余仿此。

父亡而事无头绪，福隐而事不称情——此一节指言公事，当看文书，文书即为父母爻也。凡占功名、公门、公事，以父母爻为头绪，当首赖文书，次尊官鬼，如文书爻空亡，恐事未之确，故曰"父亡而事无头绪"。凡占私事以子孙爻为解忧喜悦之神，又为财之本源，岂可伏而不现？故曰"福隐而事不称情"也。（占私事亦有子孙爻为忌神者，不可概言子孙爻为福。）

鬼虽祸灾，伏犹无气——官鬼一爻，虽言其祸灾之神煞，然六爻之内亦不可无，宜出现安静，不宜伏藏，伏藏了谓之卦中无气，况那官爻诸占皆有可赖之处，故此要它。即如占名以官为用，占文书以官爻为原神，占讼以官爻为官，占病以官爻为病，占盗贼以官爻为盗贼，占怪异以官爻为怪异，占财无官爻恐兄弟当权不无损耗。

子虽福德，多反无功——多，多现；反，受克。惟占名子孙为恶煞，除此皆以子孙之爻为福德神也。占药以子孙之爻为用神，若卦中多现，必用药杂乱，服之无功。如占求财遇子孙爻受伤，不惟无利，恐反致亏本。（原文"反"乃"反而"之意，非受克之意。原意应为子孙为福德，若太过则反而不宜，此乃生多为克之理。）

究父母推为体统，论官鬼断作祸殃，财乃禄神，子为福德，兄弟交重，必至凡谋多阻滞——此虽概言五类之大略，然亦有分别用之。假如占终身，以父母爻论其出身，如临贵人有煞，是官家之后，如临刑害无气，乃贫贱之儿。如占祸殃，当推官鬼附临何兽，或值玄武即盗贼之殃。财乃人之食禄，故曰禄神；子孙可解忧克鬼，故曰福德。兄弟为同辈劫财，动则克神争夺，故曰"凡谋多阻滞"也。

卦身重叠，须知事体两交关——卦身即月卦身也，其法"阳世还从子月起，阴世还从午月生"，《启蒙节要》论明矣。凡卦身之爻为所占事之体也，若六爻中有两爻出现，必是鸳鸯求事，或事于两处。若带兄弟必与人同谋，兄弟克世或临官鬼发动，必有人争谋其事也。卦中不出现，事未有定向，出现生世、持世、合世，其事已定。宜出现不宜动，动则须防有变，如变坏则事变坏矣！若持世，知此事自可掌握；若临应，知此事权柄在他。或动他爻变出者，即知此人亦属其事。如子孙为僧道子侄辈类。或伏于何爻之下，亦依此类推详。如六爻飞、变、伏皆无卦身，其事根由未的，空亡墓绝者诸事难成。大抵卦身当作事体看，不可误作人身看。其占人相貌美恶，以卦身看可知矣。凡遇身克世则事寻我吉，世克身则凶，若得身爻生合世爻更吉。

虎兴而遇吉神，不害其为吉；龙动而逢凶曜，难掩其为凶；玄武主盗贼之事，亦必官爻；朱雀本口舌之神，然须兄弟；疾病大宜天喜，若临凶煞必生悲；出行最怕往亡，如系吉神终获利。是故吉凶神煞之多端，何如生克制化之一理——大抵卜易当执定五行六亲，不可杂以神煞乱断。盖古书神煞至京房先生作易，乱留吉凶星曜以迷惑后学，如天喜、往亡、大煞、大白虎、大玄武之类皆是。今人宗之无不敬信，然神煞太多岂能辨用？以六兽而言其法，莫不以青龙为吉，以白虎为凶，见朱雀以为口舌，见玄武以为盗贼，不分临持用神、原神、忌神、仇神，概以六兽之性断之，大失先天之妙旨。何则？白虎动固凶也，若临所喜之爻，生扶拱合于世身，则何损于吾？故曰凶"不害其为吉"。青龙动固吉也，若临所忌之爻，刑冲克害乎用神，则何益于事？故曰虽吉而"难掩其为凶"。朱雀虽主口舌，然非兄弟并临，则不能成口舌也。玄武虽主盗贼，若非官爻并临，则不能称盗贼也。盖六兽之权依于五行六亲生克故也。又如天喜吉星也，占病遇之虽大象凶恶，竟不以死断，因天喜故也，若临忌神，我必以为悲而不以为喜。往亡凶煞也，出行遇之，虽大象吉利，竟断其凶，因死之故也，若临所喜之爻动来生扶拱合世用爻者，吾必以为利而不以为害也。盖神煞之权轻而五行之权重故也。由是观之，遇吉则吉，遇凶则凶，系与此而不系于彼，有验于理而不验于煞，何必徒取幻妄之说哉！不然，吾见其纷纷繁繁，适足以害其理而乱人心，岂能一中节耶？盖神煞无凭，徒为断易之多歧，而不若生克制化之一理为妥，能明其理则圆神活变，自有条理而不惑矣。六亲本也，六兽末也，至于天喜、往亡、天医、丧车、吉神凶煞，末中之至末也。欲用之者惟兽可也，必当急于本而缓其末。然六兽但可推其性情形状，至于吉凶得失，当专以六亲生克为主。学能如此，则本末兼赅，斯不失其妙理而一以贯之矣！

呜呼！卜易者知前则易——世人卜易皆泥古法，能变通鲜矣。故有龙虎推其悲喜，水火断其雨晴，空亡便以凶看，月破皆言无用，身位定为人身，应爻概称他人，凡此之类，难以枚举。刘伯温先生作是书，取理之长，舍义之短，阐古之幽，正今之失，凡世之执迷于前法者，亦莫不为之条解。有志是术者苟能究明前说，自知通变之道矣。其于易也何有？

求占者鉴后则灵——推占者固当通变，而求占者亦不可知求卜之道也，后诚心是也。

筮必诚心——圣人作易，幽赞神明，以其道合乾坤故也。故凡卜易，必须真诚敬谨，专心求之，则吉凶祸福自无不验。今人求卜多有科头跣足，短衫露体，甚至有焚香不洗手者，更有富贵自骄，差家人代卜，或烦亲友代卜，孰不知自虽发心而代者未必心虔？忽略如此而欲求神明之感格者，未之有也，可不慎欤？

何妨子日——阴阳历书中有"子不问卦"之说，故今人多忌此日。刘国师谓吉凶之应皆感于神明，神明无往不在，无时不格，能格其神，自无不验矣。故凡卜易惟在人之诚不诚，不在日之子不子也。

以上全篇总说断易之法，乃通章之大旨，不如此则诸事难决，有志于是者当先观此篇，若能沉潜反复，熟读玩解，此理既明，则事至物来，迎刃而解矣！其于卜易也何有？（学者若能将理论与实践紧密结合，对此赋反复推敲领悟，并反复实践，卦技必将迅速提高。此精典之作，学者宜珍视之。）

第二节　《碎金赋》、《通玄赋》诠释

一、碎金赋

子动生财，不宜父摇。

（摇者，动也。财弱需子孙爻生时，喜子孙爻发动生之，因父母爻乃克制子孙之神，故不宜父母爻动。）

兄动克财，子动能解。

（兄弟克财，有子孙动则可通关，兄动生子孙，子孙又生财。但子孙的力量必须适度，才能通关。）

财动生鬼，切忌兄摇。

（摇者，动也。财动而生官鬼，若兄弟爻又同时发动克制财爻，则财遭克泄交加。若财爻力量强，而兄弟爻力量极弱，则兄弟虽动亦无大碍。）

子动克鬼，财动能消。

（子孙克官鬼，若有财爻发动且力量足够则可通关，与"兄动克财，子动能解"同理。）

父动生兄，忌财相克。

（因财若克住父母爻，则父母爻不能生兄弟爻。）

鬼动克兄，父动能泄。

（也是父母爻可通关之意，或称贪生忘克。）

鬼动生父，忌子交重。

（因子孙发动克制官鬼，官鬼就难生父母爻。交重是指动爻。）

财动克父，鬼动能中。

（官鬼爻能通财父之关。）

兄动生子，忌鬼摇扬。

（官鬼动克兄之故。）

父动克子，兄动无妨。

（兄可通父子之关。）

子兴克鬼，父动无妨，若然兄动，鬼必遭伤。

（子动克官，如果有父动，父动克子，使子难克官，但如果是兄动，则父生兄，兄生子，子的力量更大，则官鬼必然遭伤。）

父兴克子，财动无事，若是鬼兴，其子必死。

（死，是比喻伤害严重，并非指一定会死亡。理同上。）

鬼兴克兄，子动可救，财若交重，兄弟不久。

兄兴克财，鬼兴无碍，若是父兴，财遭克害。

（理同上。）

二、断易通玄赋

易卦不妄成，神爻岂乱发。

（易是探索天地人玄机奥秘的事，爻是神灵的体现，对易卦应持郑重的态度，不能视为儿戏。）

体象或既成，无者形忧色。

始须论天喜，次看贵人方，三合百事吉，禄马最为良。

（古人认为天喜、贵人、禄马，都是吉神，遇之为吉，遇三合亦大吉。实践证明，断卦关键要看五行喜忌，神煞只能作参考，至于合冲，亦须看是将用神合强还是合弱。）

爻动始为定，次者论空亡。

（卦中动爻是确定吉凶的重要因素。）

彭城有秘诀，切记不可忘。

（彭城秘诀曰：

子落空亡忧远行，病值空亡宜作福。

久病空亡身下亡，财落空亡难把捉。

鬼遇空亡官事停，妻值空亡妻有厄。
室女空亡外有情，宅值空亡急作福。
父母空亡忧病生，兄弟空亡不得力。
子孙空亡主伶仃。）

四冲主冲并，刑克俱主伤。

（伤用神则凶，伤忌神则吉。）

世应俱发动，必然有改张。

（世应皆发动，事多易改变。）

龙动家有喜，虎动主有丧。

（须以五行喜忌为主，六神只能作参考。仅凭龙虎动不足以断其吉凶。）

勾陈朱雀动，田土与文章。
财动忧尊长，父动损儿郎。

（财克父，父克子之理。）

阳动男人滞，阴动女人殃。

（须针对具体的卦灵活使用，不可拘泥。）

出行宜世动，归魂不出疆。

（世动表明出行心切，吉凶还需看卦中五行喜忌力量。不可拘泥，归魂卦也有立即出行且顺利的，归魂卦逢世爻旺动无合住，无不出疆之理。）

应动值三合，行人立回庄。

（若应爻为用神又为三合局中神，此论成立，但仍需看其力量强弱；若被合化为他物则此论未必可靠。）

占宅青龙旺，豪富冠一乡。

（须分别青龙之喜忌。）

父母爻兴旺，为官至侯王。

（须结合用神或世爻看。）

天喜若持世，公事定无妨。

（仍须以五行喜忌为主。）

勾陈克玄武，捕贼不须忙。

（须看勾陈之力是否能克住玄武，且先须看子孙与官鬼的力量强弱。）

父病嫌财动，财兴母不长。

无鬼病难疗。

（隐疾难查难治。）

鬼旺主发狂。

（忌神猖狂之故。）

请看考鬼历，祷谢得安康。

占婚嫌财死。

（主要指男占婚。）

占产看阴阳。

（此即以阴阳定婴儿性别。）

若要问风水，三四世吉昌。

长生墓绝诀，卦卦要审详。

万千言不尽，略举其大纲。

分别各有类，无物不包藏。

（注：以上《碎金赋》、《通玄赋》原文参照了几种版本，个别地方与目前流行的版本略有不同。）

第八章
用神旺衰强弱与吉凶的判断

　　用神得月或日之生为得令，临月或临日为当令，二者都为旺；反之，用神不得令、不当令者为失令为衰。用神得月日同时生助者，为极旺；只得其中之一生助，而被另一月或日耗泄者为次旺；月生日克或月克日生者为有气；用神失令又被日月同时冲克者为极衰；被月日之一冲克者，次衰；被月日泄耗但不被冲克者虽衰但受损不重。

　　用神旺于月日而得卦爻（尤其是三合、三会局）生助，则更旺，力量最强，若被卦爻（尤其是三合、三会局）动克，则力量削弱，所以旺不完全等于强。用神衰于月日而得卦爻（尤其是三合、三会局）生助则力量可由弱变强，故衰不完全等于弱。用神旺衰是指其所得月日之气的多少，强弱是指日月卦爻对用神进行生克制化后，用神所拥有的实际力量。

　　用神的强弱及其变化趋势是判断吉凶的依据。用神强到一定程度吉事就发生，用神弱到一定程度，凶事就发生。但有一点值得注意，用神过分强旺（但不是专旺），物极必反，则会导致亢旺之灾。

　　下面以用神亥、子水为例说明其强弱的判别，不熟练者请自行将卦爻象列出参照：

1. 用神在下述任一种条件下必强：

（1）临月建和日辰。

　　如庚子月癸亥日占得"乾"卦，用神初爻子水临日、月，强旺有力，即使得"乾"之"兑"卦，辰、戌二土爻动也克不住子水。

（2）得月建和日辰之生。

如壬申月癸酉日占得"乾"卦，用神初爻得月日之生，强旺有力，若得"乾"之"兑"卦，辰、戌动反而生金，进而生子水，也不克用神。

（3）月生日克或月克日生，但得卦爻旺动之生助（尤其是得三合局、三会局之生助）。

如壬申月己未日占得"乾"之"大有"卦，用神子水得月建之生被日辰所克，力量相匹，但有五爻申金临月建动来生之，实际上就起了通关的作用，所以用神子水强旺。若己未月壬申日占得"乾"之"大有"卦，道理也基本一样。

上述三种情况中的任意一种，若用神化出之爻临月或日回头生助，用神更强。

2. 用神在下述任意一种条件下必弱（以用神子水为例）：

（1）月建日辰都克用神（即使有动爻生之也不受生）。

如己未月戊戌日占得"乾"卦，用神子水被日月重叠相克，衰弱之极，即使变得"大有"卦，五爻申金动来生用，因子水太弱无气，也不受生。

（2）日生月克或日克月生，但被卦中之爻旺动相克，则弱；如果被三合、三会之忌神局克害，更弱。

如己未月癸酉日占得"恒"之"大有"卦，卦中丑、戌旺动与月建构成丑未戌三刑，二爻用神亥水虽有日辰酉金之生，毕竟有土众埋金之嫌，金难以生水，且亥水于月日无根，虚浮而不受生，所以衰弱无疑；但若日辰为壬申，申为亥水长生之地，则较酉日之水稍强。

3. 以下情况之一，用神的强弱由卦爻组合决定：

（1）用神临月建被日辰克或临日辰被月建克，为用神有强根（在月或日）为旺，若得卦爻生助则强；即使被卦爻克，暂时处弱势，但因有强根，难以克尽，所以待以后月日双双生扶用神，化去忌神或忌神退位时，则可由弱变强，届时则为应吉之期。这种用神为待时而用。

如辛亥月戊戌日占得"离"之"明夷"卦，外卦四爻酉金，上爻巳火动合成巳酉丑金局生三爻用神亥水，用神无疑强旺；但若占得"离"之"履"卦，丑未二爻动与日辰构成三刑克用神亥水，且亥水化丑土回头克，用神当令而弱，但正因为当令有强根，克之不尽，待己亥日尤其是庚子日日月双双当值扶起用神，忌神退位，亥水可由弱转强而有用。若辛亥月丙辰日或己未日占得"离"之"履"卦，则至庚申日，金通关，而化忌生用，用神亥水也由弱转强。

（2）忌神被合成于用神局内，则忌神不但不克用神，反而助之。

如申月辰日占得"大壮"之"恒"卦，初爻用神子水动，与月日合成申子辰用神局，用神子水能自成体系。

（3）用神被合化于忌神局、仇神局、闲神局内，用神会由强变弱。

如亥月卯日占得"离"之"晋"卦，用神亥水临月本为强旺，但不宜初爻、三爻动合化成亥卯未三合木局，用神被合住，其旺气又被木闲神局盗泄而由强变弱。

又如亥月未日占得"家人"之"渐"卦，初爻与月建构成亥卯未三合木局，如果四爻未土为用神，则被合化于忌神木局之内，用神临日辰，仍居弱势。

（4）用神旬空，即使得月建之生或临月建，又不遭冲克，但旬内毕竟退隐不在位，使不上力，旬内以弱论，出旬填实由弱变强。旬空旺相被日辰冲实之爻旬内即以强论。

以上列举的用神强弱情况是较为常见的，从中可以看到：用神旺相不一定就强，用神不旺（但须有根、有气）不一定就弱，而且强弱还会因月建日辰的运行而引起变化。用神的强弱是由月建日辰及卦爻对用神的生克之合力决定的。所以分析判断用神的强弱及其变化趋势必须做到全面、灵活。本着这个原则，读者对上述未提及的情况就不难作出正确的分析判断了。

第九章
纳甲预测法断卦步骤

前面讲的基础知识都是为断卦作准备的，对一个具体的卦，通过一定的占断步骤，把前面所学的知识融会贯通起来，便可逐步具备实际的预测技能了。断卦步骤实际就是断卦思路的体现，不同的人有不同的思路，因人而异，而且断卦贵在灵活，所以不必讲求与别人完全一致，但从另一个角度讲，断卦还是有章可循的，即使断卦的风格各异，但占断的步骤还是有许多共同之处，这些共同之处，可以说是断卦应遵循的基本步骤或普遍的预测思维走向。下面笔者就自己的习惯步骤与读者谈谈：

一、正确装卦

六亲、世应、动爻、变爻、六神切莫因疏忽大意而配错。

二、确定用神

这是十分重要的一环。大多数用神都易取，但有的事物在六亲分类上模棱两可，按六亲取用拿不准，应引起重视。比如眼镜为我所用之物，但其也有保护身体的作用，似乎应视为父母类，而实际应该归于妻财类。（关于如何确定用神可参阅拙著——《中国六爻预测学》第十八章中第九节"用神的学问与误区"。）

三、定吉凶

实际就是准确判定用神旺衰强弱，以确定事的吉凶趋势。这是最关键的一步,也是较难的一步。不但要判准用神目前的强弱状态,还要正确把握用神在以后的强弱变化趋势,才能确定未来之吉凶;如果求测者要求推测以前已发生过的事之吉凶,还得分析过去一段时期内用神的强弱变化情况(详见"用神旺衰强弱的判别"一节)。

四、抓住卦爻的特殊信息标志,充分描述事物变化的轨迹

挖掘信息,进行细节描述,可从以下方面着手:

1. 自测以世爻为用神时,正确选取世爻所持之六亲信息。如官鬼持世可主忧患病灾,也可主功名在身,到底主何信息,则需针对具体的卦,所测的具体之事及世爻的旺衰强弱决定。

2. 抓住动爻所显示的信息。一爻明动,信息比较明显;暗动之爻,多主将有不易察觉之事发生;多爻动,看经过生克组合后力量最终聚集于何爻,依其与用神的喜忌生克掘取相关信息。

3. 旬空月破之爻。空破皆为病,天机泄于有病之间。如世空主我心不实,应空主他心不实,旬空之爻可避克,出空恐遭凶之类。

4. 六合、三合、三会、三刑、六冲及合处逢冲、冲中逢合、六合化六合、六冲化六冲、六冲化六合、六合化六冲等都含有明显的事物变化信息。

5. 临墓、入墓、冲墓之时事物有较大变化。

6. 飞伏神之间的微妙关系。

7. 游魂卦、归魂卦的特性。

8. 反吟、伏吟的特性。

9. 日月如天,生合用神为官贵相助,克害用神为权贵相害。

10. 五爻处君位也是官贵之位,若官鬼临五君爻生用生世暗示可得贵人相助。

11. 阳动主过去,阴动主未来,据此可推断事物的变化轨迹。

12. 以卦象的内外,判事物所处的远近、上下、内外、高低位置。

13. 根据六神特性,描绘事物情状。

14. 卦名参断。

一卦之中往往蓄存许多信息，大则定事之吉凶，小则描述事之细节、情状，以上14条，仅是略举大概，具体断卦时贵在灵活通变，读者还可适当运用前面所学的象数预测法进行参断。

五、定应期

吉凶易判，应期难定。这是因为定应期需要精确把握用神的"病"与"药"。《卜筮正宗》曰："天机尽泄于有病之间，断法总在于医药之处。"吉的应期在"医药之处"，凶的应期则在"有病之间"。

（一）吉的应期

测事分两种，一测过去之事，一测未来之事。凡吉事之发生，不管是过去还是未来，都是用神旺相有力之时。根据这个原理，我们就可以往前或向后寻找能使用神旺相有力的具体时间。

1. 用神力量不足，则用神得生、得助由弱变强之时应吉。

2. 用神旺相安静，待月日甚至太岁（测长远之事）冲动之时应吉。

3. 用神太旺太众逢墓库之时应吉。

4. 用神月破，待填实之时应吉。

5. 用神旺动，逢合之时应吉。

6. 用神旺而入墓，待冲墓、破墓、冲用之时应吉。

7. 用神被冲，逢合之时应吉。

8. 用神遇合，逢冲之时应吉。

9. 用神旬空安静，出空逢冲之日应吉。

10. 用神旬空发动，出空之日应吉。

11. 用神旬空被冲，出空逢合之日应吉。

12. 用神旬空发动逢冲，谓之冲实，以本日为应期。

13. 用神被日辰合旺，或日辰临用，可以本日为应期。

14. 生克用神的三合局、三会局力量强旺成化之时为应期。

以上列举的为常见的应吉之期。

(二）凶的应期

忌神旺相，用神严重遭克之时就为凶的应期。在上述应吉的情况中，如果把用神换成忌神，则一般都为凶的应期，因此，读者可参考上述吉的应期反面去推断凶的应期。

第十章
纳甲分类占断方法及实例

　　前面讲了纳甲占测的基本原理、法则、方法、步骤，这些都是为实际预测打基础的，怎样把这些理论知识转变成实际预测能力，还得有一个过渡的阶段。在过渡阶段中，因为是属于从理论到实践的初步尝试，所以不免要遇到一些困惑甚至失败，这都是正常的、必然的。但是，如果能选择一种比较适合自己的实践方法，肯定会少走弯路，迅速提高预测水平。初学预测者，开始由于缺乏实践知识，对理论的理解毕竟只是处于初级阶段，不能灵活地应用理论指导实践。因此，面对一个卦，感到不知从何下手，于是便翻开占筮工具书上的断语进行对号入坐，如果断准了，心里自然很兴奋，一时间自信心和上进心油然而生；要是对号入坐的结果出了差错，便垂头丧气，或者怀疑预测是否真正科学，或者自叹资质不如别人，由此便使自己继续深造的热情降了温。这恐怕是相当一部分初学者的共同经历和感受吧。其实这既不是八卦预测本身的毛病，也并不是自己资质差，而主要是一个学术研究的方法问题。我们开始不要想一步登天，要不怕预测失误，要下决心找出失误的原因。如果你开始测两百个卦，错了一百个，后来又找出了错的原因，那你就吸取了一百次失败的教训，也就相当于积累了一百次成功的经验，那时你再深入研究下去，失误的概率就越来越小，发展下去自然就成了众人钦羡的预测高手。这里面一个最关键的问题是你能否找出预测失误的原因，能找出来就是进步，能不断地找出就能不断地进步。

　　那么怎样才能找出失误的原因呢？

　　这是一个学习、研究的方法问题，也是预测思维的走向问题，方法对了，走向对了，你就能步入成功之道，否则，学一辈子，也只是会看热闹，不懂门道的门外汉，或者最多是个"半桶水"。正确的研习方法和思维走向就是——始终紧紧抓住月、日、卦爻与用神的生克制化关系这个纲，根据用神所受的生克程度，准确判别用神的自身力量强弱及其变化趋势。抓住了这个纲，判断吉凶便非难事。研习过程中，以此为"纲"，书上千万条断语都是"目"，当你在运用书中断语占断失误时，你回过头来用这个纲作为标准来衡量断语的适用范围及其准确程度，便不难发现占断失误的原因。

　　大凡初学预测者，开始学断卦时都喜欢求助于书上的断语，这些断语就像拐杖，腿不方便的时候，走路可以借助于拐杖，但要行动自如，腿好之后必须丢开拐杖。所以，断语作为初学断卦者的拐杖还是有些用处的，当你经过一个阶段的实践而积累了一些经验后，你就知道纯粹套用断语不是百发百中的，甚至有时几个断语自相矛盾，无所适从，这就是拄着拐杖（断语）不能行动自如的原因。从初学到熟练的过渡，就是一个借助断语到推导断语的过渡。书上的断语多如牛毛，你背也背不完，而且断语各有使用条件，这些条件往往没有注明。断语大都是对一般规律的经验性总结，而不同的卦，不同的时间因素，就会有不同的具体情况，有时会因卦的特殊组合而包含有特殊规律，这是断语所不能包括的。书上的断语，尽管千千万万，不同的书又各有差异，但说到底大多是围绕用神这个核心，根据五行生克制化原理推导出来的，所以，我们熟练之后，自己也可以推导。推导过程是一个顺理成章的预测思维过程，只要基础扎实，自然可以熟能生巧，轻而易举地推导出正确的结论来，这结论就是断语。

　　不可否定，八卦占筮断语可以启发预测者的思维，如果我们仔细玩味，领悟，可以加深对八卦占筮理论、法则的理解，使认识上升到一个新的层次。

　　总之，预测就是下断语，要具备准确快速地下断语的能力，一般都要经过借用书上断语、领悟书上断语到自己推导断语的几个循序渐进的阶段。纵观古今占卜书籍，断语数不胜数，各有见地，有的书中断语却又不免瑕瑜互见，相比之下明代刘基先生的《黄金策》较为妥贴。为此，本章特辑录部分加以诠释，以便初学者借鉴。

本章主要介绍分类占断的实用操作方法，目的在于让初学者或久困者学会对一个卦怎样入手、怎样分析、怎样推断的方法。笔者将自己多年来的断卦经验和体会告诸读者，但愿能起一点抛砖引玉的作用。

第一节 天 气

一年四季气温的高低，随季节的变化而变化，春暖、秋凉、冬寒、夏暑，年复一年，总是遵循此常规，这是人所共知的。

但天气的阴晴风雨等状况却是日日有异，夜夜不同，叫人难以捉摸。就是科学高度发展的今天，气象预报也不能达到令人满意的准确度，难怪人们感叹："天有不测风云！"

然而，八卦却有仰观天文、俯察地理之能，可给人们以准确的气象预报，较之用现代科学仪器预测天气，既省时、省力、省物、省资，又方便、快速，只要卦技过硬，其预测的准确率比前者更高。

八卦预测天气，其起卦方法可用摇卦法或象数起卦法。象数起卦法中尤以时间起卦法较常用。

由于区域的不同，同一时间内的天气状况也有所差异，因此这种起卦法有时需要加入一个变量数据，这个数据可以是地名笔画数，也可以是起卦时意念中的某个数。起卦方法不必拘执于哪一种，但亦须遵循一个原则——心动则占，以第一意念所选择的起卦法为准。

纳甲法预测天气，以六亲取用。父母主雨，子孙、妻财主晴，兄弟主风云，官鬼主雷电雾气。

《黄金策》对占测天气论述较详，读者在研读时须抓住一个要领：天气的晴雨风雷云雾是以六亲的力量大小决定的。比如父母爻力量最大则主雨，子孙爻力量最大则主晴。兄弟爻旺动而力大主大风，动而力小主小风。在分析卦象时，要紧紧抓住月建、日辰、动爻与用神的生克关系及生克合力的大小，要看到六亲的实际力量，不要一见动爻就简单地认为该动爻即为天气的预示，比如父母爻动，若力量大不被克制定会下雨，倘若父母爻本身失令衰弱，虽动但却化有力之回头克，或被日月或被它爻动克，则更加衰弱，这种情况一般是不会下雨的；而若父母即使不动，但临日月旺相又得它爻生助，也为有雨之兆。所以，大家必须紧紧扣住五行力量实际强弱这根弦，占断才不致走向误区。

说穿了，哪一种六亲的力量占主导地位，那么，这类六亲代表的天气类别也就占主导地位，晴雨风雷便由此可决。

例一，测何日下雨，得"蒙"之"临"卦：

乙亥　　乙酉　　丙子　　癸巳

山水蒙	地泽临	六神
父母丙寅木 ○	妻财癸酉金 ″	青龙
官鬼丙子水 ″	官鬼癸亥水 ″应	玄武
子孙丙戌土 ″世	子孙癸丑土 ″	白虎
兄弟戊午火 ″	子孙丁丑土 ″	螣蛇
子孙戊辰土 ′	父母丁卯木 ′世	勾陈
父母戊寅木 ×应	兄弟丁巳火 ′	朱雀

测雨以父母爻为用神。父母寅木在卦中两现皆动，为下雨之兆，但寅木失令，虽得日辰之生，却被月建之克，在卦发动，一化回头克，一化泄气，所以用神之力在丙子日并不足以导致下雨，力量不足，须待日辰之助益则可由弱变强，至第三天戊寅日，用神临日辰，果然天下大雨。

此卦上爻用神化回头克，但酉金毕竟旬空，所以虽临月建也一时（旬内）难施其力，阻挡不了雨的降临，初爻用神化兄弟泄气，乃是雨天风云之兆，故该日风雨交加。

断此日下雨的另一关键之处是用神有日辰子水这个强旺之原神作后盾。

如果酉月申、酉日占得此卦，至寅日是很难下雨的，即使能下，也不过打几个雨点而已。

例二，一九九七年十月三十日，陈园提议大家预测翌日开业（此指"广东邵伟华信息咨询服务有限公司"之开业）之时（巳时）的天气状况，我据开业时间起得"屯"之"节"卦：

```
   丁丑    辛亥    丙子    癸巳
   水雷屯           水泽节            六神
   兄弟戊子水〃     兄弟戊子水〃      青龙
   官鬼戊戌土′应   官鬼戊戌土′      玄武
   父母戊申金〃     父母戊申金〃应    白虎
   官鬼庚辰土〃     官鬼丁丑土〃      螣蛇
   子孙庚寅木×世   子孙丁卯木′      勾陈
   兄弟庚子水′     妻财丁巳火′世    朱雀
```

子孙寅木动而化进，又得月日之生，强旺有力，子孙主晴，在卦中发动，已显兆机；而父母申金又旬空安静，衰弱无力，不可能下雨。故断开业之时广州天气晴朗。

第二天，果然碧空暖阳，无丝毫雨兆。

此卦兄弟爻临日月，可谓强旺，似乎应主大风，但实际上，全卦子孙独动，泄泻兄弟之气，加之兄弟安静，故只有微风而已。

最后需要指出的是：预测天气需针对季节的不同而作出合理的判断，比如官鬼旺动主雷电，并非四季都如此，冬天一般无雷。如此之类，全在灵活运用。

古代用纳甲法占测天气，有以爻之五行来占断的。即金、水动主雨，火动主晴，木动主风，土动主阴，这一点明显地有误，《黄金策》已予以纠正。占天气以六亲为凭，此是卦之至理，且《黄金策》中又有"应乃太虚，逢空则雨晴难拟；世为大块，受克则天变非常"之语，似乎世应重于六亲，若所占之卦父母爻或子孙爻恰在应爻而旬空，不就难以推断晴雨了吗？在世爻遭克就会有不寻常的天气了吗？这种观点会使占卦者感到在六亲与世应面前无所适从。我们不必拘泥于世应，要以用神为重，不管用神居于何爻，都须运用五行生克之理推断，世应也不例外。

《黄金策·天时》

天道杳冥，岂可度斯夫旱潦？易爻微渺，自能验彼之阴晴。当究父财，勿凭水火——《天玄赋》、《易林补遗》皆以水火为晴雨之主，而不究六亲制化，盖执一不通之论也。且如以水爻为雨，其言旺动骤雨，休囚微雨，然水居冬旺则雨，雨岂独旺于秋冬而轻微于春夏耶？知乎此不攻自破矣！凡卜天时，当看父财，勿论水火也。

妻财发动，八方咸仰晴光，父母兴隆，四海尽沾雨泽——以父母爻为雨，财动则克制雨神，所以主晴。

应乃太虚，逢空则雨晴难拟——占天时，应空则雨晴难拟，须凭父财及日辰断之。

世为大块，受克则天变非常——应为天，万物之体也；世为地，万物之主也。若世受动爻刑克，必有非常之变。

日辰主一日之阴晴——如父母爻动被日辰克制者，不雨；倘父母爻动日辰生扶，主大雨；财爻动日辰生扶，主烈日。日辰为主也。

子孙管九天之日月——阳象子孙为日，阴象子孙为月，旺则皎洁，衰则暗淡，空伏蒙蔽，墓绝暗晦。墓宜逢冲，绝宜逢生。

若论风云，全凭兄弟——风云当看兄弟爻，以旺动衰静论风云大小浓淡。若问顺风逆风莫看兄弟，以子孙为顺风，以官鬼为逆风。

要知雷电，但看官爻——官鬼在震宫动有雷，旺相霹雳，化进神亦然。或卦无父母，虽雷不雨，父母值日方有雨也。

更随四季推详——此节引上文而言，冬令不可以雷断矣。

须配五行参决——五行各有时旺，春冬多霜雪冰雹，夏秋多雷电朝露。

晴或逢官，为烟为雾——卦得晴兆，官鬼若动，有浓烟重雾；或恶风阴晦，冬或大寒，夏或大热。

雨而遇福，为电为虹——卦得雨兆，子孙若动，有闪电彩虹，盖子孙主彩虹，虹与电亦有其象，故以类而推之。

应临子孙，碧落无瑕疵之半点——凡应临子孙动者，日必皎洁，或财临应动化福亦然。

世临土鬼，黄沙多漫散于千村——或父母爻空伏而世临土鬼发动，是落沙天也，待父爻出空出透日，方有雨也。

三合成财，问雨那堪八卦——卦有三合成财局，有彩霞无雨，三合父局有雨。

五乡连父，求晴怪杀临空——五乡者金木水火土五行也，惟父爻为雨，以财爻为忌煞。若求晴最怪财爻旬空也。

财化鬼阴晴未定——财主晴明，鬼主阴晦，如遇财鬼互化，或鬼财皆动，必主阴晴不定。

父化兄风雨靡常——父主雨，兄主风，两爻互化或俱发动，皆主风雨交作。凡论先后，当以动为先，变为后，俱动则以旺为先，衰为后。

母化子孙，雨后长虹垂带练；弟连福德，云中日月出蟾珠——日月虹霓皆属子孙，若遇父爻化出，必然雨后见虹，兄爻化出则是云中见日。

父持月建，必然阴雨连旬——如求晴岂宜父持月建，若无子孙同财爻齐发，是必连旬阴雨也。

兄坐长生，拟定狂风累日——长生之神，凡事从发萌之始。如父爻逢之，雨必连朝；兄爻逢之，风必累日；官爻逢之，阴云不散；财爻逢之，雨未可望。须至墓绝日，然后雨可止，风可息，云可开，阴可晴也。

父财无助旱潦有常——官鬼父母无气而财爻旺动者必旱，子孙妻财无气而父母旺动者必潦。遇此最怕日月动来生扶，则潦必至淹没，旱必至枯槁。如父财二爻虽旺动，却有制伏，又无扶助，纵旱有日，纵潦有时。

福德带刑日月必蚀——子孙带刑化官鬼，或官鬼动来刑害，或父带螣蛇来克，皆主日月有蚀；阳爻日，阴爻月。

雨嫌妻位之逢冲——占雨若财爻暗动，则父受其暗伤，雨未可望。

晴利父爻之入墓——发动父爻入墓，而无日辰动爻冲开墓库，则雨止。

子伏财飞，檐下曝夫犹抑郁——财爻主晴，不主日，得子孙出现，发动旺相，然后有日，倘无子孙则财爻无根，官鬼必专权，非久晴之兆也。

父衰官旺，门前行客尚趑趄——雨以父为主，得官爻旺动有雨，如父爻居空地，仍为无雨，必密云凝滞不散之象，父爻出旬逢冲当有雨也。

福合应爻，木动交而游丝漫野——子孙乃旷达之神，若临木动与应爻合，或在应上生合世身，必是风和日暖，游丝荡漾之天也。

鬼冲身位，金星会而阴雾迷空——鬼临金爻，动来冲克世身，或冲克应爻，或临应上发动，皆主有浓烟重雾蔽塞郊野之象。

卦值暗冲，虽空有望——如占雨父空，占晴财空，若日辰冲之，则冲空不空，欲定日期，出旬有望。

爻逢合住，纵动无功——父动雨，财动晴，理固然也。若被日辰合住，虽动犹静，待日辰冲父之日雨，冲财之日可晴也。

合父鬼冲开，有雷则雨，合财兄克破，无风不晴——如动爻合住父爻得官爻去冲动父爻，先雷后雨；财被动爻合住，得兄弟克破动爻，无风则不晴。

坎巽互交，此日雪花飞云出——坎巽者，指言父兄两动，在冬令占，有风雪飘扬之象。

阴阳各半，今朝霖雨慰三农——阴晴者，言官父二神也，如求雨见官父皆旺动而无冲合伤损，当日有雨也。

兄弟木兴系巽风，而冯夷何其肆虐——遇兄弟属木，在巽宫旺动刑克世爻，当有飓风之患，如父亦旺动，主风雨交作也。

妻财发动属乾阳，而旱魃胡尔行凶——财爻发动，或变入乾卦，而又遇月建日辰生扶合助者，必主大旱。

六龙御天，只为蛇兴震卦——震为龙象，若见青龙或辰爻在此宫旺动者，必有龙现。如父化辰先雨后龙，如辰化父先龙后雨，父爻安静或空伏，龙虽现而无雨，化财亦然。

五雷驱电，盖缘鬼发离宫——有声曰雷，无声曰电。若鬼在离宫动，当以五雷驱电断之，盖离为彩色之象故也，火鬼亦然。

土星依父，云行雨施之天；木德扶身，日暖风和之景——土主云，父主雨，故土临父动有云行雨施之象。木主风，财主晴，故木临财动有日暖风和之景。

半晴半雨，卦中财父同兴——妻财父母俱动，必然半晴半雨；父衰财旺晴多雨少，父旺财衰雨多晴少。

多雾多烟，爻上财官皆动——财动主晴，鬼动主阴，官旺财衰，大雾重如细雨，鬼衰财旺，烟迷少顷开晴。

身值同人，虽晴而日轮含曜；世持福德，纵雨而雷鼓藏声——凡兄弟持世，动则克财，财若旺相，亦非皎洁天气；子孙持世，动则克官，官若发动，虽雨必无雷声。

父空财伏，须究辅爻。克日取期当明占法——辅爻者即原神也。占雨以父母爻为用神，以官鬼爻为原神；占晴以财爻为用神，以子孙爻为原神。如用神空伏、衰旺、动静、出现、墓绝、合冲、月破，当以病药之法决断日期。今以用神为法原神之例如之。即如用神伏藏，俟用神出透之日应事；如用神安静，俟冲静之日应事；如用神旬空安静，俟出旬逢冲之日应事；如用神静空逢冲，谓之冲起，俟出旬逢合之日应事；如用神静空逢合，俟出旬逢冲之日应事；如用神发动而无他故者，俟逢合之日应事；如用神旬空发动逢冲，谓之冲实，本日应事；如用神发动逢合、动空逢合及静而逢合者，皆俟冲日应事；如用神入墓于日辰者，俟冲用神之日应事；如用神自化入墓者，俟冲开墓库之日应事；如用神被旁爻动来合住，或自化出作合，俟冲开合我之爻之日为应事；如用神月破，俟出月值日或逢合之日应事；如用神绝于日辰，或化绝于爻者，俟长生日应事；如原神会局来克，而用神伏藏，俟出透之日应事；如旬空，俟出旬之日应事。故合待冲、冲待合、绝待生、墓待开、破待补、空出旬、衰待旺等法，远断月日，近断日时，故曰"克日取期当明占法"也。雨宜察父爻之空不空，晴宜察财爻之伏不伏。既如用神，还宜兼察原神，故曰"父空财伏须究辅爻"。"须"字当作"兼"字解，而古注疑以占雨而父空，不必宗父爻，当以辅爻推之，占晴而财爻伏，不必宗财爻，当以辅爻断，以词言义，故予琐陈。

要知其详，别阴阳可推晴雨；欲知其细，明衰旺以决重轻——此节言其大略而已。阴阳，动变之意；重，大也，轻，小也，以旺衰可决雨之大小也。

能穷易道之精微，自与天机而吻合。

第二节 财 运

测财运以妻财爻为用神，子孙爻为原神，兄弟爻为忌神。一般都认为，只要妻财爻强旺有力，财运就佳，其实未必然，财爻太旺持世、生世、克世而破财的例子屡见不鲜。子孙爻为财源，有的书上说子孙持世财源不断，实际上也未必尽然，子孙持世破财的卦也时常可见。所以，如果按卦书的断语教条照搬，难免会有失误。那么，怎样才能正确地运用八卦准确地预测财运呢？

首先，应明白财爻与求测者的关系。

财为养命之源，人皆所喜，就是僧道之人，只要还未脱离人间烟火，也离不开财来养命，至少饮食是必要的，而饮食就是属于八卦中妻财的范畴。孔子曰："食色，人之性也。"食为财，色也为财，可见喜财是人类的本性，只是求财的欲望高低有别而已。那么，怎样才能获财呢？

以现实生活中的例子和道理来论，一靠运气，二靠本事。运气好，获财的机缘好，门路易找对；本事高，求财有道，取财有方，即使运气差一些，最终也能通过人为的努力而获取。

以八卦推断能否获财也是同一道理。也要讲"运气好，本事高"。所谓"运气好"，是指财爻用神旺相，不遭克破，即财多之意，若又得子孙原神有力之生则更是财源不断，根深蒂固。"本事高"，是指代表求财者之爻力量充足，可以挑财和保财，谓之身财两亨。如果财太旺，身太弱，财多则难挑起，即使一时获得，因身弱保不住财，也随时会被别人夺去，甚至还会为争夺财利招致灾祸。反过来说，财太少，身太强，不够消耗，也就无所谓剩余之财，若再遇争财之人（兄弟爻）竞争动夺，更是求财难得，甚至反因竞争而耗老本。这与四柱命理中身与财的关系是一样的，财多身弱或身强财弱都不利求财，反会因财致祸，必须身财两亭方能求得财并保住财。这是八卦预测能否得财的理论根据。

现再谈谈获财的难易程度。有的人轻而易举就赚得一大笔钱财，有的则经过艰苦的努力才能到手，也有的看起来此财易得，结果辛苦一场却为人作嫁衣，眼睁睁地看着别人得财，自己没份。这是什么原因呢？我们可从八卦中寻找答案：

以自测求财为例：世爻为自己，财爻为用神。世爻所持的六亲不同，情形就各异。

父母持世。财爻是克父母爻的，既然克世，说明世爻必须先能抗克，然后才能把财弄到手，抗克就得付出力量，即须通过艰辛的努力，所以说父母持世求财辛苦就是这个道理。有的书上说财爻克世为财来找我，这种说法未免妥当，如果真是财来找我，怎么需要辛苦奔波呢？应该说是父母持世则是求财中有阻碍和困难，世爻有力就可克服困难最终把财握住。

官鬼爻持世。财爻生官鬼，故为财生世，这种情况才是财来找我，求财顺利，有时甚至送上门来。但世爻官鬼必须有力，才能吸纳得了财的生气，财来了才能容得下，世爻官鬼太弱，财太旺就像一个衰弱的病人面对一桌美味佳肴一样，吃不了，强行吃，不但于身体无益，反而会旧病再添新病来。

兄弟爻持世。诸多卦书中皆"兄弟持世莫求财"，把兄弟看成是劫财之神，十分忌讳。但预测实践证明，这种推论并不完全可靠，兄弟持世确有得财甚至获大财的情况，我们只能尊重实践，尊重事实，不能拘泥于古人之说，要找出兄弟持世也有可能得财的道理所在。我们知道，兄弟是财的头号克星。可以看成同胞、同事、同伙、竞争对手，无财可争时，兄弟就是相依为命的穷朋友，而财是人人所欲得的，所以，一旦见财，谁都会动心，如果财足够兄弟分享，则人皆有份，各得其所。如果财太少，而人人又急需，假若平分，每一份就更少，无论是谁拿这份都产生了独占欲望，然而独占又是不会得到别人同意的，因此就发生了见利忘义的争夺。在这种情况下兄弟就是劫财之忌神。但如果财很多，一个人的力量不足，搬不了，反而需要兄弟帮忙，才能把所有的财一起搬回来。这时兄弟就是朋友，不但不劫财，反而同心取财。这里对财的理解应该是把它看成一件事，把这件事干完干好之后才能获取钱财，而不可能干一点就得一点财，一件事情半途而废肯定是不得财反而破财的，这时自己力量不足当然喜朋友相帮。所以兄弟劫财是相对的，有条件的，而非绝对的。兄弟爻的作用是如此，兄弟持世求财的情形就不难理解了。兄弟是克财的，克财表示用力量去夺取资财的意思，另一方面，克财也是耗用资财之意，所以兄弟持世求财一方面需要通过自身努力，同时在求财过程中不免有所耗费，世爻（兄弟）与财爻相亭，可获财，世爻（兄弟）太旺或太弱与财爻力量悬殊太大则为破财之象。

　　子孙爻持世。子孙为财之原神，故称为生财之源。财得子孙为源，根基深厚，财源不断，当然是好事。但必须明白子孙只是财源，并非财，通过转换才可能生出财，就像造钞票的机器和工人可以造出钞票，但机器和工人本身却不是钞票的道理一样。

　　子孙持世，表明自己拥有生财之源或有生财之路，但并不表明自己就拥有财，也如造钱的工人造出的钱并不是自己的而是为国家的一样。求财总要通过一定的渠道，与别人打交道，如果应爻为财爻，世爻生应爻表明是别人得到你的好处而获财，你自己却是为人作嫁，白忙一场。所以这种情况下子孙持世并不意味自己财运好。应爻为父母强旺，子孙持世衰弱则反会因求财而被对方所坑害、算计，只有当应爻为兄弟时，才可因与对方相合作而得利，应爻为官鬼，力量若强不过世爻子孙，则自己可得利，即使对方玩弄花招也不能得逞。

　　财爻持世。财爻旺而持世，不遭克破，为求财易得之象。但若衰弱又被兄弟爻旺动相克或世爻动化回头克，则为破财之象，甚至连自己原有的财也会或多或少地赔进去。世爻财星太旺，达到了亢旺的程度，也是破财的象征，往往还会伴随着其他凶灾发生。这一点被初学者忽视，特别是受八卦"用神越旺越好"的错误论点影响者，更易走入误区而难以自悟。

　　以上只是从六亲持世的角度谈求财的难易程度，但具体推断一个求财卦时，并不是这么简单。一般来说，除紧扣世爻与财爻的关系外，还要综合考虑原神子孙爻，以及代表求财中需接触交往的对方（或应爻、或其他六亲之爻，以六亲关系取用法定）之爻与世爻（求财者）的关系，而这所有的卦爻又都是受到月建日辰的左右，为了更详细地推断某些细节，还应考虑六神的信息提示。

例一，一九九六年六月十八日晚八点，一店主问："李顺祥，你看我今晚是否还有生意？"起得"无妄"之"随"卦：

丙子　乙未　辛未　戊戌

天雷无妄	泽雷随	六神
妻财壬戌土 ○	妻财丁未土 ″应	螣蛇
官鬼壬申金 ′	官鬼丁酉金 ′	勾陈
子孙壬午火 ′世	父母丁亥水 ′	朱雀
妻财庚辰土 ″	妻财庚辰土 ″世	青龙
兄弟庚寅木 ″	兄弟庚寅木 ″	玄武
父母庚子水 ′应	父母庚子水 ′	白虎

我说："今晚九点以前肯定还有赚钱的生意。"果然在八点半有顾客来购物。

看有无生意，以应爻为顾客，财爻为利润。此卦日月带财与世爻相合，上爻戌土财爻又动，为得财之象。妙在戌土旬空发动，戌时又填实，故戌时（晚上9点前）必有财进。

应爻冲世爻，冲者，相交也，接触也，为顾客来临之象，所以断其有生意可做且能赚钱。

此卦戌土动而化未土进神，未土又临月日，财爻力量强旺。子孙表示店主有卖钱的货物，日月之财合世，动爻与世爻又半合，财合世乃得财之象，好在财爻不在应爻，故无损己利他之象，应爻冲克世爻，世爻又化回头克，本不为佳，但亥子水皆被日月动爻所克制，不能危害世爻，所以不会做赔本生意。

例二，一九九七年七月二十一日李先生求测当年财运，摇得"益"之

"坤"卦：

| 丁丑 | 戊申 | 丁酉 | 丁未 |

风雷益	坤为地	六神
兄弟辛卯木〇应	官鬼癸酉金〃应	青龙
子孙辛巳火〇	父母癸亥水〃	玄武
妻财辛未土〃	妻财癸丑土〃	白虎
妻财庚辰土〃世	兄弟乙卯木〃世	螣蛇
兄弟庚寅木〃	子孙乙巳火〃	勾陈
父母庚子水〇	妻财乙未土〃	朱雀

我先给他断了三条以前的事：

1. 你是搞土建工程或房地产之类生意的；

2. 你手中有经营权；

3. 今年农历三至六月进财。

李先生说，他是搞房屋建筑的，是工程队的二把手，今年三月承包一项桥梁工程，确实赚了一笔钱。

解析：

1. 财爻辰土临螣蛇持世，五行同为属土，且该人求测时正是坐东北朝西南位，东北为艮属土，故断其从事五行属土之行业。

2. 日辰酉金与世爻相合，为官来合世；又五君爻巳火动来生世，为得领导信任。

3. 卦中父兄子三爻同动，为水木火三神连续相生，进而生助世爻，且世爻又得太岁丑土扶助，一片吉象。虽世爻化兄爻回克，好在兄爻被日辰冲破，无咎。农历三、六月为世爻妻财临旺之时，四五月又为子孙巳火乘旺发动生世之时，虽巳火化亥水回克，然四、五月火旺水囚，亥难克巳，故三至六月进财。

例三，一九九六年七月十五日，范某求测做鱼生意可否获利，摇得"大过"之"夬"卦：

```
丙子    丙申  丁酉    戊申
泽风大过              泽天夬          六神
妻财丁未土″          妻财丁未土″     青龙
官鬼丁酉金′          官鬼丁酉金′世   玄武
父母丁亥水′世        父母丁亥水′     白虎
官鬼辛酉金′          妻财甲辰土′     螣蛇
父母辛亥水′          兄弟甲寅木′应   勾陈
妻财辛丑土×应        父母甲子水′     朱雀
```

父母亥水持世，长生于月建，又得日辰入卦相生，世爻强旺；应爻为顾客，动来克世，交易之象，财爻临应爻动而克世，世旺可抗克，通过努力本可获财，但不宜财爻动化子水，子丑相合，乃财被别人所得之兆，加之财爻失令衰弱，有财不多，今被旺相之水一合，连根拔去，世爻鞭长莫及，眼睁睁看着钱进入别人腰包，财向他背我，与己无缘。所以，应爻与世爻之间只剩下交易而无利润可言。父母持世又主辛苦之象，结果生意做完一算账，反亏了老本。此卦财爻衰弱又无原神相生，为用神无力，卦中已明示无财可求，所以无论怎样苦心经营，也是水中捞月。此卦世爻旺相表明范某求财心切，难以劝阻之意，可见钱财人皆所欲，无缘不可得也。

例四，1996年4月30日杨某欲开食堂求测财运如何？摇得"比"之"师"卦：

```
丙子    甲午  癸未    乙卯
水地比                地水师          六神
妻财戊子水″应        子孙癸酉金″应   白虎
兄弟戊戌土○          妻财癸亥水″     螣蛇
子孙戊申金″          兄弟癸丑土″     勾陈
官鬼乙卯木″世        父母戊午火″世   朱雀
父母乙巳火×          兄弟戊辰土′     青龙
兄弟乙未土″          官鬼戊寅木″     玄武
```

我对她讲："此卦难以求财，还应防破财。"她听后不欢而去。后来得知她想依靠情夫开食堂，被情夫之妻发现，双方闹翻，食堂终未开成，白白损失筹办费用数千元。

解析：

1. 世爻失令、衰弱，自身力量不足。

2. 财爻子水月破日克衰败至极，虽化子孙酉金，然酉金失令又旬空，无力生财，用神逢危无救，不吉。

3. 父兄各临月日旺动，父动生兄，卦中子孙失令旬空又安静，不能通兄财之关，兄爻就直克财爻，财爻本弱，不堪一击，破财必然。此为仇忌同动，用神遭克见凶。

例五，1997年7月21日上午10点多，陈先生求测当年财运，摇得"大过"之"大有"卦：

丁丑　戊申　丁酉　乙巳

泽风大过	火天大有	六神
妻财丁未土×	子孙己巳火′应	青龙
官鬼丁酉金○	妻财己未土″	玄武
父母丁亥水′世	官鬼己酉金′	白虎
官鬼辛酉金′	妻财甲辰土′世	螣蛇
父母辛亥水′	兄弟甲寅木′	勾陈
妻财辛丑土×应	父母甲子水′	朱雀

陈先生对八卦很感兴趣，也有些基础。他要求我把对此卦的分析讲一讲。我解释道："世爻得月日之生，主卦五爻又动来生世，可谓十分强旺，说明你求财欲望高，信心大。初爻、上爻妻财两动，丑未相冲，激旺土气，财动克世，表明有财可求，但父母持世，辛劳之象。求财需要身财两亭，即世爻与财爻相对平衡，卦中财爻失令，较之世爻，力量弱小得多，但测一年财运，财爻的强弱可随月令的变化而变化，上爻未土动化子孙巳火回头生，财爻又得太岁之帮，乃此卦玄机所在。财爻为土，春季财运不好，夏季财利

较丰，入秋后至今，身强财弱，有奔波之苦，无收获之喜。"陈先生说："确实如你所测，看来这些都是定数。"

此例与例三很相似，但结论却不完全相同，道理何在？两例的共同点都是世强财弱，但前者测一时之财运，财爻力量无甚变化，盈亏以卦直断，后者测一年之财运，财爻力量随着季节变化，财运也就随之而变了。再者，例三财无原神生助，应爻之财动，又被合去，而例四却有上爻动化回头生，为财有源，太岁也为财，较之例三，财爻力量要强得多，所以可待时（夏季）而得。

《黄金策·求财》

居货曰贾，行货曰商，总为资生之计，蓍所以筮，龟所以卜，莫非就利之谋。要问吉凶，但看财福——财为本，福为利，二者不可损坏。卦中子孙之爻，称曰福神。

财旺福兴，无论公私皆称意；财空福绝，不拘营运总违心——财爻旺相，子孙发动，不拘公私之谋，皆能称意；或伤克，或临墓绝无救，不拘买卖，皆违心所愿。

有福无财，兄弟交重偏有望——有者言其发动之意，无者言其伏藏之意。凡卜求财，卦中子孙爻动而无伤，则财源丰厚固吉。如再见兄弟爻发动，生扶子孙，则财愈加根深蒂固，故曰"兄弟爻交重偏有望"，皆为子孙亦动也。

有财无福，官爻发动亦堪求——子孙伏藏，财无生气，一遇兄弟便被劫夺，须得卦中官爻发动，或日辰是鬼克制兄弟，亦可求谋，如有子孙，而官鬼动则有阻滞，又不易矣。

财福俱无，何异守株而待兔——有财无福，财必艰难，岂可财福俱无？守株待兔，喻妄想也。

父兄皆动，无殊缘木以求鱼——父母能克子孙，能生兄弟，父兄皆动，犹如缘木求鱼，言必不可得也。

月带财神，卦中无而月中必有——月建为提纲，若带财爻，虽正卦无财，而伏财亦明，月建拱扶所伏之神，值日必有得也。

日伤妻位，财虽旺而当日应无——财爻旺相生合持世，乃是必得之象，若被日神克制，须过此日然后可得。

多财反复，必须墓库以收藏——卦中财现三五重为太过，其财反复难求，须有财之库爻持世身，谓之财有收藏，必得厚利也。

无鬼分争，又怕交重而阻滞——无鬼，兄必专权，财虽有气亦多虚耗，兄更发动，必有争夺分散财物之患；官鬼又不宜动，动则必有阻隔。

兄如太过，反不克财——兄弟乃占财之忌杀，日月动变俱带兄弟，重叠太过，一见子孙发动，反不克财，其利无穷；子孙安静多不吉。

身或兄临，必难求望——卦身一爻，占财体统，若持兄，不拘作何买卖，问何财物，皆无利益，兄弟持世亦然。

财来就我终须易，我去寻财必是难——财爻生合世爻，持世克世，皆谓财来就我，必然易得；若财爻而与世爻不相干者，谓我去寻财，必难望也。

身遇旺财，似取囊中之物；世持动弟，如捞水底之针——世为求财之人，若临财爻，虽或无气，必主易得，旺相更美；若临兄弟，虽或安静，亦主难得，发动尤甚。

福变财生，滚滚利源不竭——占财得子孙发动，利必久远，更兼财爻生合世身，乃绵绵不绝之象。遇有财化子亦然。

兄连鬼克，纷纷口舌难逃——旧注言兄弟变官鬼来克世，是有口舌纷纷，予以为谬。大凡卦中兄弟动克世爻，化官鬼回头克制，则不能口舌耗损矣。予之屡验者，卦中官鬼兄弟皆发动，固有口舌是非。兄连鬼克者，此谓兄弟与官鬼也。非谓兄弟化官鬼也。

父化子财，必辛勤而有得——父化财不能自然而得，必勤劳可有。兄化财先散后聚，或利于后不利于前。官化财爻生合世身，最利公门谒贵及九流艺术之人，求财十分有望；如官来克世，谓之助鬼伤身，公私皆不吉也。

财化鬼兄，防耗折而惊忧——财化官或化兄最凶，主损折驳耗，更见世爻有伤，恐因财致祸。

财局会福神，万倍利源可许——卦有三合会成财局，而在卦中动来生世，主财利绵绵不竭，更得财旺，可许万倍财利。会成福局动来生合世爻者亦然。

岁君逢劫煞，一年生意无聊——凡占久远买卖，最怕太岁临持兄弟，主一年无利。持官鬼一年惊忧，持父一年艰辛，财福一年顺利也。

世应二爻空合，虚约难凭——世空有财难得，应空难靠他人，世应俱空谋无准实，空动带合谓之虚约，化空亦然。

主人一位刑伤，往为不遇——主人，如求贵人则鬼为主，求妇人财为主类。若主爻遇日辰动爻刑伤，或自空，或化空，皆主不遇，遇亦不利。

世持空鬼，多因自己迟疑——鬼爻持世，财必相生，凡求必易；若遇空亡，乃自不上前，迟疑退怯，故无成也。世持空财亦然。

日合动财，却被他人把住——财爻动来生合世，因是易得之象，若被动爻日辰合住，其财必有人把住，不能与我。要知何人把持，以合爻定之，如父母合住为尊长把持类。要知何日到手，必待逢冲之日方有也。

要知何日得财，不离生衰旺合——财动入墓或被合，皆待冲日得；或动财遇绝，必待生日得；逢冲合日得；动逢月破，填实逢合日得；或安静，逢冲日得；旬空出旬得；伏藏出现日得。

欲决何时有利，但详春夏秋冬——凡占货物何时得价，不可概以财临五行断之，如木财断春冬得价。又宜以冲待合、合待冲、绝逢生、墓待开等法，又宜以子孙爻断。又如财坐长生之地，一日得一日价，若从帝旺，目下正及时，迟则贱而无利。

合伙不嫌兄弟——凡占合伙买卖，若世应俱财必然称意。兄临卦身必主分财故也。静者无嫌，动则不宜。

公门何虑官爻——占财皆忌官动，主有阻隔，惟求公门之财，必然依托官府，必得旺相生合世身则吉，刑克世爻祸害立至。

九流术士，偏宜鬼动生身——九流求财，以鬼爻为主顾，出现发动，生合世爻，必然称意，忌刑克世爻。

六畜血财，尤喜福兴持世——凡卜贩卖牲口、畜养六畜，皆要子孙旺相，持世临身则吉；父母发动则有损伤；化出土鬼须防瘟死；福旺财空，六畜虽好而无利。

世应同人，放债必然连本失——凡放私债，最忌世应值兄弟，必无讨处；财爻更绝，连本俱无，世应值空亦然。

日月相合，开行定主有人投——开行人占财，世应要不空，财福要全备，官鬼要有气，父兄要衰静，斯为上吉。更得月建、日辰、动爻生合世爻，财近悦远来，财利必顺。动出官兄常有是非口舌，应空主开不成。

应落空亡，索借者失望——求索假借不宜应空，空则不实，必得物爻不空，缓图庶可有望。如衣服经史看父母，六畜酒器看福爻，其余财物食物皆看财爻。

世遭刑克，赌博者必输——凡占赌博，要世旺应衰，世克应我胜，应克世他胜。兄鬼动来刑克世爻，或临兄弟，或世爻空，皆主不胜。世应静空赌博不成；世坐官爻防他合谋骗我，间爻动出官鬼兄弟，多致争斗。

鬼克身爻，商贩者必遭盗贼——买卖经商，若遇官临玄武动来克世，必遭盗贼之祸。

间兴伤世，置货者当虑牙人——买货要应爻生合世位，必然易成，刑克世必难置。物爻太过货多，物爻不及货少，空伏货无。物爻者，六畜看子，五谷看财爻类。最怕兄鬼交重，须防光棍谎骗。间爻伤克世爻，当虑牙人谋劫财物。出路买货应空，多不顺利。

停脱者喜财安而鬼静——积货不宜财动，动恐有变；亦不宜有空；空恐有更。官鬼若动，兴灾作祸莫测；如父母化官鬼刑克世爻，货被雨水污腐。故脱货者宜六爻安静，惟子孙喜动。

脱货者宜动而身兴——财动则主易脱，世动主易卖也。如财在外生世，宜往他处卖；如在内动生世，就本地脱之可也。倘财爻持世，有子孙爻在外动，亦宜往他处脱，学者宜通变。

路上有官休出外——五爻为道路，临官发动，途中必多惊险，不宜出外，要知有何灾咎，以所临六神断，如白虎为风波，玄武为盗贼之类。

宅中有鬼勿居家——二爻为住宅，在家求财，鬼动此爻必然不利，以所临五行断，火鬼忌火烛类。得子孙持世发动，庶几无害，如无子孙发动，宜迁店铺可解。

内外无财伏又空，必然乏本——动变必无财，又伏空地，其人虽欲经营，必然乏本。

父兄有气财还绝，莫若安贫——父兄二爻有气恐防折本，故不若安贫守份为高也。

生计多端，占法不一，但能诚敬以祈求，自可预知其得失。

第三节　婚　姻

婚姻是人的终身大事，直接决定家庭的幸福与否，不可轻率。有的恋爱多年不能成婚，有的夫妻儿女已大还要离异，也有的夫妻素来恩爱，但却壮年丧偶，不胜悲戚，也有的夫妻无情可言，却终身脱不了束缚，只好作一世的怨偶。这些婚姻悲剧在现实生活中屡见不鲜，尽管不少家庭问题专家从心理、社会、道德、民俗文化、法律等多方面进行长期的不懈探索，上述悲剧仍频频发生，有时甚至呈上升的趋势。这说明按照人们的常规思维方法是难以从根本上解决这个老大难问题的。婚姻信息是属于人体信息之一，《易经》八卦可在这方面大显神通，它可以预知未来的婚姻发展变化趋势，给人们提供可靠信息，使人们提前采取适当的措施以避免和化解潜在的婚姻悲剧。

八卦纳甲法预测婚姻，以世爻为自己，未婚者以应爻为对方，兼看财官。已婚者，男以财爻为妻，女以官爻为夫。夫妻贵在恩爱和睦，忌反目成仇，所以，八卦预测婚姻的要点在于一个"合"字，合则顺，合则生，合则长久，合则幸福。这个合，不仅仅是狭义的卦爻地支相合，它包括世应男女阴阳属性相应，即男阳女阴，爻位相应，男居阳位阳爻，女居阴位阴爻；世应相生相合，男世与财，女世与官相生合，六合卦更好。夫妻关系宜稳定，所以已婚者世爻及用神宜静不宜动，未婚者用神不宜动而生合他爻，只宜生合世爻。用神冲克世爻不宜，尤忌六冲卦，六合变六冲乃先合后散之兆，六冲变六合为先分后合之征，六冲变六冲最不宜为婚，六合变六合则为佳偶。总之，占测婚姻首先要抓住世爻与用神生合冲克之关系，才能决断婚姻是否和谐长久。至于推测对方性情、体貌、嫁资、家庭状况以及媒妁、变故等情况，《黄金策》中已讲得较为详细，读者可鉴参考。

例一，一九九七年十二月初八晚上八点多，江苏沈女士求测婚姻前景，摇得"小畜"卦：

丁丑　癸丑　癸丑　壬戌

风天小畜　　　　　六神

兄弟辛卯木′　　　白虎

子孙辛巳火′　　　螣蛇

妻财辛未土″应　　勾陈

（伏官鬼酉金）妻财甲辰土′　朱雀

兄弟甲寅木′　　　青龙

父母甲子水′世　　玄武

此卦中明示她婚姻不顺，她叫我毫不忌讳地告诉她。我说："你丈夫外遇多，至少有八个。"她说："正是这样。就凭我已经知道的就有八至十个。"

解析：女测婚以官鬼为丈夫，官伏在三爻妻财之下，与飞神作合，世爻以外的妻财指别的女人，飞伏作合乃男女暗昧之象。应爻也为妻财，年月日时全为财，且年月日皆为官鬼酉金之墓，此乃丈夫陷入情网难以自拔之象。年月日时四财，卦中未辰两财，巳寅中又暗藏两财，妻财共八数，因妻财当令强旺，此数只有加不应减，故断其夫至少八个外遇。

世爻虽与当令之丑土相合，月、日、时干又透水，究嫌土众而身弱，因此本人对其他女人也无可奈何。官鬼生世，丈夫心中还有些舍不得妻子，作为妻子应对丈夫晓之以理，动之以情，尽量感化他，使他不再心猿意马，尽早回到家庭的怀抱。

例二，一九九七年十二月初九晚上九点多，胡女士求测婚姻，得"颐"之"复"卦：

```
  丁丑    癸丑    甲寅    乙亥

       山雷颐              地雷复           六神
       兄弟丙寅木 〇       官鬼癸酉金 ″     玄武
       父母丙子水 ″        父母癸亥水 ″     白虎
       妻财丙戌土 ″世      妻财癸丑土 ″应   腾蛇
(伏官鬼酉金)妻财庚辰土 ″    妻财庚辰土 ″     勾陈
       兄弟庚寅木 ″        兄弟庚寅木 ″     朱雀
       父母庚子水 ′应      父母庚子水 ′世   青龙
```

此例与前一例有些相似，也是丈夫情人多，只是此例世爻旺而化进，力量比前例强，但兄弟临日辰动而克世，自己也有损失。世生官，表明心中爱自己的丈夫，丑戌相刑，免不了醋海生波。变卦为"复"，六合卦，情丝绵绵，剪不断，理还乱！

例三，一九九八年四月初八亥时，武汉某小姐摇得"大有"之"丰"卦，求测目前婚姻如何：

```
   戊寅    丙辰    庚戌日    丁亥

   火天大有          雷火丰            六神
   官鬼己巳火〇应    父母庚戌土 ″      腾蛇
   父母己未土 ″      兄弟庚申金 ″世    勾陈
   兄弟己酉金 ′      官鬼庚午火 ′      朱雀
   父母甲辰土 ′世    子孙己亥水 ′      青龙
   妻财甲寅木〇      父母己丑土 ″应    玄武
   子孙甲子水 ′      妻财己卯木 ′      白虎
```

断："目前有一个男人主动追求你，你已动心，但又拿不定主意。对方是有妇之夫，他的老婆看得紧，对你不利，此婚不宜，须及早刹车。"这位小姐说："事实正如所测。我就是拿不定主意才求测的。"

解析：

1. 应爻官动来生世，对方主动追求。

2. 世爻暗动，自己暗暗动心。

3. 寅木财爻动而生应爻官鬼，说明对方已有老婆，且老婆很喜欢他，财动克世，求测者感到有外界压力，所以拿不定主意。财爻寅木旬空，目前不致于与该女人因三角恋爱而正面冲突。但今年太岁临财，不宜与之争风。应爻官鬼动化墓，最终对方留恋家室而降低对你的热情。这些都是不利因素，所以应该紧急刹车，不能充当第三者而破坏别人的家庭，否则各有所伤，结局凄凉。

例四，一九九六年八月二十日上午八点多，陈女士求测婚姻，摇得"夬"之"乾"卦：

丙子	丁酉	癸酉	丙辰

泽天夬	乾为天	六神
兄弟丁未土 ×	兄弟壬戌土 ′世	白虎
子孙丁酉金 ′世	子孙壬申金 ′	螣蛇
妻财丁亥水 ′	父母壬午火 ′	勾陈
兄弟甲辰土 ′	兄弟甲辰土 ′应	朱雀
官鬼甲寅木 ′应	官鬼甲寅木 ′	青龙
妻财甲子水 ′	妻财甲子水 ′	玄武

世爻临日月又得未土动来相生而无制，可谓强旺过头，应爻官鬼为丈夫，失令而被世爻重克又入墓于动爻，且世爻居五君阳位，官居二爻阴位，为男女阴阳刚柔失位，夫妻必不和睦，卦变六冲，婚姻当散。卦中两财，对官鬼一生一合，当主丈夫另有情人。陈女士说："他就是有外遇才和我离婚。"卦中世爻化退，说明求测者心里不愿离婚，但官鬼爻被克过分，有夫难留，由不得自己。兄弟动而化进，本生世爻，但世爻本身旺得过分，反而

忌土相生，所以兄弟化进乃为劫财之征，所幸化戌土旬空，劫财之势不太强，按理推断应是本人离婚所得的财产较少而感到不满意。她说事实确实如此，木已成舟，自己也没办法。世爻居五君爻又临日、月，断她在单位上是个当官的，但世爻太旺，反主官职不大。她说自己确有一官半职。

《黄金策·婚姻》

男女合婚契于前定，朱陈缔结分在凤成。然非月老，焉知夫妇于当时？不有密羲，岂识吉凶于今日？欲谐伉俪，须定阴阳——阳奇阴偶，配合成婚。如男家卜，宜世属阳应属阴，用神阴阳得位；女家卜，宜世阴应阳。

阴阳相得，乃成夫妇之道；阴阳交错，难期琴瑟之和鸣——如男卜女，遇世阴应阳，世阴财阳者，是阴阳交错，后主夫妻期凌，终朝反目。

内外互摇，定见家庭之挠括——占婚姻卦宜安静，安静则家庭雍睦无争。若财动则不和公姑，鬼动则不和妯娌，父动则不和子侄，兄动则不和妻妾。加月建日辰，不惟不和，更有刑克。

六合则易而且吉，六冲则难而又凶——六合之卦，一阴一阳配合成象，世应相生，六爻相合，占主得之，必主成而又吉。六冲卦非纯阳则纯阴也，其象尤二女同居，两男并处，想必不合，占者得之，必主难成，纵成亦不利。

阴而阳阳而阴，偏利牵丝之举——世与用宜阳反阴，应与财宜阴反阳，占娶妻多为不利，惟入赘最吉。

世合应应合世，终成种玉之缘——男家卜，世为男家，应为女家，若得相合是两愿之象，必主易成，后亦吉利。

欲求庚贴，不宜应动应空；若论聘仪，安可世蛇世弟——欲求庚贴，须得应爻安静生合世爻者，必然允许；若应爻发动，或空或冲，皆主不允。世临蛇弟，主男家悭吝，礼必不多。应爻临之，主女家妆奁淡薄。如旺动主克妻也。

应生世悦服成亲，世克应用强劫娶——应爻生合世爻，主女家贪求其男，则易成；若世爻生合应爻，主男家贪求其女。如旺世克衰应，乃恃富欺贫，用强劫娶也。

如日合而世应比合，因人成事——世应比合，得日辰合世应者，或间爻动来合世应者，是赖媒人之力也。

若父动而子孙墓绝，为嗣求婚——若因无子而娶，遇父旺动或子孙墓绝，主无子息，父持身世者亦然。

财官动合，先私而后公——夫占以财为妇，世与动合，是必先通而后娶，财与世爻动合亦然。财爻动与旁爻合，与他人有情，财遇合多亦然。

世应化空，始成而终悔——世动生合应爻，男家愿成，应动生合世爻，女家愿嫁，皆易成之象，但怕变入空亡，必有退悔之意也。

六合而动象刑伤，必多破阻；世冲而日辰扶助，当有吹嘘——世应逢生主吉，若遇动爻日辰冲克，两边必有阻隔难成。世应冲克本凶，若遇动爻日辰生合两边，必有吹嘘可成。要知吹嘘破阻之人，依五类推之，如父母为伯叔尊长类；外宫他卦以外人而言。

鬼克世爻，果信绿窗之难嫁；用合身位，方知绮席之易婚——如鬼煞克世，不独不愿为婚，更防祸殃。如用神生合世位，不但易成，后必恩爱。

财鬼如无刑害，夫妻定主和谐——财鬼刑冲克害，夫妻必然不睦，如无此象，到老和谐。

文书若动当权，子嗣必然萧索——父母旺动，子孙旬空反可得子，至子孙出空之年亦难免克；若不空现受其伤，主无子息。

若在一宫，当有通家之好；若加三合，曾叨会面之亲——世应生合比和，财鬼又同一宫，是亲上亲也。不带三合，虽亲未认，若带三合，必曾会过矣。

如逢财鬼空亡，乃婚姻之大忌；苟遇阴阳得位,实天命之所关——夫卜女以财爻，女卜夫以鬼爻，为卜婚姻之用神也，若值空亡，必不吉利，然不可执法推，财空克妻，鬼空夫亡，盖男占女以财为主，鬼空不妨，女占男以鬼为主，财空不妨，如父母伯叔卜子侄女婚姻，必要看子孙爻何如；若兄占弟婚，必看兄弟，爻遇吉则吉，逢凶则凶，当从用神断，不可一概而言之也。

应财世鬼，终须夫唱妇随；应鬼世财，不免夫权妻夺——世持鬼应持财，如男自占是阴阳得位之象，必然夫秉男权，妻操妇道，能夫唱于前，妇随于后。若应持鬼世持财，是阴阳失位也，必然夫权妻夺，惟赘婿反吉。

妯娌不合，只为官爻发动，翁姑不睦，定因妻位交重——夫占婚以兄为妯娌，父为翁姑，卦有官动则克兄弟，主妯娌不和，有财动则克父母，主公姑不睦。若旺而无制，父爻衰弱不能敌，与翁亲有刑克也。

父合财爻，异日有新台之行；世临妻位，他日无就养之心——占婚遇财父二爻带玄武动合者，有翁淫子媳之事；若财临世身，玄武不动合者，其妇必不善事公姑。

空鬼伏财，必是望门之寡妇；动财值虎，定然带服之婺娘——卦中财爻伏于空鬼之下，其女先曾受聘，未婚夫死，俗谓之望门寡。若加白虎发动，则是已嫁而夫死带孝。若鬼伏财下不空者，必是有夫妇女。如被日辰动爻提起刑克世爻者，后防争讼。

世应俱空，难遂百年之连理——世空自不欲成，应空彼不欲成，勉强欲成，终不遂意。

财官叠见，重为一度之新人——男占女卦有两财，女占男卦有两鬼，必是再娶再嫁，重为一度新人。两鬼发动，必有两家争娶；财伏鬼下，男必有妻有家；鬼伏财下，女必有夫在身。鬼不空而动爻日辰冲克妻财，必是生离改嫁矣。

夫若才能，官位占长生之地；妻如丑拙，财爻落墓库之乡——要知男女情性容貌，财鬼二爻取之，旺者身肥，衰者瘦弱。如螣蛇勾陈朱雀属土火，貌丑；如青龙属木多貌美。衰而有扶，丑有才能；旺而入墓，美偏愚拙。

命旺则荣华可拟，时衰则发达难期——命者即求卜人之本命爻是也。旺衰二字，古注以四季论之，谬也。倘木命人择于春秋占，必发达乎？岂富贵贫贱由人自取耶？予之屡验者，为本命爻临财福、青龙、贵人等吉宿，或遇日辰动爻生扶拱合者，固荣华有日；如命临兄鬼、白虎等凶神，或遇日辰动爻刑冲克害者，固发达无期。如命临父母主好技艺，若加青龙主好诗礼，临兄弟则爱赌好费，临财福必善作家，临官鬼带凶神，主疾病官刑，不加凶神乃公门人役，带贵人则贵。学者宜以类推。

财合财一举两得，鬼化鬼四复三番——占婚遇财化进神，有婢仆同来，谓之赠嫁，遇冲终必走失。财化子有儿女带来，谓之带幼聘，逢空虽来不寿。如化退神逢冲，日后背夫改嫁，或退母家。大抵鬼化鬼不论进退神，凡事反复不定。

兄弟动而爻临玄武，须防劫骗之谋——兄弟临玄武、螣蛇来刑冲世身者，须防其中奸诈，设计骗财。若世应生合，阴阳得位，亦必大费而可成。

应空而卦伏文书，未有执盟之主——父母为主婚人，若不上卦或落空亡，必无主婚。如卦身临财，乃其妇自作主张。

两父齐兴，必有争盟之象；双官俱动，斯为竞娶之端——卦中动变见有两重父母，主有两人主婚，不然主两家庚贴。若两鬼俱动，则有两家争婚多变。若卦中见有父化官，官化父，父官皆动，恐有争讼之患；兄临朱雀必有口舌。

日逢父合，已期合卺于三星——日辰与父爻作合，或日辰自带文书，主成婚日期已选定。

世获财生，终得妆奁于百两——凡占妆奁，当看财爻，若财爻生合世爻，又得日辰动爻扶助，必有妆奁；如临勾陈，必有奁田。

欲通媒妁，须论间爻——占庚贴以间爻为媒人；如独指媒人占，又非间爻论，必以应爻为媒妁是也。

应或相生，乃女家之瓜葛；世如相合，必男室之葭莩——间爻与世生合，言我家亲，与应生合言彼家亲，与世应俱生合，两家皆有亲也。旺相新亲，休囚旧眷，本宫至亲，他宫外亲。

先观卦象阴阳，则男女可决——阳男媒，阴女媒，以衰动旺静取之是也。

次看卦爻之动静，则老幼堪推——交重二爻或衰弱者是老年人，单拆二爻或旺相者是少年人。

论贫富当究身命，决美丑可验性情——男问妇看财爻，女问夫看鬼爻，女问男家、男问女家皆看应爻。若应旺财衰，女家虽富，女貌不扬。余类推。

雀值兄临，惯在其中得利——间爻如值腾蛇、朱雀及兄弟者，其人惯赖媒妁获利。

世应冲合，浼他出以为媒——间爻安静被世应冲合起，及日辰冲并起者，其人无心作乐，必央他说合也。间爻自动者勿如此断。

两间同发，定多月老以争盟；二间俱空，必无通好以为礼——两间俱动，必有两媒，须看衰旺及有制无制，可知哪个执权。若间爻安静俱在空亡，必无媒人通好，若空动而化出兄鬼或临兄鬼空动者，乃是媒妁欲谋礼而不来，非无媒也。

世应不合，仗冰言而通好——世应相冲相克，若得间爻生合动世动应，须赖媒人两边说合方成。

间爻受克，纵绮语亦无从——欲求亲必得应爻生合间爻，必然听信媒言；如间爻反被应爻冲克，虽甜言亦不从。

财官冲克，反招就是愆尤——间爻若被日辰动爻或财官冲克，其媒必然取怨于两家，世爻克冲男家有怨，应爻克冲女家有怨。

世应生扶，必得其中厚惠——间爻遇世应日辰带财福生合，其媒必有两家酬。旺相多，休囚少，世旺男家多，应旺女家多。

一卦凶吉，须察精微委曲，百年夫妇，方知到底团圆。

此章惟论男卜女婿、女卜男姻之意，今术家不辨其详，凡择婿择媳嫁妹取嫂，间不以用神断，概以官为夫财为妇，大误于人。况章内有云"妯娌不合只为官爻发动，翁姑不睦定因妻位交重"，此二句可证矣。学者当凭用神吉凶推断，不可概论财官是也。

第四节 功名 职业

测功名以官鬼爻为用神，以世爻为自身。得官鬼生世、合世、持世均吉，若官鬼刑冲克害世爻，世爻又弱，则非吉兆。卦之五爻为君位，日月为官贵，世爻得五君爻或日、月之生助，为受权贵器重、提拔之象。子孙为官鬼之忌神，所以，子孙持世或者子孙发动克世对占功名不吉，有官职在身者，有剥官削职之忧，无官求官则不可能得，惟"出征剿捕，福德兴而寇贼歼亡"（《黄金策》），因征战以官鬼为敌寇，子孙可以克制官鬼，获得战争的胜利，即使官鬼持世，子孙旺动也为克去身边之鬼（敌人），消除潜在的危险，但必须注意一个条件，必是世爻旺相，如果世爻本身太弱，子孙克去官鬼的同时也克害了世爻。

《黄金策》对测仕途已论述得较为详明，读者在占断时，只要抓住"世爻与官鬼爻的相对平衡则吉，严重失衡则凶，官鬼持世太弱又无生扶亦凶"这个要点，再参照书中的断语，然后推断就不致迷失方向、判错吉凶了。

预测职业跟预测功名大致相同，因为用神都是官鬼爻，官鬼即为工作之星、职业之星，父母爻为工作单位，兄弟爻为同事，也为竞争对手，子孙爻则为求职过程中的障碍因素，妻财爻为所谋职业之财运。求职者宜官鬼生合世爻，在职而欲安定者则宜财动来生合世爻，官鬼爻安静为佳，欲调动工作单位而不改变职业者则宜父母爻动、世爻动、官鬼爻静。

例一，一九九六年六月二十二日下午四点多，大学毕业生乔某求测工作分配如何？摇得"蛊"之"解"卦：

丙子　乙未　乙亥　甲申

山风蛊	雷水解	六神
兄弟丙寅木〇 应	妻财庚戌土〃	玄武
父母丙子水〃	官鬼庚申金〃应	白虎
妻财丙戌土×	子孙庚午火′	螣蛇
官鬼辛酉金〇 世	子孙戊午火〃	勾陈
父母辛亥水′	妻财戊辰土′世	朱雀
妻财辛丑土〃	兄弟戊寅木〃	青龙

我告诉他："七月初六（戊子日）可得分配，单位不错。"后果于七月

初六被分配到某县政府工作。

解析：

1. 测工作分配以官鬼爻为用神，父母爻为工作单位。

2. 官鬼持世，多主谋职易得。发动表示谋职心切。

3. 未属季夏，火余焰尚存，燥土本不生金，所喜日辰亥水润土，土得润则可生金，卦中又见亥子水，但土仍嫌偏燥，生金之力有限，土中之火也克金，故此卦未月之金，难言其旺。戌土动与世爻紧贴似乎可生用神，不料上爻寅木同动，构成三合火局，虽合而不化但戌土毕竟向火不生金，世又动化午火回头克，只是午火被月建合日辰克，制金之力大减，但不能说一点没有。综合以上情况，可断世爻官鬼稍弱。如果等待时日，得月日之助益，则可由弱变强而为用。六月二十三日未时立秋，世爻用神进入申月令，且日辰又为子日，子冲午，冲去世爻之回头克，似乎为有利时机，无奈世爻酉金旬空，虽进入申月令，旬内毕竟使不上力，所以应等到出空后的下一个子日方是良机，也就是七月初六戊子日。月建申金冲寅木，仇神得制，日辰子水冲午火，忌神火局破，寅木遭冲不能克土，土则生金，用神充分发挥作用。

4. 此卦水起了克火润土的作用，可谓喜神，而水又为卦中父母爻，父母代表工作单位，既然是此卦的喜神，又临日辰有力，工作单位肯定不错了。

例二，一九九六年八月十六日戌时，魏先生来摇卦求测工作能否得到分配。得"颐"之"贲"卦：

丙子　丁酉　戊辰　壬戌

山雷颐	山火贲	六神
兄弟丙寅木 '	兄弟丙寅木 '	朱雀
父母丙子水 "	父母丙子水 "	青龙
妻财丙戌土 " 世	妻财丙戌土 " 应	玄武
妻财庚辰土 ×	父母己亥水 '	白虎
兄弟庚寅木 "	妻财己丑土 "	螣蛇
父母庚子水 ' 应	兄弟己卯木 ' 世	勾陈

我对他说:"你现在对工作分配心里没有把握,感到不踏实,但你不必担忧,早则八月二十二日得到分配,迟则九月上旬落实,并且单位不错,多属行政部门。结果于九月初五(丙戌日)被分配到县政府上班。

解析:

1. 官鬼为职业,父母爻为工作单位,世爻为自己,占工作分配应兼看三者的关系。

2. 官鬼临月建,工作不错。父母临太岁,太岁操管辖之权,故可能为行政单位,父母得月建之生,单位不错。世爻得日辰入卦动来相帮,虽失令于月建,不失为有气,但嫌世爻旬空,力量不足,须待出空填实。

八月二十二日为甲戌日,世爻填实,但并未得到分配消息,这是因为当时忽略了月建,此日尚在丁酉月,世爻戌土虽填实,毕竟失令于月建,力量虽较旬空时强,但仍嫌不足,八月二十六日交九月节令,戌土当值,世爻才算真正的填实而有力,九月初五为丙戌日,世爻临月日强旺,官星泄泻乃为世爻吐秀,故获得工作。说求测者心里不踏实,是因世爻旬空之故。

例三,一九九六年八月二十一日,王先生求测上级能否解决自己的工作问题,得卦"大壮"之"夬":

丙子　丁酉　癸酉　戊午

雷天大壮	泽天夬	六神
兄弟庚戌土〃	兄弟丁未土〃	白虎
子孙庚申金×	子孙丁酉金 ′世	螣蛇
父母庚午火 ′世	妻财丁亥水 ′	勾陈
兄弟甲辰土 ′	兄弟甲辰土 ′	朱雀
官鬼甲寅木 ′	官鬼甲寅木 ′应	青龙
妻财甲子水 ′应	妻财甲子水 ′	玄武

此卦信息极为明显,我告诉他不必空操心,工作根本无法解决。他不甘心,多方活动,结果仍是水中捞月。

解析:世爻午火岁破,于月日处死地,又化回克,力量太弱,说明自己处境不好，能力太差，父母代表单位持世而衰弱，表示单位靠不住。父母持世又主谋事辛苦，所以白费心思，终无所得。官鬼寅木代表工作，被日月动爻重克，比世爻更衰弱，工作必成泡影。五爻为君位临日月而与世爻无情，说明领导不会关心和支持你。此卦测工作分配可以说是一个标准的失望卦。

《黄金策·求名》

读书五年，固欲置身于廊庙，胸藏万券，肯甘遁迹于丘园？要相国家，当详易卦。父爻旺相，其文掷地金声，鬼位兴隆，家报泥金捷喜——凡占功名，以父爻为文章，鬼为官职，二者一卦之主，伤一则不成。若父爻旺相，文章必佳，官鬼得地，功名有望。泥金报喜，总言金榜题名，功成名就之意，非以鬼为音信也。学者志之。

财若交重，休望青钱之中选；福如发动，难期金榜之题名——惟卜功名，以财福反为恶煞，盖财能克父，子能克鬼故也。如官爻持世，若得财动来生，而财无忌也；子孙固为忌客。

兄弟同经，乃夺标之恶客——同类者为兄弟，求名见之，乃是与我同经之人，如遇发动，或月建日辰俱带兄弟，则同经者多，必能夺我之标，纵大象可成，名亦落后。

日辰辅德，实劝驾之良朋——如父母官鬼无气，若得日辰扶起，克制恶煞，仍旧有望，故曰辅德。或世爻衰静空亡，得日辰生扶冲实，主有亲友资助盘费，辅其前往求名也。

两用相冲，题目生疏而不熟——以官爻为用爻，喜会而不喜冲，若见官爻相冲，主出题生涩不熟也。

六爻竞发，功名恍惚以难成——六爻皆喜安静，只要父母官鬼有气不空，月建日辰不来伤克，则吉；凡动则有变，变出之爻又有死墓绝空刑克等论，皆为破败，故凡乱动卦，其大概不吉可知矣。

月克文书，程式背而不中——父旺而得动爻日辰生合，其文字字锦绣；

妻财伤克，必多破绽；月建冲克，其文必不中试官之程式也。

世伤官鬼，仕途塞而不通——世乃求名之人，若持官鬼或得官鬼生合，功名有望；若临子孙，则克制官鬼，是仕途未通，徒去求谋无济。

妻财助鬼父爻空，可图侥幸——父母空亡，若得财爻发动生扶官鬼，侥幸可成；若财官两动而父爻旬空，反不宜用，父爻不空可望。

福德变官身位合，亦忝科名——正卦无官，若得子孙变出官鬼，与世身生合，得文书有气，功名有望，但不能高中也。

出现无情，难遂青云之志——卦中官父若不持临身世，反而临应爻，或发动而反生他爻，不来生合世身，或破坏墓绝，皆谓出现无情，虽在卦中，与我无益，所以难遂青云之志也。

伏藏有用，终辞白屋之人——官爻不现，但观其所伏何处，如得有用之官爻，俟值年当辞白屋矣。

月建克身当被责，财如生世必帮粮——月建若在身爻，发动刑克世爻，而官爻失时者，必遭杖责；卦中官爻持世，而财爻发动生合世爻者，必有帮粮之喜。

父官三合相逢，连科及第——卦有三合会成官局者，必主连科及第，会成父局亦吉。

龙虎二爻俱动，一举成名——青龙白虎俱在卦中，动来生合世爻，必中魁选；若持官父或持身世尤妙。

杀化生身之鬼，恐发青衣——以子孙为煞，乘旺发动必遭斥退，若得化鬼爻生世，终不脱白，无过降青衣而已。卦有财动合住子孙，可用资财谋能干旧职。

岁加有气之官，终登黄甲——太岁之爻最喜有情，若临鬼爻，是人臣面君之象，更得生旺有气，必然名姓高标。

病阻试期无故，空临于世位——动爻日辰来伤世爻，而世爻落空，大凶之象。试前占去不成，强去终不利，轻则病，重则死。

喜添场屋有情，龙合于身爻——若大象既吉，更得龙动生合世身，不但名成，必然别有喜事；空动，出空之月日见喜。

财伏逢空，行粮必乏——六爻无财，伏财又居空地，必乏行粮，盘缠欠缺。

身兴主鬼，来试方成——卦遇不成之兆，而得身世爻变官鬼有气，而父母不坏者，下帷可中也。

卦值六冲，此去难题雁塔；爻逢六合，这回必占鳌头——占功名，得六冲卦必难成，得六合卦必易得也。

父旺官衰，可惜刘蒉之下第；父衰官旺，堪嗟张奭之登科——父母官鬼皆宜有力无损，功名可成。若父母爻旺相，官鬼空亡，或不上卦，文字虽好不能中试，如刘蒉之锦绣文章，竟不登第；若父爻衰弱，得官爻旺动扶起文书，文字虽平常，可许成名，如张奭之文章，虽欠精美，反登高第也。

应合日生必资鹗荐，动伤日克还守鸡窗——父官化绝，名必不成，若应爻、动爻或月建日辰扶起官鬼，必须浼人推荐，或用财资求可成。

世动化空用旺，则豹变翻成蝶梦——若得必中之卦，如遇世爻发动变入墓绝，恐成名之后不能享福。游魂死于途中，归魂卦到家而死，墓绝爻本太岁，逾年而死也。

身官化鬼月扶，则鹏程连步蟾宫——卦身为事体，功名尤宜见之，怕临财福。如得官爻临之，必有成望，更若发动化官爻，而得月建生合者，必主连科及第。

更详本主之爻神，方论其人之命运——本主者，本人之主爻也，自占以世爻论，占子侄看子孙类，此爻最怕伤克变坏。如此搜索吉凶自应。

虽赋数言，总论穷通之得失，再将八卦，重推致用之吉凶。

《黄金策·仕宦》

为国求贤，治民为本，致身辅相，禄养为先。旺相妻财，必得千钟之粟；兴隆官鬼，定居一品之尊——未仕求名，不要财爻，已仕贵人，要见财爻，盖有爵必有禄，未有无俸而居官者。故凡占官星，得此爻旺相，俸禄必多；若财爻休囚，或空或伏，未得俸禄；财动逢冲，因事减俸；或日辰月建冲财，而刑害世爻及官爻者，恐有停俸罢职之患。官鬼旺相，官高爵大，休囚死绝，官小职卑，若发动生合世爻，得月建日辰生扶，必有荐擢。

子若交重，当虑剥官削职——子孙若在卦中发动，所谋必不遂意，已任者，恐有削职之祸。

兄如发动，须防减俸除粮——兄弟发动，不免费财多招诽诤；如与子孙同发或化子孙，必有除粮减俸之事。持身临世皆不吉利。

父母空亡，休望差除宣敕——父母爻为印绶、文书、诰牒、宣敕、奏书、表章，卦中不可无，宜旺不宜衰，扶世最吉。若持太岁有气，生合世爻，主有朝廷宣召，如加月建，乃上司奖励之类；若空亡则休望也。

官爻隐伏，莫思爵位升迁——官爻临持身世，或动来生合世爻，不受月建日辰冲克者，凡有谋望，必能称意。

月建生身，当际风云之会；岁君合世，必承雨露之恩——太岁乃君象，月建是执政之官，若得生合世身，必有好处；惟怕冲克世身，必遭贬谪。如月建扶出官爻世爻者，必是风宪之职；太岁加父母扶出官爻及世爻者，必有天恩，更得生旺尤美。

世动逢空，居官不久——若是出巡之职，世动逢空反利已任；遇日辰动爻相冲，必不久政事。

身空无救，命尽当危——世临无救之空，不拘已任未任，必有大难甚至死亡；若欲求谋于事，则主不成。

鬼化福冲当代职——出巡官宜鬼爻发动，牧守官宜官爻安静，若鬼动化子，必有别官代替。

财临福动必忧丁——凡占官不可无财，亦不可发动，若鬼爻无气而得财动扶起，必须用财谋干，方得升迁；若父母衰弱，而遇此爻加临白虎旺动者，必有忧丁之事。

日辰冲克，定然诽谤之多招——日辰刑冲克世，必遭诽谤。依五类推之，如带兄弟，因贪贿赂或征科太急；带财爻，因财赋不起；带子孙，贪酒好游怠于政事；带父母，因政事繁剧不能料理；带官鬼，非酷刑则同僚不协，若世临月建，虽有诽谤不能为害。

鬼煞伤身，因见灾殃之不免——官鬼动来生合世者为用神，如动来克伤世爻者为鬼煞。生扶合世，必有进取之兆，刑冲克世，必有凶祸。

兄爻化鬼无情，同僚不协——兄弟为僚属，卦中鬼动化出兄弟冲克世爻，主同僚不和，或兄弟刑害伤世皆然；世克兄爻是我欺他也。

太岁加刑不顺，贬谪难逃——太岁动伤世爻，必遭贬谪，更加刑害虎蛇，必有锁拘擒拿之辱也。

卦静世空，退休之兆，身空煞动，避祸之征——已任世爻空亡，若六爻安静，日月岁君未伤，乃是休官之象；若动鬼同日月岁君伤克世爻者，如世爻旬空，急宜避之，可免祸也。

身边伏鬼若非空，头上乌纱终不脱——或得鬼爻临身持世，或本宫鬼伏世下，虽见责罚，官职犹在；若不临持身世，或不伏于世下，或虽伏仍遇空亡者，必遭黜革。

财空鬼动，声名震而囊箧空虚——凡得官动生合世爻，日月动爻又无冲克者，为官必有声名闻望；更得财爻生扶合助，财内实贪赂，外不表名，若世爻空伏，财爻死绝，声名虽有，贿赂却无也。

官旺父衰，职任高而衙门冷落——父母旺相衙门必大，休囚则衙门必小。若官旺父衰，又非小职，乃闲静冷落衙门；官父俱衰，职卑衙小。

职居风宪，皆因月值官爻——官鬼不临月建，定非风宪之职；若临月建，又得扶出世爻，决是风宪之任，必非州县之官。如带白虎刑爻，主镇守边陲，职掌兵权。

官在二司，只为鬼临傍位——官临子午卯酉是正任官也，官临寅申巳亥乃佐二职官，临辰戌丑未乃杂职官，如临月建日辰，乃掌印之官也。

抚绥百姓，兄动则难化愚顽——凡任牧民之官，要财爻旺而不动，父母扶而不空，方是善地。若财爻空绝，父爻受刑，则地瘠民贫；父母动临世上，政必繁剧；兄弟持世，财赋不起，或贫民难治。

巡察四方，路空则多扰惊怪——钦差出巡，怕世爻逢空。若世在五爻空，须防日月刑克，恐途中有患难莫测之祸害。

出征剿捕，福德兴则寇贼歼亡——凡任将帅之职，或征讨之官，平居卜问，不宜子孙发动，主有降调；如临事问，则喜子孙发动，必成剿捕大功；更得岁君月建生合世爻，主有升赏。官鬼不作爵位，当作寇贼论。世克应亦吉。

镇守边陲，卦爻静而华夷安泰——镇守地方，不拘文武官职，皆宜六爻安静，日辰月建不相冲克，则安然无惊；若遇官鬼发动，世应冲克，必多骚扰。用宜通变推之。

奏陈谏诤，哪堪太岁冲刑——凡遇奏对，陈疏、上章、谏诤及赴召面君类，皆忌动爻冲克，并忌太岁刑克世爻。若太岁月建生合世爻，必见谕允；如来冲克，须防不测之祸。

僧道医官，岂可文书发动——僧道医官皆以子孙为用，如父动则伤僧道医官，则用药不灵，反为不美。克冲须防是非。

但随职分以推详，可识仕途之否泰。

第五节 疾 病

八卦纳甲法预测疾病，有的人总是将官鬼爻看作忌神，理由是官鬼为病魔之代表，官鬼越强旺，病就越重，其实并非完全如此，须分别情况：

1. 自测疾病，以世爻为用神，官鬼爻为病症，子孙爻为医生、药物，财爻为饮食，世爻宜旺不宜衰，忌官鬼刑冲克害世爻，喜子孙克制官鬼。但如果世爻本身就为官鬼爻，那么持世之官鬼爻既代表自身，同时也代表疾病，即为有病在身之征。如果世爻强旺，则喜子孙爻适当克制，此乃克去身上之病为重，不为克身为轻。这就好比一个人身上长了瘤子需要开刀的情形一样：瘤子为病为官鬼，但瘤子长在身上，与人是一体的，身体为世爻，官鬼又持世，所以持世之官鬼爻既代表自身又代表瘤子，开刀手术为子孙，手术虽然可以切除病瘤，但同时手术也必定割破身体皮肉，所以病瘤虽被彻底去掉，但身体也免不了受到伤害。但如果身体太虚弱，开刀就有生命危险，所以官鬼持世而世爻衰弱时，就不宜子孙爻旺动相克，否则，来不及治好病，先治死了人。

2. 为父母测病。以父母爻为用神，官鬼为原神，用神弱需要原神生，这时不能将官鬼看作忌神。

父母之所以病，从五行的角度讲就是因为父母受克，克父母之爻就是致病的因素，即财爻为忌神。

3. 妻测夫病。以官鬼爻为用神，道理与第一条自测病官鬼持世的情况相同。

4. 夫测妻病。以财爻为用，官鬼爻泄泻财爻为病症为忌神，宜子孙生财爻、克官鬼。

5. 测兄弟之病。兄弟爻为用神，官鬼克用为病为忌神，喜子孙爻克制官鬼，但若兄弟爻衰弱，子孙克官鬼的同时又泄兄弟之气，乃美中不足，这时就宜父母化官鬼而生兄弟。

6. 测子女晚辈之病。子孙爻为用神，官鬼为病，最喜子孙旺相发动克制官鬼，忌父母爻动来克子孙，也不宜财动泄子孙、生官鬼，喜兄弟动而生用。

7. 测关系生疏者之病，以应爻为用神，按应爻所持之六亲参照上述六种情况灵活分析推断。

从上述可以看到，推断疾病并非全都以官鬼为忌神，子孙为喜神、为医药，关键是根据官鬼、子孙与用神的生克关系决定喜忌吉凶。八卦预测万事万物，虽然名目繁多，每项预测又各具特点，但始终离不开用神与五行的生克关系这个核心，只要能正确选取用神，准确把握用神的旺衰强弱及与五行的生克关系，吉凶是不难判别的。

正所谓万变不离其宗。至于其他细节的分析、推断、描述，只要掌握了分类占断的不同特点，也非难事。这样，一个卦断下来，就是关于过去、现在和未来的一个有血有肉的故事。

推断病症可从卦象、爻象、内外、阴阳、六神、五行等方面综合分析，从而推断出较为详细的具体内容。

（说明：以上所论，若卦成特殊格局，另当别论。）

例一，一九九六年五月三十日，某县司法局高女士患胆囊炎住院已久，摇卦求测何时病愈：

　　　　丙子　乙未　癸丑　癸亥

　　　　　天地否　　　　　六神

　　　　　父母壬戌土′应　　白虎

　　　　　兄弟壬申金′　　　螣蛇

　　　　　官鬼壬午火′　　　勾陈

　　　　　妻财乙卯木〃世　　朱雀

　　　　　官鬼乙巳火〃　　　青龙

（伏子孙子水）父母乙未土〃　　玄武

断：病势绵延，立冬后方愈。

解析：

1. 求测自己之病以世爻妻财卯木为用神，官鬼为病为忌神。

2. 世爻墓于月建，囚于日辰，乃病体衰弱之象。用神衰弱宜生助，但卦中原神不现，伏于初爻父母未土之下，未土临月暗动克之而难以出头生用。未月火有余焰，官鬼有力，夹泄弱世，使用神更衰。如此观之，此病难治。

3. 用神衰弱无救必死，此卦用神是否到达了这种程度呢？衰者最忌冲克，其次忌泄耗，此卦申金为用神之克星，但安静不动，又被午火阻隔，加之申巳相合，虽不能化水，毕竟为牵绊，所以不能施克于用神，卦得六合、午未合、巳申合、巳午皆受牵绊，泄用之势得以削减，更喜用神旬空，可以避克避泄，所以病虽重，却不致于进一步恶化；再者太岁、时辰生用，月建乙木支藏干透而助用，日辰丑中之水，日干癸水有润木之功，所以用神虽奄奄一息，却可残喘而待时变旺。至十月，亥水当令，克去官鬼忌神，生起用神，此亥水原神一石双鸟，堪称妙药，患者岂有不愈之理？

此卦世爻用神为木，主肝胆，衰弱必主肝胆病，官鬼为火，夹泄弱世，朱雀为火也临用神之位，必主炎症，所以此病自然就是肝胆之炎症。用神衰而入墓，也是住院之象。当然这些都是已知信息，但遇到其他的卦，可按此推断。

有的书上说："久病逢合则愈。"此卦正好合拍。其实这也不能刻板，如果在辛酉月辛酉日占得此卦，再加上五爻动，忌神猖狂，用神被冲克殆尽，必死无疑。同理，久病逢冲也不一定就非死不可。冲也好，合也罢，无非就是五行力量的变化，忌神被冲破则宜，用神被冲破则凶。合还有合住、合旺、合化之分，合的结果对用神有益则吉，生合忌神则凶。断卦时要透过合冲的形式看到实质。

例二，江苏何女士求测食物中毒吉凶：

壬辰	壬子	甲辰	己巳	
火天大有		乾为天		六神
官鬼己巳火′应		父母壬戌土′世		玄武
父母己未土×		兄弟壬申金′		白虎
兄弟己酉金′		官鬼壬午火′		螣蛇
父母甲辰土′世		父母甲辰土′应		勾陈
妻财甲寅木′		妻财甲寅木′		朱雀
子孙甲子水′		子孙甲子水′		青龙

一天晚上，何女士在家与朋友闲谈，听朋友说喝了用柚子皮榨的汁可治便秘。便立即叫家人取柚子皮榨汁，她与朋友各喝了一杯，不一会儿，二人都头痛、头昏，上吐下泄。家人见此吓人的场景，便立即把她们送到医院治疗，住院输液后稍有好转。可何女士仍然非常担心会因此给身体带来后患，忐忑不安地度过了不眠之夜。第二天早早地便打电话请我预测一下这次误食对身体的吉凶影响如何。当时我按何女士姓名总笔画数加接到电话时的时辰起得以上卦象。我根据卦象分析后回答说："放心吧！肯定没有问题，从现在起一定会一个时辰比一个时辰好转，而且绝无后患。"

解析：

1. 按姓名笔画数起卦以世爻辰土为何女士。

2. 世爻辰土在子月虽处囚地，但临太岁和日辰，又得时辰之生，加之卦中未土动而帮扶，更得应爻巳火临时辰暖局而生世，世爻强旺，故断身体无恙。

3. 世爻临旺于日辰，本日即会好转。当天辰、巳、午、未时用神得生扶，故断其从现在起一个时辰比一个时辰开始好转。

4. 接下来的流日巳、午、未，流年巳、午、未，皆有利于世爻，故断绝无后患。

结果在医院输液后，回家休息了几天，身体就完全康复了。

例三，湖北张先生摇卦求测妻病吉凶：

  壬辰 甲辰 癸卯 丙辰

山泽损	火水未济	六神
官鬼丙寅木′应	父母己巳火′应	白虎
妻财丙子水″	兄弟己未土″	螣蛇
兄弟丙戌土×	子孙己酉金′	勾陈
(子孙申金)兄弟丁丑土″世	父母戊午火″世	朱雀
官鬼丁卯木′	兄弟戊辰土′	青龙
父母丁巳火〇	官鬼戊寅木″	玄武

张先生是一位易学爱好者。其妻子的单位组织体检，检查后医生说还要作进一步检查，意思是怀疑有病变。医生的话令张先生很紧张，回家后便摇卦测妻病吉凶。装好卦后张先生见用神有克无生无助乃大凶之兆，吓得魂飞魄散，于是打电话请我斟酌此卦。

当时我正在机场候机室，张先生紧张地报完四值和主变卦，我思索片刻后用肯定的语气说："你不用那么紧张，只是小毛病，绝对不可能有大问题，更不会发生病变。"张先生似乎看到了希望，但还是小心地说出了自己的疑问："李老师，恕我冒昧，我自己怎么看都觉得用神休囚遭克耗泄交加又没有一点生助，应该会有大问题呀！那再麻烦您帮忙给我讲一讲原因，可以吗？"

根据张先生的要求，我便作了如下解析：

1. 五爻妻财子水入三墓（年、月、时），卦中戌土动并引动三爻丑土紧贴克伤妻财子水，加之初爻巳火动化寅木回头生且又得日辰之生，耗用神之力很强，用神被克泄耗交加似为大凶。

2. 实际上，妻财子水在四值（年、月、日、时）和主变卦中都无亥子水相帮，即使主变卦中有申酉金、哪怕申酉金的力量再强妻财子水也不会受生，辰、丑中癸水遭本气之克，年日干之水遭旺土之克也无力帮扶妻财子水。这样一来，妻财子水无助又不受生就只能弱极而从其旺势，从则吉嘛，怎么可能有灾呢？

结果：后经医院进一步检查的确没病变，只是一些小毛病。

由此可见在六爻预测中若无从格理论，结果就完全相反了。

按历来传统测病的方法以官鬼爻为病症，子孙爻为医药，并且"病症"越弱越好，"医药"越旺越能治"病症"。按此理论我们来分析病情会如何：古代只用月日不用年时，本卦甲辰月、癸卯日，官鬼在辰月有余气，且又当临日辰，主变卦中官鬼寅卯木重重，整体来看官鬼不但不弱，而且又强旺。子孙爻伏而不现，又入墓于飞神丑土，无力克制官鬼，如果按照"病强药弱"的思路推断，就会得出其妻身体发生病变的结果。由此可见官鬼爻不一定在任何情况下都代表病症，或者越弱越好；子孙爻也不一定在任何情况下都代表医药，亦非越旺越佳。

《黄金策·病症》

人孰无常？疾病无常；事孰为大？死生为大——凡占疾症，以官鬼爻为轻重；得病根由，独发之爻亦可推之。

火属心经，发热咽干口燥；水归肾部，恶寒盗汗遗精；金肺木肝，土乃病侵脾胃。衰轻旺重，动则煎迫身体——鬼爻属火，心经受病，其症必发热、咽干、口燥类；属水肾经受病，其症必恶寒、盗汗、或遗精白浊类；属金肺经受病，其症必咳嗽、虚怯或气喘痰多类；属木肝经受病，其症必感冒风寒，或四肢不和类；属土脾经受病，其症必虚黄、浮肿或时气瘟疫类。或鬼爻衰弱则安卧，发动则烦躁之类也。

坤腹，乾头，兑必喉风咳嗽，艮手，震足，巽须瘫痪肠风——鬼在坤宫，腹中有病，火鬼必患腹疾；水鬼腹中疼痛；动化财或化水鬼必泻痢；土鬼则是食积痞块或痧胀蛊症；木鬼绞肠痧痛，或大肠有病；金鬼胁肋疼痛，在上胸痛，在下腰痛。此鬼在坤宫断，余卦类推之。

螣蛇心惊，青龙则酒色过度，勾陈肿胀，朱雀则言语颠倒；白虎损伤，女子则血崩血晕；玄武忧郁，男人则阴症阴虚——螣蛇鬼则坐卧不安，心神不定；青龙鬼则酒色过度，虚弱无力；勾陈鬼胸满肿胀，脾胃不和；朱雀鬼狂言乱语，身热面赤；白虎鬼跌打气闷，伤筋损骨，女人血崩血晕，产后诸症，盖白虎血神故也；玄武鬼色欲太过，郁闷在心，在本宫主阴虚，化子孙男子阴症阴虚，盖玄武暗昧之神故也，断宜通变。

鬼伏卦中病来莫觉，官藏世下症起如前——遇官鬼不出现必隐藏，得症不知何由；官鬼伏在世下，必是旧症复发。

若伏妻财，必是伤饥失饱；如藏福德，定然酒醉耽淫。父乃劳伤所致，兄为食气相侵——鬼伏财下，必是伤食，或因财物起因，或因妇女得病。鬼伏子孙下，必是酒醉过度，或恣行房事，夏或过于风凉，冬或多着裘帛，或过服补药所致。鬼伏父下，必是劳心劳力，忧虑伤神，或因动土所致，或因尊长得病。鬼伏兄下，必因口舌争竞，停食感气，或有咒诅得病。

官化官新旧两病，鬼化鬼迁变百端——卦中现有官爻而又变出官爻，主新旧两病也。又如官爻化进神则病增，化退神则病减。

化出文书在五爻，则途中遇雨；变成兄弟居三位，则房内伤风——化出父母，必在修造之处得病，若在五爻属水，则在途中冒雨而得也。如化兄弟，必因口舌呕气或是伤食；或在三爻，必房中脱衣露体感冒风寒。若化子孙，则是在僧道寺院或渔猎游戏。化财伤食，或因妻奴或因买卖。以上六亲化出官鬼爻，亦依此断。

本宫为在家得病，下必内伤；他卦为别处染灾，上须外感——鬼在本宫，家中得病，在下三爻，必是内伤症候。官在外宫外方得病，更在上三爻，必是外感风邪。上下有鬼，内伤兼外感，症得不一。

上实下空，夜轻日重——鬼在内宫，病必夜重；鬼在外卦，病必日重。若卦有二鬼，一旺一空或一动一静，必日轻夜重也。

动克变克，暮热朝凉——凡动爻为始，变爻为终，若动爻生扶用爻，而变爻刑克用爻者，必朝凉暮热，日轻夜重。动生变克反此断。

水化火，火化水，往来寒热——水化火，火化水，不拘鬼爻，但有干犯主象者，皆是寒热往来之症，卦有水火二爻俱动亦然。水旺火衰，寒多热少，倘水受伤，火得助，则常热乍寒也。坎宫火动，内寒外热，离宫水动，皮寒骨热；若带日辰，必是疟疾。

上冲下、下冲上，内外感伤——上下有鬼，病必内外两感；俱动俱静者，一同受病；二鬼自冲者，适感而适愈也。

火鬼冲财上临，呕逆多吐——火性炎上，财为饮食，故占病遇火鬼动克外财，必是呕吐，重则反胃不食。

水官化土下直，则小便不通——水官化出回头土克，在本宫初爻是小便不通，属阴是大便不通；阳宫阴象，阴宫阳象，二便俱不通。若加白虎，阳爻是尿血，阴爻是泻血，白虎血神故也。带刑害是痔漏症。

若患牙疔，兑鬼金连火煞——鬼在兑宫，口中有病，若金鬼化忌神，或忌神化金鬼，必患牙疔，不化忌神财是齿痛。静鬼逢冲齿必动摇。

如生脚气，震宫土化木星——鬼在震宫，病在足，加勾陈足必肿，加白虎必折伤破损。土鬼化木则患脚气，木鬼酸痛麻木，水鬼是湿气，火鬼必疮毒，金鬼是脚骺膝疼、骨痛或刀刃所伤类。

鬼在离宫化水，痰火何疑；官来乾象变木，头风有准；震遇螣蛇仍发动，惊悸颠狂；艮逢巳午又交重，痈疽疮毒——离宫鬼化水爻，痰火症候，水动化鬼亦然。乾宫鬼化木爻，头风眩晕，木动变鬼亦然。震在外卦勿以脚断，可言其病坐卧不宁，心神恍惚，盖震主动故也。更加螣蛇发动。必是癫狂惊恐病，小儿乃惊风也，逢冲则有逾墙上屋之患。艮逢火鬼必生痈疽，若遇变出土鬼，可言浮肿鼓胀等症。余可类推。

卦内无财，饮食不纳——财主饮食，若遇空亡，饮食不纳，若不上卦，不思饮食。

间中有鬼胸膈不宽——世应中间即病入胸膈处也，官鬼临之，必然痞塞不通。金鬼胸膈骨痛，土官饱闷不宽，木鬼心痒嘈杂，水鬼痰饮填塞，火鬼多是心痛。若化财爻或财爻化鬼，必是宿食未消，以致胸膈不利。

鬼绝逢生，病体安而复作——官鬼逢绝，其病必轻，如遇生扶，谓之绝处逢生，其病必将复作。

世衰入墓，神思困而不清——世爻入墓，病必昏沉，旺相有气，则懒于行动，衰则不言不语，是怕明喜暗，不思饮食，爱眠怕起，懒开目，更坐阴宫必是阴症。用爻入墓、鬼墓临用、原神入墓，皆依此法断。

应鬼合身，缠染他人之症——应临官鬼刑克合用爻，必因探访亲友病而缠染也。鬼爻属土，是时行疫症；用爻临应，必然病卧他家。

世官伤用，重发旧日之灾——大抵官爻持世，必然原有病根，伤用必是旧病复发，否则必难脱体。卦身持鬼，亦是旧病。

用受金伤，肢体必然酸痛；主遭木克，皮骨定遭伤残；火为仇则喘咳之灾；水来害则恍惚之症——如金动来克，则木爻受伤，支节酸痛；木动生克，则土爻受制，皮骨伤损。余可类推。

空及第三，此病须知腰软——第三爻如值旬空，为腰软；或旺相而生，为腰痛。不空而遇动爻日辰官鬼冲克者，乃闪腰痛也，动爻亦然。鬼在此爻者，亦主腰痛。

官伤上六，斯人当主头疼——不惟官鬼克伤上六而头疼，即如官鬼所临之处，亦有病也。如官鬼克间爻，或临间爻，皆主胸膈不利，忌神亦然。余可类推。

财动卦中非吐则泻——财爻动临上卦主吐，动临下卦主泻，若逢合住，则欲吐不吐、欲泻不泻。

木兴世上，非痒即疼——寅卯二爻属木，寅木主痛，卯主痒。

《黄金策·病体》

　　既明症候，当决安危，再把爻神搜索；个中之玄妙，重加参考，方穷就里之精微。**先看子孙，最喜生扶拱合**——子孙能克制鬼煞，古人谓解神，又名福德。占病又为医药，卦中无此则鬼无制，服药无效验，祷神不灵，所以先宜看此。推占父母丈夫病不宜子孙发动，动则伤克夫星，又克伤父母之原神也。

　　次观主象，怕逢克害刑冲——主象即用神也，如占夫以官为用神，占妻以财为用神类。如遇刑冲克害，即病人受病魔折，故怕见之。克害处若得生扶，必不至死。

　　世持鬼爻，病纵轻而难疗——占自病怕鬼持世，必难脱体。

　　身临福德，势虽险而堪医——月卦身乃一卦之体，子孙临之，决然无虞，纵然病势凶险，用药可以痊愈。

　　用壮有扶，切恐太刚则折——凡用神临月建，又得日辰生扶拱合，再遇动爻生扶者，乃太刚则折之兆，最怕原神又值月建，必凶；若有日辰动爻刑克，则不嫌其旺矣。所谓"太过者损之斯成"也。

　　主空无救，须防中道而殂——非独指空而言也。凡主象墓绝空破，有救者无妨，无救者必死。救者，生扶拱合也。

　　禄系妻财，空则不思饮食；寿属父母，动则反促天年——占病以妻财为食禄，卦若无财或落空亡，乃是不思饮食。父母爻动，占病所忌，以其克制福神，官煞能肆其虐故也，主服药无效，故云反促天年，占兄弟病反宜动也。

　　主象伏藏，定主迁延乎岁月——用爻不上卦，纵有提拔引者，必待其值日出露，或久病必待其值年值月病方愈，故曰定主迁延日月也。

　　子孙空绝，必乏调理之肥甘——子孙固为药，又为酒肉，若临死绝，或在空亡，或不上卦，病中必无肥甘调理。或日辰或应爻带子孙生合用爻者，必有人馈送食物资养。

世上鬼临，不可随官入墓——凡占自己病，若世上临鬼入墓于日辰，或化入墓库于爻，固非吉兆，世爻持鬼墓发动亦凶。

身临福德，岂宜父动来伤——占病以子孙为解神，身临之大吉之兆。如父母动来克伤，仍为不美，如父母有制无妨。

鬼化长生，日下正当沉重——鬼爻发动，病势必重，若鬼化入长生，乃一日重一日之象。

用连鬼煞，目前必见倾危——"连"字当作变字解，今术家以用神变出官鬼者，断其病必死，是以词害义矣。孰知鬼煞者是忌神也，用连鬼煞，即指用化回头克耳。用神变回头克，而无日月动爻解救者，目前立见其危也。

福化忌爻，病势增加于小愈——子孙发动制伏官鬼，其病必减，若化回头克坏子孙，必因病势小愈不能谨慎，以致复加沉重。子孙化官爻亦然。

世持兄弟，饮食减省于平时——兄弟持世，饮食必减，其病亦因多食而得。

用绝逢生，危而有救——凡用爻逢绝，如得卦中动爻相生，谓之绝处逢生，凶中回吉之象，虽危有救。用神不宜太弱，弱则病人体虚，力怯难痊。若得日辰动爻生合扶助最吉，纵有十分重病，亦不致死也。

鬼伏空亡，早备衣冠防不测——此两句惟言父母、官鬼、丈夫病，如遇官爻伏而空者，须防不测。

日辰带鬼，亟为祈祷保无虞——如日辰带鬼生合世爻或用爻者，当为祈祷，看其生合者是何等神。如生合青龙父母，是花幡香愿，勾陈则土地城隍，朱雀则香灯口愿，螣蛇则百怪惊神，白虎则伤司五道，玄武则玄帝北阴。阳象阳爻是神，阴象阴爻是鬼。今陈大略，后有《鬼神章》尽细，阅之照断方是，切不可妄断！

动化父来冲克，劳役堪忧——卦中父母爻动来冲克用爻，或用爻动变父母不冲克者，宜自减少劳碌，不然病即反复，又加沉重矣。

日加福去生扶，药医则愈——日辰临子孙生扶拱合用爻，必得药力而愈。

身上飞伏双官，膏肓之疾——身者卦身及用神也。如身爻上已临官鬼，又他爻动而飞身上来者，或身之前后夹有官鬼，或用爻前后夹有官鬼，或世上有鬼而身上又有鬼，皆谓之双官夹用夹身，大难不死，亦是沉困考终之疾也。即如子病吉凶，得恒卦，三五爻皆是官爻，午火子孙居其四爻，鬼之中是也。余仿此。

命入幽冥两墓，泉世之人——以卦看有鬼墓，以世看有世墓，以用神看有主墓，凡遇此三墓出现卦中者，人皆见之，其墓为明；变入墓中者，人所不见，其墓为幽。不拘明幽，病主危困，或世爻用爻被官鬼两头夹之，或见有两重鬼墓夹身者，必死。得日辰动爻冲破墓爻，庶几无事。

应合而变财伤，勿食馈来之物——应爻动来生合用爻，当有问安之人，带财福必有馈送，兄弟则清访而已。若应虽生合，而用爻或变妻财，或被财爻刑冲克害用神者，倘馈送切宜忌食，否则反生伤害。若占长辈，尤宜忌之。

鬼动而逢日破，何妨见险之虞——官爻发动，或忌神发动，其祸成矣。若得日辰动爻冲之，谓已冲散，主其病虽凶而不死。

欲决病痊，当究福神之动静；要知命尽，须详鬼煞之旺衰——读是篇者不可以词害义。福神者，其义轻于子孙而重于原神也；鬼煞者，其理在于忌神而不在于官鬼也。凡占病，如遇原神旺动，即使用神空破伏藏者，其病可愈；如遇忌神旺动，即使用神出现不空破者，禄命当尽矣！

《黄金策·医药》

病不求医全生者寡，药不对症枉死者多，欲择善者而从之，须就著人而问也。应作医人，空则间亡而不遇；子为药饵，伏则杆格以无功——凡卜医药，以子孙爻为药饵，以应爻为医生。如子孙受伤或墓绝，或官爻生旺，是药不对症，必不能去病，如应爻旬空，医生非它出不来，定用药无效。

鬼动卦中，眼下速难取效——占药要鬼爻安静无气，若发动，虽有妙药时，难以取效，待鬼爻墓绝日用药，方始有效。

空临世上，心中强欲求医——世爻空亡，必得专心求医，或自不相信他，虽请彼看，亦不用其药石。

官临福衰，药饵轻而病重——官爻无气，子孙旺相，药能胜病，服之有效。若子孙休囚，官爻旺相者，乃是药轻病重，服之无功。

应衰世旺，病家富而医贫——世为病家，应为医家，相合相生，非亲即友。若应旺世衰，病家贫乏，医必富，应衰世旺反此断。

父母不宜持世，鬼煞岂可临身——卦身与世爻皆不宜临官临父，遇之则药不效。

官化官病变不一，子化子药杂不精——此言官爻化进神症候不一，或病势不定，化退神反此断。子孙乃占药用神，如子孙化进神而药有效，如化退神及伏吟卦，不可服此剂。

福化忌爻，误服杀身之恶剂——盖有动则有变，变出父母回头来克，难伤官鬼，必致用药伤命。

应临官鬼，防投增病之药汤——应临官鬼，必非良医，更来刑克身世用神，须防误药损人。或临忌爻，或化官鬼，皆不宜用此人之药。

鬼带日辰定非久病——鬼带日辰动出卦中者，必是日下暴病；若日辰虽是官爻，不现卦中则不然，可言其病眼下正炽，必须过此方可用药。

应临月建必是官医——应持太岁必是世医，持月建日辰必是官医，更待月日临子孙，用药神效。应临子孙乃专门医士，可托之。

世下伏官子动，则药虽妙而病根常在——大抵自占病遇鬼伏世下，或占他人病遇鬼伏用爻下，其病不能断根，日后恐再发也。

衰中坐鬼身临，则病虽轻而药力难扶——卦身虽临衰弱之鬼，缠绵难愈之象，或主象身临官墓者亦然。

父若伏藏，名虽医而未谙脉理——卦中父动，子孙不能专权固非吉，然又不可无，宜静不宜动。何也？盖人气脉皆属父母，故占医或无此爻，必是草泽医人，虽然用药，而脉理未明也。

鬼不出现，药纵用而不识病源——官鬼为病，出现则易受克制，用药有效。或不上卦，其病隐伏，根因不知，症候莫决，率意用药，亦难取效。

主绝受伤卢医难救——主象若遇休囚墓绝，或变入墓绝，再有克伤者，虽良医不能救也。

父兴得地扁鹊无功——父母发动子孙受伤，药必不效，若得子孙有气，日辰动爻克父母，必须多服有功。

察官爻而用药，火土寒凉——火土官爻，其病必热，宜用凉药攻之；金水官爻，其病多寒，必温热之剂治之，如火必寒、土必凉、水必热、金必温等剂是也。又如火鬼在生旺之地，又遇生扶，必用大寒之药攻之；水鬼在生旺之地，又遇合住者，须用大热之药；如火鬼在阴宫阴爻，乃是阴虚火动之症，可用滋阴降火之药；水鬼在阳宫内卦，乃是血气虚损之症，可用补中益气之药。宜通变，余仿此。

验福德以迎医，丑寅东北——凡占服药，须看子孙何爻，便知何处医人可治。如在子爻宜北方医人，丑爻东北方医人类。又如寅爻子孙五行属木，其医是木旁草头姓名，或是虎命者，虽非东方，皆能医治。余仿此。

水带财兴，大忌鱼鲜生冷——财为饮食，资以养生，然动则生助鬼爻，反为所害。若更属水，必忌鱼鲜生冷等物，药治见功。如值木爻，忌食动风之物，值火忌炙炊热物，值金忌坚硬咸物，值土忌油腻滑物。财如不动，不可妄言。又忌鬼爻生肖物，如丑忌牛、酉忌鸡类。余仿此。

木加龙助，偏宜舒畅情怀——青龙为喜悦之神，更临木爻生合世爻主象，病人必抛却家事，放宽怀抱，然后服药有功。

财合用神居外动，吐之则愈——财在外宫主吐，若得生合用爻，以药吐之则愈。

子逢火德寓离宫，灸之则愈——子孙属火，又在离宫，宜用热药疗之，或用艾灸则愈。

坎卦子孙必须发汗，木爻官鬼先要疏风——子孙属水或在坎宫发动，皆宜表汗。官鬼属木，先散风邪用药有效。

用旺有扶休再补，鬼衰属水莫行针——用爻休囚墓绝，必补药方有效；若用爻得时旺相，又有生扶合助，须用克伐之药治之，若再补则反害矣。子孙属金，利用刀针；鬼爻属水而用刀针，则金能生水，反助病势。土鬼忌用热药，木鬼忌用寒药，火鬼忌用风药，金鬼忌用丸药。

福鬼俱空，当不治而自愈；子官皆动，宜内补而外修——占病子官二爻俱空，乃吉兆也，或俱衰静无冲无并者，其病自愈，不用服药。若二爻俱动，此非药不对病，乃是神祟作祸，故曰无功，必须祈祷服药方得病瘥，俗所谓外修内补也。

卦动两孙，用药须当间服——卦有二爻子孙发动，用药不必连服，以其分权故也。或用两般汤药，间服之则效矣。

鬼伤二间，立方须用宽胸——官鬼动来冲间爻，或鬼在间爻动，必然胸膈不利，须用宽胸之药。逢兄弟发动，则是气逆，治宜调气。

父合变孙，莫欲闭门修养——卦中福官衰静，若有父母动来生合世身主象者，不须服药，宜居僻静，闭门修养。

五爻化福，可用路遇医人——如卦中第五爻变出子孙，不须选医服药，不如路遇草医能治。若子孙不现，而日辰临子孙生合者，意外自有医生可治也。

世应比和无福德，须用更医——世应比和，卦无福德，此药无损无益，须更医方可得瘥。

财官发动子孙空，徒劳服药——财官俱动，其势已凶，子孙又空，服之无益。

凡占医药者，须诚心默祷，用何人药有效无效，不必说明姓氏。卜家据此章而断，自无荐医之弊，则诚无不格，卦无不验矣，岂非彼此安心乎？

第六节 应 试

升学考试，这是千百万学生十分关心的大事。十年寒窗苦，谁不想在考场上一显身手，榜上题名？但是，考试就如射击，神枪手也有打偏的时候。有的考生平时成绩名列前茅，升学考试却名落孙山；有的考生平时成绩中上，升学考试却考得出人意料的高分。这些事看起来具有偶然性，不可捉摸，其实，这是可以提前预测的。根据八卦提示的信息，考生可以提前主动地采取一些有效的措施预防和避免不利因素的影响，使自己在考试中处于最佳竞技状态，最大限度地考出自己的真实水平。

自测考试以世爻为用神，父母爻代表考试成绩，世爻宜旺相，父母宜旺而生世不宜克世，父母得官鬼爻生更佳。替别人代测按六亲取用，同样也要看用神与父母、官鬼的生克关系。各种占测书籍论考试的断语不少，其实说到底，无非就是五行生克的力量变化引起的关于考试的种种现象，凡有益于用神和父母爻的因素多，考试就顺利、如意，反之就不宜。

例一，江苏许总求测女儿高考如何：

　　壬辰　壬寅　甲寅　甲戌

风地观	天地否	六神
妻财辛卯木 ′	父母壬戌土 ′应	玄武
官鬼辛巳火 ′	兄弟壬申金 ′	白虎
父母辛未土 ×世	官鬼壬午火 ′	螣蛇
妻财乙卯木 ″	妻财乙卯木 ″世	勾陈
官鬼乙巳火 ″	官鬼乙巳火 ″	朱雀
(子孙子水)父母乙未土 ″应	父母乙未土 ″	青龙

许总在2010年有缘与我结识，当时他女儿在上高二，学习成绩不好，平时最好的考分连上三本线都很难。于是许总请我作了全面的风水布局和五行调理。

今年2月的一天，许总焦急地打来电话，告诉我自从布局调理之后女儿的学习成绩逐渐有所改善，平时成绩已超过三本线了。但不知为什么目前学习状态又有些糟糕，想请我测一下他女儿到底高考结果如何。当时我用他打来电话时的时间加上许总的姓名总笔画数起得以上卦象。我当即告诉许总说："恭喜你呀！你女儿这次高考会超常发挥，一定能考上理想的大学。公历2月4日至4月4日学习状况糟糕完全是正常的，过了4月4日一定会有好的转机。"许总表示感谢后，如释重负地挂断了电话。

解析：

1. 父母测女儿之事，应以子孙爻为用神代表其女儿。

2. 子孙子水伏藏在初爻未土之下既无亥子水相帮，又无申酉金之生，为弱极而从其旺势，从则吉，不会存在自身状态不佳能力不足的问题。

3. 卦中巳火安静，寅卯月木乘旺势，火不能完全通木土交战之关，就小有木土交战之弊，未土父母爻代表学习成绩，所以目前学习状态糟糕。

4. 当年高考之时，已交午令，火旺引动主变卦之巳午火，完全通木土交战之关，状态必定好转，考试必然超常发挥。

5. 卦中父母未土代表学习成绩又代表被录取的大学，全卦木火土依次相生，整体气势在父母未土，用神子水又从于父母爻，所以能考出高分，被理想的大学录取。

后来许总打电话激动地告诉我："李老师，我女儿竟然还考上了南京邮电大学！真是如您所测，过了清明后学习状态就逐渐好转了。真是太感谢您了！"

每每看到求测者达到了愿望，也是我最开心，最有成就感的时候。

例二，重庆刘先生求测儿子能否考上较理想的大学，起得"屯"之"节"卦：

壬辰	甲辰	己未	己巳
水雷屯		水泽节	六神
兄弟戊子水〃		兄弟戊子水〃	勾陈
官鬼戊戌土′应		官鬼戊戌土′	朱雀
父母戊申金〃		父母戊申金〃应	青龙
官鬼庚辰土〃		官鬼丁丑土〃	玄武
子孙庚寅木×世		子孙丁卯木′	白虎
兄弟庚子孙′		妻财丁巳火′世	腾蛇

刘先生打电话请我测一下他儿子今年高考如何，我当时就按接电话的时间加其儿子的姓名笔画数起得以上卦象。根据卦中显示的信息，我对刘先生

说:"你儿子今年高考跟不上平时的成绩,考试时不能正常发挥,你要有思想准备。"

解析:

1. 按考生姓名笔画数起卦以世爻为考生本人,子孙爻持世,子孙也代表发挥状态,父母爻代表成绩、考题,也为学校,官鬼爻为考官。

2. 用神寅木在四值中被耗气过重,又遭五君爻戌土暗动且引动三爻辰土耗其气,用神若能从其旺势则当以吉论。但是世爻寅木虽处弱势,却发动化进,弱而不从。子孙弱而不从就表明考试时状态不好,发挥不佳。

3. 世爻发动克应爻官鬼戌土,官鬼代表考官,你和他相克,表示气场不和,会产生紧张气氛,考试时就不能正常发挥。

4. 父母爻申金冲克世爻,说明考题对自己来说比较难,让自己难以应对。既然成绩不好,达不到理想的分数线,理想的学校就不会录取你。

后来刘先生给我打来电话黯然地说:"李老师,我儿子只上了三本的分数线,老师说他平时成绩很好,怎么都能轻松地考上二本,说他这次高考确实太紧张,发挥失常。"

例三,一九九四年五月十一日亥时,一考生求测今年高考能否如愿,得卦"观"之"剥":

甲戌	庚午	丙子	己亥
风地观		山地剥	六神
妻财辛卯木 ′		妻财丙寅木 ′	青龙
官鬼辛巳火 ○		子孙丙子水 ″ 世	玄武
父母辛未土 ″ 世		父母丙戌土 ″	白虎
妻财乙卯木 ″		妻财乙卯木 ″	螣蛇
官鬼乙巳火 ″		官鬼乙巳火 ″ 应	勾陈
父母乙未土 ″ 应		父母乙未土 ″	朱雀

父母持世临太岁又得月建之生,巳火动而相生,过分强旺,有火旺土燥之弊,幸日辰子水克火润土,巳火动又化子水回头克,乃为除弊救偏之玄机

所在。父母持世过旺而有制，考试成绩必佳，但考试在未月，燥土克水，水润土之力减，应人为地调节：在考场上宜穿黑衣白裤白鞋，届时在饮食上多喝清凉饮料，并随身携带解暑药物，考试时用较大的铝盅盛满矿泉水置于自己坐位的书桌上，盅不能加盖子，感到心里闷热就喝几口，但离开考场前不能喝干，戴表宜戴金属机械表，不宜戴电子表，钢笔宜选白色，用碳素（黑）墨水。

此考生半信半疑，但为了考出好成绩，他还是积极准备。考试第一天上午，其他都照上述所做，惟独服装颜色选了上红下黄，结果答卷一个小时后，突然心里感到特别闷热，头脑发昏，当即服了解暑药，也不见效，所以后面的题答得不好。他觉得上黑下白的服装有点不伦不类，怕人笑话，便未照办，考试初战遭挫，心里开始着急，头脑更是昏沉沉的。回到寝室，他立即换上上黑下白的服装，顿感一股凉爽之气沁入心脾，顿觉心旷神怡。下午参加考试，思路格外敏捷，直到考试结束回家，他还有点舍不得换装。

一个月后，高考成绩公布，他在本校考生中获得了第一名，但他平时成绩不过居班上第五至七名之间，同学们既羡慕又惊异。后来他顺利地进入了自己填报的大学。

第七节 出 行

出门办事也好，旅游也好，人们总想"高高兴兴出门去，平平安安回家来"。但天有不测风云，人有旦夕祸福，有的人途中遭遇意外之祸，如逢扒窃、抢劫、交通事故、自然灾害、争吵斗殴之类，轻则破财，重则伤身，更甚者魂归西天，一去不复返。那么，怎样才能避免灾祸而一路顺风呢？一方面提高警戒，加强安全防范措施；另一方面，更重要、更可靠的方法是提前预测，从而有意识地避开灾祸。灾祸是在一个特定的时间和空间范围内发生的，如果避开了这个时间和空间，就避免了灾祸。但发生灾祸的时空并不是凭想当然就可知道的，而用八卦则能准确地预测出来。比如测出明天在南方会发生车祸,你明天就不去南方,测出此次出行会遇盗匪,你可取消这次出行,或者身上尽量少带现金和贵重物品,就可以减轻钱财的损失。总之,不要凭侥幸心里碰运气,须知遭遇意外灾祸的人中,不乏精明干练者,祸事发生以后,有的还没意识过来甚至有的永远失去了意识的可能。

八卦纳甲法预测出行,也是以用神为核心。测自己以世爻为用神,代人测仍以六亲取用。用神宜生旺、平衡,忌衰弱受克损。用神的旺衰强弱会随时间、空间的改变而变化,所以选择合适的时间到适宜地方就可趋吉避凶。

例一,一九九五年七月十二日辰时,张先生欲去重庆,问路上顺不顺利,起得"颐"卦,四爻动:

乙亥　甲申　丙戌　壬辰

山雷颐	火雷噬嗑	六神
兄弟丙寅木′	子孙己巳火′	青龙
父母丙子水″	妻财己未土″世	玄武
妻财丙戌土×世	官鬼己酉金′	白虎
妻财庚辰土″	妻财庚辰土″	腾蛇
兄弟庚寅木″	兄弟庚寅木″应	勾陈
父母庚子水′应	父母庚子水′	朱雀

断:今日上路,宜坐船去,你有事求人,事可办成,但要花一笔钱。

解析:

1. 世爻临日辰动,急欲出行之象,动而无合,今日可动身。

2. 五爻为道路,临太岁,又长生于月建,世爻克之,力量相匹,一路顺利。父母又临五爻,父母为车船,五爻为子水,即为船象。

3. "颐"卦有开口求人之象,世爻财动化官鬼泄气,花钱办事之意。兄弟爻月破,财爻值日,无劫财之象。世克应,办事可成。财官皆旺,财化官花钱较多。

验证:张先生回来后告知:当天坐船到了重庆,去求姐姐帮忙联系一项业务,结果生意成交,购买货物花了几千元。一路平安。

例二，李先生欲回老家，问途中平安否？摇得"剥"卦：

丙子　丙申　戊子　辛酉

山地剥	六神
妻财丙寅木〻	朱雀
子孙丙子水〃世	青龙
父母丙戌土〃	玄武
妻财乙卯木〃	白虎
官鬼乙巳火〃应	螣蛇
父母乙未土〃	勾陈

世爻为用神，临太岁、日辰，又长生于月建，可谓强旺，但六爻安静，卦中再无金水生助世爻，不致过旺，这种情况下，子孙持世则"飞灾横祸化为尘"。世居五爻临道路，水旺则流，欲行之象。间爻戌卯克耗用神，用神强旺不畏克耗，财为饮食，父母为车船票，为住所，乃为回家途中食宿路费之正常消费；应爻为家，虽为官鬼，但休囚受克，不致为凶。

综上所述，断其一路平安。后得知果如所测。

例三，前例张先生求测能否向姐姐借到钱，摇得"雷天大壮"卦：

乙亥　甲申　丙戌　壬辰

雷天大壮	六神
兄弟庚戌土〃	青龙
子孙庚申金〃	玄武
父母庚午火′世	白虎
兄弟甲辰土′	螣蛇
官鬼甲寅木′	勾陈
妻财甲子水′应	朱雀

推断：

1. 世爻空而入日墓，衰弱无力，心里不踏实。

2. 父母持世求财，辛苦不易之象。

3. 兄弟旺但泄世爻之气，世弱宜生助不宜泄，说明其姐不会帮助他。

4. 财爻临应长生于月建，但被兄弟辰戌相冲而克住，况且世空世弱也不胜财，根本不可能借到钱；5. 世衰入墓，原神官鬼又月破，须防身体患病。

根据以上分析，劝他不去为好。但他仍不甘心。结果其姐推辞说钱被别人借去了，手里无钱。他还生了四天病（丙戌日至己丑日），若执意出行，路上病痛之苦可想而知。

例四，自测从咸宁返回家乡，途中平安否？摇得"小畜"之"既济"卦：

丙子　辛丑　乙丑　甲申

风天小畜	水火既济	六神
兄弟辛卯木〇	父母戊子水〃应	玄武
子孙辛巳火′	妻财戊戌土′	白虎
妻财辛未土〃应	官鬼戊申金〃	螣蛇
妻财甲辰土′	父母己亥水′世	勾陈
兄弟甲寅木〇	妻财己丑土〃	朱雀
父母甲子水′世	兄弟己卯木′	青龙

世爻子水在丑月丑日为有余气，又太岁临世，虽有未土暗动相克，亦无大碍，故路上人身安全无须担忧。兄弟寅卯同动结朋又得太岁生而克财，虽财临月日，可相抗衡，但兄弟毕竟主克，财受克，兄财交战虽胜负不悬殊，但财爻终究小有伤损。明、后日寅卯木当值，不宜走，若能先有意破点小财则可解路途之不顺。

前几天"中心"邵经理答应在鄂州帮我买船票，临走时尚未得音讯，我本可直接坐车到武汉乘船回家，但据卦之提示，我便有意从咸宁坐车到鄂州去询问买票之事，在鄂州为此事也花了一些钱。之后猛然想起正应破小财之事，这正是破小财而免破大财的化解方法，有意无意地碰上了。当天又回到咸宁，改日再到武汉乘船，顺利回到家乡。

例五, 我夫人在梦中惊醒,对我说:"我感到小陈好像会出什么事,你看一下。"当即起得"贲"之"颐"卦:

丁丑　乙巳　乙丑　己卯

	山火贲	山雷颐	六神
	官鬼丙寅木′	官鬼丙寅木′	玄武
	妻财丙子水″	妻财丙子水″	白虎
	兄弟丙戌土″应	兄弟丙戌土″世	螣蛇
(伏子孙申金)	妻财己亥水○	兄弟庚辰土″	勾陈
	兄弟己丑土″	官鬼庚寅木″	朱雀
	官鬼己卯木′世	妻财庚子水′应	青龙

小陈是我入门弟子,应以子孙爻为用,伏于亥水之下,长生于月建,又得日辰之生,本无碍,但不宜伏生飞而泄气,子孙泄气于财爻,乃耗财之象,且卦中财爻临月破又遭日克又发动化辰土回头克,也是破财之象,幸财爻旬空,空则无,空则可避免,但财动得伏神生非真空,兄弟爻力量又很强,财爻抵挡不住,难免破小财。因他当日恰好要去鄂州编校杂志,故嘱他注意,最好不带钱,或事先用一笔钱再走。他按当日辰时起得"颐"之"噬嗑"卦分析道:

丁丑　乙巳　乙丑　庚辰

山雷颐	火雷噬嗑	六神
兄弟丙寅木′	子孙己巳火′	玄武
父母丙子水″	妻财己未土″世	白虎
妻财丙戌土×世	官鬼己酉金′	螣蛇
妻财庚辰土″	妻财庚辰土″	勾陈
兄弟庚寅木″	兄弟庚寅木″应	朱雀
父母庚子水′应	父母庚子水′	青龙

世爻月生日助强旺有力,兄弟忌神失令且安静,人身安全没有问题。财爻持世动而化泄气,自己破财之象,但戌土旬空破财不多,财化鬼有盗贼之征,官鬼无申酉金之帮,成为从象,盗贼应青壮年。应爻父母为车又为目的

地,世旺克应,不会有车祸。若推辞不去,但卦遇游魂,有命难违,势在必行。主卦体四用七,变卦体四用三,破财约在四十三至四十七元的范围内。

实际情况:弟子小陈与同事于当日下午1点钟上车,坐下后便昏昏朦朦地入了梦乡,中途停车上来一个三十多岁的男子坐在他左边,待再次停车下客时,那人也下了车,小陈猛然间睡意全消,一摸左边口袋,四十四元钱不翼而飞,仅剩下右边口袋里四元钱。一看表,中午1点半多。他回来对我说:"卦上明示要破财,不去又推不掉,便存心验证此卦。为防万一,只带了五十元零花钱,上车前用了二元,车费由同事在'中心'财务室领出带着,虽然提醒自己注意,但一上车就不由自主地打起瞌睡来,钱被扒走后,顿时就清醒了。所幸衣物未被偷走,稿件也在同事包里安然无恙。真可谓难逃定数。"我说:"如果你事先有意花掉五十元钱,就不会再破财了,这叫做主动化解。"

《黄金策·出行》

人非富贵,焉有坐享荣华?苟为名利,宁免奔驰道路?然或千里之迢遥,夫岂一朝之跋涉?途中休咎,若个能知?就是灾祥,神灵有准。父为行李,带刑则破损不中;妻作盘缠,生旺则丰盈足用——出行以父母为行李,旺相多休囚少类,旺空虽有而不多,带刑害破损旧物。妻财为财物本钱类,旺相充满,休囚微少;若从兄弟化出必是合本,或是借来非己之物也。

世若衰弱,哪堪水宿风餐——世为自己,生旺则健,休囚则倦,所以不堪劳碌于风霜中也。

应若空亡,难望谋成事就——应爻为所住之处,最怕空亡,主地头寂寞,谋事难成,不能得意而回。

间爻安静,往来一路平安——间爻为往来经历所在,动则途中阻滞;若得安静,则往来平安无阻。临财福动,途中谋望胜于地头。

太岁克冲,行止终提挠括——太岁发动冲克世爻,其人出外终年不利,更加白虎凶煞，尤非吉兆也。

世伤应位，不拘远近总宜行；应克世爻，无问公私皆不利——世克应，是我制他，所向通达，去无阻节；应克世，所向闭塞，更遇动爻日辰刑克，更不吉利。

八纯乱动到处皆凶——八纯乃六冲之卦，六爻不和又遇乱动，何吉之有？

两间齐空独行则吉——间爻若空，主无阻滞，又为伴侣，若二爻皆值旬空，宜自独行，庶免同伴之累。

世动订期，变鬼则自投罗网；官临畏缩，化福则终脱樊笼——世爻不动行期不定，动则期已定矣。世应俱动宜速行。若世动变出鬼爻，去后必遭祸患。若鬼持世，乃是逡巡畏缩，欲行不行之象。鬼化子孙，虽有灾患不足畏也。

静遇日冲，必为他人而去；动逢间合，定因同伴而留——世爻安静，遇日辰动爻暗冲者，他人浼去，非为自己谋也，日辰并起合起皆然，若世爻发动，遇日辰动爻合住者，是将行而有羁绊，未能起程；间爻方是同伴羁留。欲断行期，须逢冲日。

世若逢空，最利九流出往——世空去不成，强去终难得意，徒劳奔走。若九流艺术及公门等人，是空拳问利，反吉。

土如遇福，偏宜陆地行程——卦中火土爻乃是陆路，水木爻是水路。若临财福吉，兄鬼凶。

鬼地墓乡岂宜践履，财方父向却可登临——鬼地墓乡，财方父向，如自占卜，皆以世位而言。官鬼之方及鬼之墓方、世之墓方并克世之方，此等凶方不可践履；宜往财福之方，为大吉利也。

民挈玄爻刑克，盗贼惊扰——官鬼临玄武本是盗贼，若与世爻刑克，不免盗贼之扰。

兄乘虎煞交重，风波险阻——兄加白虎及忌神动，或鬼在巽宫，动来克世，皆有风波险阻。

妻来克世，莫贪无义之财；财合变官，勿恋有情之妇——财动刑克世爻，恐因财致祸；若世与财爻相合，而财爻变出鬼来刑克者，恐因色致殃。故言"勿贪无义之财"，勿恋可免，于终吉利也。

父遭风雨之淋漓，舟行尤忌——父为辛勤劳苦之神，动则跋涉程途，不能安利，刑克世爻，必遭风雨所阻。父为舟，克世行船不利，故尤忌。

福遇和同之伴侣，谒贵反凶——子孙持世最吉，主逢好侣，行路平安；若为谒贵而出行则不宜。子动谓之伤官，反不利矣。

艮宫鬼坐寅爻，虎狼仔细——艮为山，寅属虎，若艮宫见寅鬼，是虎狼也，若不伤世，与我无害，倘或伤应，即伤他人。

卦见兄逢蛇煞，光棍宜防——兄主劫财，若加螣蛇动，必有光棍劫损财物，无制宜防，有制无妨。

鬼动间中不谐同侣——鬼在间爻动，若非伴侣不和，即是伴中有病，克世主自有悔。

兄兴世上多费盘缠——兄弟爻主耗费资财，持世则多虚费；不临世上，动自他人，损耗我也。

一卦如无鬼煞，方得知心——官鬼主祸灾，故不宜见之；即如出现，或得安静或有制伏，纵见无妨。

六爻不见福神，焉能称意——子为福德，又为解神，若不上卦或落空亡，不能制鬼，则鬼煞专权，恐有灾祸。

主人动遇空亡，半途而返——隔手来占，须看何人出行，如卜子孙则看子孙，主人者用神也，余仿此。如动遇空亡，行至半路复回；动化退神亦然。

财旺临月建，满载而归——出行若得财爻旺临月建，生合持世，不受刑克，定主满载回家。

但能趋吉避凶，何虑登高涉险。

第八节 行 人

测行人与出行相似但又不完全相同，前者是对未出行的人测旅途是否平安，后者是测已出行的人在外的情况以及归期。定归期比判吉凶要复杂一些，但实际上也就是一个应期，与其他类型的应期推断大同小异，大家可参照对比。

例一，一九九七年七月三十日晚上十点武汉孙先生专程来求测女儿出走多日在外吉凶，何日能回，摇得"革"之"夬"卦：

丁丑　戊申　丙午　己亥

泽火革	泽天夬	六神
官鬼丁未土〃	官鬼丁未土〃	青龙
父母丁酉金′	父母丁酉金′世	玄武
兄弟丁亥水′世	兄弟丁亥水′	白虎
兄弟己亥水′	官鬼甲辰土′	螣蛇
官鬼己丑土×	子孙甲寅木′应	勾陈
子孙己卯木′应	兄弟甲子水′	朱雀

应爻子孙为用神，绝于月建休于日辰，官鬼丑土动来耗用神之气又阻隔克制亥水原神，且用神旬空，这些因素对用神极为不利，似乎该女有去无回，大凶之象。但进一步细审卦爻，用神化子水回头生，子水长生于月建，受日冲为暗动，暗动则有力，并且子水纳干甲，甲木可帮用；再者主卦亥水原神重叠，长生于月建，虽被官鬼丑土动而阻隔克制，但亥水在申月为有源之水，丑又为湿土，故克之不尽，用神绝处逢生；卯木旬空，虽旬内难以受生，却也正可避克，所以此卦用神旬空的作用十分微妙。

用神绝处逢生，凶中有救，其女在外安全，这一点可以确定了。但人能否回来，何时回来呢？

在此卦若要人回须满足两个条件：1. 用神有力；2. 静而逢冲。

用神要从无力变为有力，在本卦一需用神出空，二需原神发动，三需化掉仇神土和忌神金。八月初九乙卯日，用神填实，力量增强，但月令交酉，酉冲卯，用神受损，原神尚未发动，丑土仍克水，水就难生木，故用神虽值日，但被月建冲克仍是力量不足；八月十一日，为酉月丁巳日，巳冲亥，亥水原神暗动，变卦子水原本暗动，所以亥子丑皆动而会水局，丑土被化不再克原神，酉金本冲克卯木，但水局旺动可通关，形成金生水，水生木，化敌为友，用神一下子强旺起来。用神强旺，月建冲不为破而为动，用静旺而逢冲动则归，故断此日回家。辛亥、壬子、甲寅、乙卯日，用神稍旺，断其女有回家的念头。

事隔很久以后，求测者于1998年8月打电话告诉我，他女儿确实于1997年己酉月丁巳日辛丑时回到家中。

此卦占断的难度较大，玄机就在于用神安静旬空和原神静而待动。此卦当时引起同行的争议，他们都认为此人在外大凶，回不来了，认为此人可能已死，理由是用神衰弱又空。因久久得不到求测者的反馈信息，他们更加确定我将此卦断错。后来我又反复研究此卦，认为当时的占断是正确的，于是又自己起卦占测该女是否归家，何时来反馈，卦象表明人已归，但父母爻衰弱安静，也是待时而用之象，所以心安理得地静候反馈，结果终于在1998年8月得到反馈，验证了当时的占断。

例二，一男子占妻子被人拐走何日能找到？按时间得"大有"之"乾"卦：

丙子	壬辰	辛卯	癸巳	
火天大有			乾为天	六神
官鬼己巳火 ′应			父母壬戌土 ′世	螣蛇
父母己未土 ×			兄弟壬申金 ′	勾陈
兄弟己酉金 ′			官鬼壬午火 ′	朱雀
父母甲辰土 ′世			父母甲辰土 ′应	青龙
妻财甲寅木 ′			妻财甲寅木 ′	玄武
子孙甲子水 ′			子孙甲子水 ′	白虎

妻财寅木为用神，临日辰旺地，月建辰土正可培木，寅卯辰三会成局，太岁子水，月、时透壬、癸皆生木，用神寅木纳干为甲，甲寅双体，力量更大，加之丙子、壬辰、癸巳、甲寅皆纳音水，辛卯又纳音木，这些力量全来生助用神，使之过旺；测行人用神过旺宜逢墓库敛其旺气，卦中未土为木库

又发动，已明示于人，且未土旬空，更是玄机透露，乙未日，未土出空填实，用神入日库，断其妻子必自归，不用去找。

三月十一日，其妻果然不找自回。

例三，一九九六年八月十三日巳时，程某问出外做生意的丈夫什么时候能回来，摇得"井"之"涣"卦：

丙子　丁酉　乙丑　辛巳

水风井	风水涣	六神
父母戊子水 ×	兄弟辛卯木 ′	玄武
妻财戊戌土 ′世	子孙辛巳火 ′世	白虎
官鬼戊申金 ″	妻财辛未土 ″	螣蛇
官鬼辛酉金 ○	子孙戊午火 ′	勾陈
父母辛亥水 ′应	妻财戊辰土 ′应	朱雀
妻财辛丑土 ″	兄弟戊寅木 ″	青龙

用神官鬼临月建动而入日库，本日即归家，但子水动泄用神之气，用动化午火回头克，用神不算太旺，逢泄、克、库则为阻碍牵绊，未土可制水冲库合午，故断本日未时回来。果验。

例四，1996年一弟子来信说四月初二要到我家，我于初一摇得"火地晋"卦，断他未在家中，明日不可能来。

丙子　癸巳　甲寅　乙亥

火地晋	六神
官鬼己巳火 ′	玄武
父母己未土 ″	白虎
兄弟己酉金 ′世	螣蛇
妻财乙卯木 ″	勾陈
官鬼乙巳火 ″	朱雀
(伏子孙子水) 父母乙未土 ″应	青龙

用神子孙衰弱旬空又被飞神所克，难以行动，世为我家，应为外地，卦遇游魂，本主走动，但用伏于应下受克则主在外地被事缠住而不能成行。

第二天果然未来。不久他来信说当时有事外出而不能来。

《黄金策·行人》

人为名利，忘却故乡生处乐；家无音信，全凭《周易》卦中推。要决归期，但寻主象——主象者用神也，卜官员看官爻，幼辈看子孙爻，妻奴看财爻，兄弟朋友看兄爻，尊长看父爻，不在六亲之中者看应爻。

主象交重自己动，用爻安静未思归——主象即用爻也。动则行人已行；如用爻安静又克日辰动爻冲并者，安居异乡未起归念。

克速生迟，我若制他难见面——用动克世或世落空亡，人必速至；生合世爻人必归迟；最忌世爻动克用爻，乃未能归也。

动化退神，人既来而复返——用爻若化退神，行人急回不日望；化退神，行人虽来仍返，或又往他处。既来而复返者，总言不能归也。

静生世位，身未动而怀归——六爻安静人不思归，若用爻生合世爻，身虽未动已起归意。

若遇暗冲，睹物起伤情之客况——用爻安静，本无归意，若遇日辰冲动，必然睹物思乡，将欲回家。倘月建动爻克之，亦难起程也。

如逢合住，临行有尘事之羁身——用神发动本是归象，若遇动爻日辰合之，因事绊住不得归来，须待月日冲之可至，远断年月，近断日时。

世克用而俱动，转往他方——不宜世克用爻，若安静受克者，原在旧处；若发动人已起程；如被动世克之，而用爻亦动者，则转往他处。

用比世而皆空，难归故里——世爻旬空者速至，如用爻亦值旬空，纵世空而不能来也。不可一概而言，故曰"用比世而皆空，难归故里"。

远行最怕用爻伤，尤嫌入墓——凡卜远行，若用神出现不受伤克，不值旬空月破，主在外吉利，归迟无妨；若逢墓绝及日月动爻变刑克，皆主不吉。

近出何妨主象伏，偏利逢冲——近出若用爻伏藏，必因事故不归，值日便利；若安静，至冲动日到；如旬空安静，至出旬逢冲日到。

若伏空乡，须究卦中之六合——用神若伏不空之飞爻下，须待冲飞之日可来；如伏空爻之下，得日辰动爻合之即出。速则当日来，迟则值日到。

如藏官下，当参飞上之六神——用爻伏于官爻下，必为凶事所羁，临勾陈跌仆损伤，临螣蛇勾陈惊恐，临白虎或官鬼属土卧病不归，临玄武盗贼所阻，或贪色不归。其余下文引证类推之。

兄弟遮藏，缘是非而不返——用爻伏于兄弟下，必因赌博，加朱雀是口舌争斗，临白虎为风波所阻。

子孙把持，由乐酒而忘归——用爻伏于子孙下，必为游乐饮酒，不然因僧道，或六畜，或子孙幼辈之阻，不得归也。

父为文书之阻滞——用爻伏于父爻下，必为文书阻节，或因尊长、手艺人拘留。

财因买卖之牵连——用爻伏于旺财下，必为经营买卖得利忘家；财若空亡或遇兄动，多因折本；若加咸池，定然恋色而忘归。

用伏应财之下，身赘他人——用爻伏于应位阴财之下，必赘他人；若临阳象生合世身，必代他人掌财不返。

主投财库之中，名留宦室——用爻伏于财库下，其人必在富家掌财；伏神如遇墓绝，则是依傍度日耳。

五爻有鬼，皆因途路之不通——用爻伏于五爻官鬼之下，必因关津不通而阻也。

一卦无财，只为盘缠之缺乏——卦中动变日月皆无财爻者，为无路费不归。

墓持墓动，必然卧病呻吟——用爻入墓化墓，或持鬼墓，或伏于鬼墓爻下者，皆主卧病不回；若伏官爻下或临白虎，必在狱中，非病也。

世合世冲，须用遣人寻觅——用爻安静而世动冲起之，合起之，用爻伏藏世去提起，若用爻入墓世去破墓，皆宜自去寻觅方回。

合逢玄武，昏迷酒色不思乡——或用临玄武而遇财爻合住，或用伏玄武财下，皆主贪花恋色不思乡也。等冲破合爻，庶可归来；若用伏玄武鬼下，而财爻不相合者，其人在外为贼未归也。

卦得游魂，漂泊他乡无定迹——游魂卦用爻发动，行人东奔西走不在一方；游魂化游魂，行迹不定；游魂化归魂，游遍方归。

日并忌兴休望到，身临用发必然归——忌神临身世或日辰克用，皆主不归；若得用临身世，出现发动或持世动，立可望归。

父动卦中，当有鱼书之寄——凡占书信，卦有父母爻动，主有音信寄来。

财兴世上，应无信之来——独占书信，以父母爻为用神，若世持财动则克父矣，故无雁信之来也。

欲决归期之远近，须详主象之兴衰——断归期，全在合待冲、冲待合、空待出旬、破待补合、绝待逢生、墓待冲开等法，当以如是推详。要知远近，兼决于兴衰。

动处静中，含蓄许多凶吉象；天涯海角，羁留多少利名人。

第九节 失 物

无论是单位还是个人，都可能会遇到丢失财物的事，有的是被盗，有的是自己遗失或忘记，有的是被移动了地方而自己不知道。失物能否找回，什么时候能找回，失主心里一般也没有底，尤其是丢失了较贵重的物品，失主总是不惜代价地通过种种渠道寻找，有的虽然终于找回，但花费太大，有的耗费大量人力财力，最终却仍不见踪影，进一步加大损失。而用八卦可预测出失物能否找回，什么时候找回，寻找的方向，最佳时间，寻找的线索等。不能找回的失物，不必浪费过多的人力物力苦苦搜寻，能找回的失物，可按八卦提供的信息花最少的人力、物力和时间找到。总之，用八卦预测寻找失物具有重要的指导意义和实用价值。中国的八卦绝不亚于外国的福尔摩斯。

纳甲法预测失物，以六亲取用。比如失物为钱财用品之类，以财爻为用；失物为文件、文书、票据之类，以父母爻为用；失物为家畜家禽，以子孙爻为用，诸如此类。自己丢失物品而求测，以世爻为失主为自己，代人求测以六亲关系定失主。根据卦中用神（失物）与失主之爻的生克制化关系，就可推断失物的最终得失，找回失物的时间。推断法遵循常用的定应期法则。其他细节的推测则需充分挖掘卦中储存的相关信息。

例一，一九九六年四月二十六日亥时，某县百货公司张女士丢失了自行车，问能否找到。

摇得"震"之"否"卦：

丙子	甲午	己卯	乙亥

震为雷	天地否	六神
妻财庚戌土×世	妻财壬戌土′应	勾陈
官鬼庚申金×	官鬼壬申金′	朱雀
子孙庚午火′	子孙壬午火′	青龙
妻财庚辰土″应	兄弟乙卯木″世	玄武
兄弟庚寅木″	子孙乙巳火″	白虎
父母庚子水○	妻财乙未土″	螣蛇

我告诉她："你不用担心，自行车丢不了，明天上午七至九点钟定能找回。"第二天上午七点多，果然找到了自行车。

解析：

1. 用神父母子水月破又动化回头克，本为不利，所幸原神申金发动生益用神，戌土虽动，但有申金动而通关，形成忌神生原神进而生用神的连续相生之势，用神衰弱遭克而逢生，为有病得药，此即卦中玄机。申子动与应爻辰三合，但辰土安静又受日克，为"虚一待用"之局，第二天辰土当值，申子辰合化水局，用神得药，故可找回。应七至九点，即辰时之故。

2. 此卦申子辰合局在甲午月按常理讲是不能化水的，但当时因久旱无雨，自来水供应经常中断，所以他凡能盛水的用具都贮满了水，屋里到处可见一桶一盆一壶一杯的水，较以往正常供水时的贮存量反而大得多，加之摇卦在亥时，求测者又身穿一套黑色衣裙，坐在屋子北方，这些都是特定时空中的"旺水"，即外应之水，在这种情况下，申子辰合水则能成化。

3.卦逢六冲变六合，是失而复得之征，虽然这也并非绝对如此，但在上述有利情况下，加强了找回失物的信息，故可推断失而复得。

例二，一九九六年四月二十日，水泥厂冉先生对我说："我找车去拉煤，带了一千多元钱，在驾驶室坐有三个人，因路远，夜间行驶了几个小时，到厂后准备掏钱付给司机，却发现钱丢失了。你看在什么地方丢失的，能否找回？

摇得"蹇"之"谦"卦：

丙子　癸巳　癸酉　庚申

	水山蹇	地山谦	六神
	子孙戊子水 〃	兄弟癸酉金 〃	白虎
	父母戊戌土 ○	子孙癸亥水 〃 世	螣蛇
	兄弟戊申金 〃 世	父母癸丑土 〃	勾陈
	兄弟丙申金 ′	兄弟丙申金 ′	朱雀
(伏妻财卯木)	官鬼丙午火 〃	官鬼丙午火 〃 应	青龙
	父母丙辰土 〃 应	父母丙辰土 〃	玄武

卦中兄弟旺相重叠，世爻临兄弟又得五爻动来相生，劫财之象。财爻日破，伏于二爻官鬼之下，伏生飞，又破又泄，财必破尽。财伏鬼下又生鬼，为钱进入盗贼口袋之意。二爻为股部，财伏此爻表示钱放在裤包里。盗贼身穿红衣服（午火）；为年轻女子（阴爻阴位当令而有泄耗）。五爻父母空化空破，有票据丢失。世爻旺而化库，不为生病住院而为睡眠状态，应该在丑时睡着的时候被邻座扒窃。

冉先生说："驾驶室里坐了三个人，那个年轻女人坐在中间，确实穿着红色连衣裙，是司机的恋人。晚上一点多，我便昏睡过去，直到三点钟车到厂里，我才醒过来，发现裤包里的钱失了，在驾驶室没找到，只发现坐位上有几张以前出差未报的车票。我和司机是熟人，真不好说。你看他会不会叫他的女友还给我？至少把发票还我。"我见卦中财爻太衰弱，告诉他不要存侥幸心理，对方不会认账，并且对方有后台（应得月建官鬼之生），你虽然有人给你撑腰（世临日辰），但毕竟无可靠证据（父母空化空破），只有自认倒霉了。

冉先生不服气，向厂领导反映了这个情况。厂长既是冉先生的远房亲戚，又是那位司机的朋友，无凭无据，厂长也不能确定此事是否属实，结果倒以长辈的身份把冉先生狠狠批评了一顿，说他工作责任心不强，缺乏警惕性，活该倒霉。后来和那个司机也闹翻了脸，一分钱也未追回。

此卦应生世，按理对世爻有利，但实际上世爻太旺不需生助，一遇生助反致物极必反。所以断卦时不要见生就断吉，见克就断凶，应具体分析。

例三，一九九七年二月二十五日午时我发现"预测反馈表"不见了，按时间起得"益"之"屯"卦：

丁丑	癸卯	甲戌	庚午
风雷益		水雷屯	六神
兄弟辛卯木〇应		父母戊子水〞	玄武
子孙辛巳火〝		妻财戊戌土〝应	白虎
妻财辛未土〞		官鬼戊申金〞	螣蛇
妻财庚辰土〞世		妻财庚辰土〞	勾陈
兄弟庚寅木〞		兄弟庚寅木〞世	朱雀
父母庚子水〝		父母庚子水〝	青龙

体用比和变用生体物不失；主卦大象为离为文书之类，巽宫之木生离火，也为"反馈表"不失之象。自己批的命稿、反馈表等平时全都放在办公桌内，便匆匆找了一遍，结果未找到。当时忙于预测，便未再找。下班后，揣摸卦象，父母为文书居初爻，将"益"卦看作办公桌，则初爻为阳表示办公桌下柜的底板，"反馈表"就应该压在柜底。下午上班时果然在柜底将表找到。

例四，一九九四年十一月二十九日，陈先生的孩子将雨伞遗失在教室里，腊月初三才上课，求测雨伞是否会被别人拿走。

得"睽"之"损"卦：

甲戌	丙子	辛卯	丁酉
火泽睽		山泽损	六神
父母己巳火′		官鬼丙寅木′应	螣蛇
兄弟己未土″		父母丙子水″	勾陈
子孙己酉金○世		兄弟丙戌土″	朱雀
兄弟丁丑土″		兄弟丁丑土″世	青龙
官鬼丁卯木′		官鬼丁卯木′	玄武
父母丁巳火′应		父母丁巳火′	白虎

用神父母两现，皆安静，按常规该取应爻为用，但上爻父母虽静却随上卦变而发生爻之五行变化，变为天机之所在，故取上爻为用。用神逢月克，但得日辰之生，又化回头生，并不衰弱；世爻酉金虽失令，但临时辰又化戌土临太岁回头生而有气。世爻与用神基本相停，物不失。

腊月初三中午放学后，其儿子果然将伞带了回来。

《黄金策·失脱》

居民饥寒，每有穿逾之辈，勿忘检束，亦多遗失之虞。要知其中之得失，须详卦上之妻财——财爻为所失物之主，如得冲中逢合，失必可得；如合处逢冲，既失不能复得矣。

自空化空，皆当置而不问；日旺月旺，总未用而可得——用爻自空或动化空，皆难寻见；若财值月令，或在日辰生旺之地，此物未散可寻也。

内卦本宫，搜索家庭可见；他宫外卦，追来邻里能知——财在本宫内卦，其物未出家庭，可见；财在他宫外卦，物已出外，难得；在间爻，邻里人家可寻。

五路四门，六乃栋梁阁上——此指六爻言其大略。用神在五爻，道路可寻；在四爻，门户可寻；在第六爻，梁阁上可寻。学者不可执泥，宜当活泼。

初井二灶，三为闺闱房中——如用临初爻子亥，水井中可寻；在二爻，灶前可寻；在三爻，房内可寻；如伏三爻官鬼下，神堂内可寻。

水失于池，木乃柴薪之内；土埋在地，金为砖石之间——财临水爻，物在池沼；财临木爻，竹木树林柴薪内；财临金爻旺相，在铜锡铁器中，休囚，缸钵罐瓶内。外卦旺相，砖石内，休囚，瓦砾中之类。

动入墓中，财深藏而不见——倘用爻入墓化墓，或伏墓下，必在器物中，要知何日见，待到冲墓之日。

静临世上，物尚在而何妨——凡占失脱，用爻不宜动，动有更变。若得安静持世，生世合世，其物皆主未散，必易寻得，生旺不空尤妙。

鬼墓爻临，必在坟边墓侧——用临鬼墓，其物必在寺庙中，无气则在坟墓内。如系本宫内卦，则在柩旁，或在座席上。更加螣蛇，恐在神图佛像之前。在三爻，香火堂中类。

日辰合住，定然器掩遮藏——用爻发动遇日辰合住，必然有物遮藏，冲中逢合必得，合处逢冲难寻。

子福变妻财，须探鼠穴；酉地逢福德，当检鸡栖——财化福福化财，其物必在禽兽巢窟中。如值子爻，是鼠衔去，更在初爻，在地穴。寅是猫衔，丑在牛栏，午在马厩，未在羊牢，酉在鸡栖，亥在猪圈是也。有合则在内，无合则旁。

鬼在空中世动，则自家所失——卦无官或落空而世爻动者，乃自遗失，非被人偷去也。

财伏应下世合，则假贷于人——官鬼或空或伏，或死绝不动，而财临应上或伏应下，乃自借于人也。要知何人假借，以应临六亲定之，如临子为卑幼类。

若伏子孙，当在僧房道院；如伏父母，必遗衣笈及书箱——用神不上卦，须寻伏于何处，若伏子孙爻下，物在寺院或卑幼处。如伏父母下，物在正屋中，或在尊长处。无合衣服书卷中，有合衣箱书箱内。若伏兄下，本宫兄弟姊妹处，他宫相识朋友处。

在内则家中失脱，在外则他处遗亡——用爻在卦内，失于家中；外卦，失于他处。

财伏逢冲，必是人移物动——财伏卦中，遇动爻日辰暗冲者，若得鬼爻衰静，其物被人移动，非人偷也。

鬼兴出现，定为贼窃人偷——鬼不上卦或落空亡，或衰绝不动，皆不是人偷；游魂卦，多是忘记；若鬼爻变动，方是人偷也。

阴女阳男内卦，则家人可决；生壮墓老他宫，则外贼无疑——鬼爻属阳，男子偷；属阴，女人偷；阴化阳，女偷与男，阳化阴，男偷寄女。生旺壮年人，墓绝老年人，胎养小儿偷，带刑害有病人偷。本宫内卦家中人偷，他宫内卦宅上之借居人偷，或家中异姓人偷。

乾宫鬼带螣蛇，西北方瘦长男子；巽象官加白虎，东南上肥胖阴人——此指八卦以定方向，六神以定贼形。如鬼在乾宫，西北方人；在巽宫，东南方人；带螣蛇身长而瘦，加白虎旺相贼必肥大，休囚瘦小。余皆仿此。

与世刑冲，必是冤仇相聚；与福交变，必然僧道同谋——鬼爻与世刑冲，其贼向有仇隙者；与世生合，乃是兼亲带故之人；鬼化子子化鬼，必有僧道杂在其中。

鬼遇生扶，惯得中间滋味——鬼爻无气又临死绝，若遇动爻日辰扶起者，此贼惯得其中滋味；带月建强盗，加太岁是官贼。

官兴上下，须防内外勾连——卦前二鬼，偷非一人，俱动，是外勾里连。内动外静，是家人偷与外人；外动内静，家中有人知情。

木克六爻，逾墙而入；金伤三位，穿壁而来——木爻克土，逾墙掘洞；金鬼克木，割壁穿篱；火鬼克金，劈环开锁；水鬼克火，灌水灭灯；土鬼克水，涉漠跳涧；木火交化，明火执杖。要在何处可进，以鬼克处定之，如木鬼克六爻，逾垣而入；克初爻，后门掘洞而进也。

世去冲鬼，失主必会警觉——世冲鬼爻，失主知觉；应冲鬼爻，他人知觉；旁爻冲鬼，旁人知觉。

日来克鬼，贼心亦自惊疑——鬼被日辰动爻刑克，彼时贼心惊疑，贼必捕获得。

子动丑宫，问牧童定知消息；福兴酉地，是酒客可探情由——子动，必有人撞见，询之可知消息。如在子爻，可问科头男子或捕鱼人；在丑爻，可问牧童筑墙等人；在寅爻是木客木匠、担竹木器等人；在卯爻，问织席卖履、挑柴、砍草等人；在辰爻问凿井、傍河、锄地等人；在巳爻问穿红女子，或弄蛇乞丐人；在午爻问烧窑、乘马、讨火、提灯等人；在未爻问挑灰、耕种、牧羊者等人；在申爻问铜铁匠或弄猴人；在酉爻，问针工、酒客、捉鸡等人；在戌爻，问挑泥、锄地、牵狗等人；在亥爻，问担水、踏车、洗衣、沐浴等人。

兄动劫财，若卜起赃无须觅——卜起赃及寻物，若见兄动，皆主财物失散，终难寻觅。

官兴克世，如占捕盗必伤身——凡占捕盗，要世旺鬼衰、世动鬼静，则易于捕获；若鬼爻乘旺，动来刑克世爻，须防反被其害。

世值子孙，任彼强梁何处虑——子为捕盗之人，若旺动或临世，或日月临之，则鬼有制，贼必可获，纵凶恶强盗，不足畏也。

鬼临墓库，纵能巡捕亦难擒——鬼爻入墓及化入墓，或伏墓下，皆主其贼深藏难捕；得动爻日辰入墓可捕。

日合贼爻，必有窝藏之主——鬼为贼爻，捕盗遇合贼，必有人窝藏不能见，待冲合之日可捕。

动冲鬼煞，还逢指示之人——鬼爻逢冲动及受克，必有人指示贼隐之处。

卦若无官，理当论状；财如发动，墓处推详——捕盗无官，贼必隐迹，须看伏在何爻之下，便知贼在何处，如伏财下，在妻奴家类。若动爻有化出者，即以变爻论之，不须看伏。若卜起赃，见财爻发动，看其墓在何处，便知藏向何方。

伏若克飞，终被他人隐匿；飞如克伏，还为我辈擒拿——此伏只论鬼爻，此飞只论世爻。如鬼伏世下克飞，终难擒获；如世克伏，必可擒拿。

若伏空爻，借赁屋居非护贼——鬼伏爻下，赁屋居住，非是窝藏，或潜住他家，亦非容隐，后终败露。

如藏世下，提防窃盗要留心——凡占防盗，最要鬼爻衰静及空，或日辰冲散，或子孙克制，皆为吉兆。若官鬼爻无制动克，世爻当受其害；若鬼伏世下，目下虽无事，至其时透出，宜提防累及。

倘失舟车衣服，不宜妻位交重；或亡走兽飞禽，切忌父爻发动——失脱不可专以财为用神，若失舟车、衣帽、文书、奏章，则以父母爻为用神，故忌财动；若失飞禽走兽，则以子孙为用爻，故忌父爻发动，克则难寻觅。学宜通变。

卦爻仔细搜求，盗贼难逃捉获。

第十节　官非　词讼

生活在纷繁的社会中，有时难免会与人发生纠纷，轻则口舌之争，重则法庭相见。中国人虽主张以和为贵，但有时身不由己，正与邪、善与恶的斗争，势在必然，即使内部矛盾，如果过分尖锐，相持不下，也会诉诸法庭。八卦预测可以给当事人提供有利的诉讼时间信息，告知怎样选聘好的律师，怎样识破对方的花招等等，当事人根据八卦提示就可以好好把握各种有利因素，争取花最少的人力财力求得事情的合理判决。有的纠纷利害关系本来不大，但对方争强斗胜，官司一打再打，各自都花费一大笔钱财，结果胜者只是争得一口气，在经济上却得不偿失，败者就更惨。这在八卦上也可反映出来，当事人根据卦的提示，应尽量大事化小，小事化了，尽量协商和解，这对双方都是有利的。

八卦预测官非讼事，不是叫人钻法律的空子，而是提醒当事人遵纪守法，弃恶向善，要抓住有利时机和有利因素与邪恶势力作斗争。自古邪不胜正，天网恢恢，疏而不漏，有的人触犯了法律，千方百计逃避制裁，但逃得一时，难逃一世，不诚心改过自新，将会积小恶而成大恶，最终遭到更严厉的法律制裁。所以，用八卦测出你有罪有牢狱之灾，应主动自首坦白，争取政府宽大处理，这才是上策。

纳甲法预测诉讼，以父母爻为诉状，官鬼爻为判官，世爻为自己，应爻为对方。

例一，一九九六年四月十九日晚上，某女因其夫被囚禁，故求测其夫可出狱否？及何日出狱？正要摇卦时，其又说想同时问一下何日可收一笔汇款。我即让其集中意念同时默想此二事，然后摇得"渐"之"坤"卦：

丙子	癸巳	壬申	辛亥
风山渐		坤为地	六神
官鬼辛卯木〇应		子孙癸酉金〃世	白虎
父母辛巳火〇		妻财癸亥水〃	螣蛇
兄弟辛未土〃		兄弟癸丑土〃	勾陈
子孙丙申金〇世		官鬼乙卯木〃应	朱雀
父母丙午火〃		父母乙巳火〃	青龙
兄弟丙辰土〃		兄弟乙未土〃	玄武

我仔细地分析了卦象即对她说："你丈夫在本月二十二（乙亥）日定可出狱，汇款也将在二十二日收到。但你丈夫出狱之事中途有反复。"四月二十二日晚饭后，他们夫妻俩兴高采烈地拿着礼物来答谢我，落座后便激动地向我说："哎呀！李老师，你真是料事如神啦！我做梦也没想到事情竟这么奇怪，本来一开始公安部门就答应，只要我们交钱，就同意放人的，但等我们在二十、二十一号这两天把钱准备好了，去交钱换人时，没想到他们又临时变卦，说交钱也不放人，态度极其强硬。这一下我便以为再没希望了。但后来我想到了你给我算的卦，所以今天早上起来后我便再抱着一线希望准备去碰碰运气，没想到我去那里向他们一提此事，他们便鬼使神差般地答应了。钱一交，下午就把人放出来了。汇款也是今天下午刚收到的。"

解析：

1. 测夫以应爻官鬼为用，用化子孙回克，又遭白虎克，正主遭官非之事。

2. 用动化子孙酉金回头克，幸酉金纳干癸水有通关之功；三爻申金临日动而克用，五爻动而合之，且纳干又分别为一丙一辛，天合地合有化水之意向，今逢日令壬申，干透壬水，支又为水长生之地，助其合化；月支日支巳申合，其情皆向水，水为用爻之原神。用爻卯木月休日绝，今得原神相生乃为绝处逢生之吉象，且变卦五爻变出亥水，三爻亦变出卯木，又生助用神。用神凶中得救，说明有出狱的希望。主卦归魂变六冲，亦主忧虑事散，人可归家之象。

3. 乙亥日出狱：乙亥日化神当值，壬癸水透、申巳合水成化，生用之力增强，且亥又为用神之长生；日干乙木透出，乙木是官星，为官星出现，所以其夫该日出狱。

4. 出狱之事有反复，是因为外卦反吟。

5. 汇款亦于乙亥日收到：测汇款以财爻为用，主卦用神不现，以变卦亥水为用，虽绝于月建，但长生于日，为绝处逢生，亥又旬空，乙亥日亥水填实发用，所以收到汇款。

从此卦可看到天干在纳甲预测中的重要作用，研习八卦者不可等闲视之。

例二，杨××因民房纠纷引起争讼，于一九九六年五月初二日下午求测诉讼胜败？摇得"坤"之"小过"卦：

丙子　甲午　乙酉　甲申

坤为地	雷山小过	六神
子孙癸酉金″世	兄弟庚戌土″	玄武
妻财癸亥水″	子孙庚申金″	白虎
兄弟癸丑土×	父母庚午火′世	螣蛇
官鬼乙卯木×应	子孙丙申金′	勾陈
父母乙巳火″	父母丙午火″	朱雀
兄弟乙未土″	兄弟丙辰土″应	青龙

解析：

子孙酉金临日令持世，得丑土动来相生，又得时辰申金之助，为己方力强；应爻卯木日破又化回头克，故对方力衰；子孙持世，千灾万祸化为尘。世应相冲，应虽动却临日破，冲世无异于以卵击石，对方岂有不败之理？

例三，某男与他人打斗后恐再遭对方相害，于一九九六年三月二十四日上午求测吉凶。摇得"大壮"卦：

丙子　癸巳　戊申　丁巳

雷天大壮　　　　　六神

兄弟庚戌土″　　　朱雀

子孙庚申金″　　　青龙

父母庚午火′世　　玄武

兄弟甲辰土′　　　白虎

官鬼甲寅木′　　　螣蛇

妻财甲子水′应　　勾陈

"你放心，此事已烟消云散，对方不会再侵扰你。"至今平安无事。

解析：

1. 世应相冲，正合双方冲突之意。

2. 世临月旺，又得时辰双体之火相助；应虽临太岁又得日生，但在夏令处囚地。自己主动，对方被动。

3、官鬼甲寅木泄应生世，是官方向我背他之象。

例四，一九九七年七月二十一日上午一河南籍女士求测官讼。摇得"兑"之"困"卦：

丁丑　戊申　丁酉　乙巳

兑为泽	泽水困	六神
父母丁未土″世	父母丁未土″	青龙
兄弟丁酉金′	兄弟丁酉金′	玄武
子孙丁亥水′	子孙丁亥水′应	白虎
父母丁丑土″应	官鬼戊午火″	螣蛇
妻财丁卯木′	父母戊辰土′	勾陈
官鬼丁巳火○	妻财戊寅木″世	朱雀

我对她说："官司是因房屋经济纠纷引起的。""对，是为买房交定金之事引起。""这个官司你会输。"后果然败诉。

解析：

世为自己，应为对方，同属土，似乎力量相当，实际上应爻离动爻巳火较近，可谓近水楼台先得月，加之应爻临太岁又临螣蛇得助，应爻占尽优势；世爻离巳火较远，又被青龙所克，世爻居于下风，所以断她官司必输。

例五，一九九六年六月十六日上午，某人求测因民房纠纷引起的讼事胜败。摇得"贲"之"颐"卦：

丙子　　乙未　　己巳　　己巳

山火贲	山雷颐	六神
官鬼丙寅木′	官鬼丙寅木′	勾陈
妻财丙子水″	妻财丙子水″	朱雀
兄弟丙戌土″应	兄弟丙戌土″世	青龙
妻财己亥水○	兄弟庚辰土″	玄武
兄弟己丑土″	官鬼庚寅木″	白虎
官鬼己卯木′世	妻财庚子水′应	螣蛇

我断其必败诉，后果如所测。

解析：世临官爻卯木月墓日休衰败无力，虽原神亥水动来相生，但亥水空破又化墓，不能生世；子水太衰弱也无力生世，应爻戌土临月建，又得日生，强旺有力；世衰应旺，世爻难以克制应爻，故此官司自己必败。

《黄金策·词讼》

小忿小惩，必至争长兑短；大亏既负，宁不诉枉申冤？欲定输赢，须详世应——卦中世应，即状中原被告，详此则两边胜负可知。

应乃对头，要休囚死绝；世为自己，宜帝旺长生——不拘原被告，占以世为自己，应为对头。应旺世衰，他强我弱，世旺应衰，他弱我强。

相冲相克，乃是欺凌之象——世爻刑克应爻，未为无胜，乃是欺他之象。必得鬼克应爻，方为我胜，动爻与月建日辰克之亦然。

相生相合，终成合好之情——世应生合，原被有和释之意。世生应，我欲求和；应生世，他欲求和；应世动空化空者，俱是假意言和也。

世应比合官鬼动，恐家捉打官司——世应比和是和释之象，倘官鬼动克，主官府捉打官司，不欲和议；子孙亦动，终成和议。

卦爻安静子孙兴，喜亲友劝和公事——六爻安静，世应虽不生合而子孙发动者，必有亲邻劝和也。

世空则我欲息争——世空则我欲息争，应空则他欲息争，世应俱空，两怨消意。

应动则他多机变——世动，则我必使心用谋，若化官兄回头克制，反为失计；应动，则他必有谋，若加月建，必有贵人依靠，克世则为不吉。

间伤世位，须防硬证同谋；鬼克间爻，且喜有司明见——间爻为中证之人，生世合世必然向我，生应合应必然向他；与世冲克，与我有仇，与应冲克，与彼有隙。若旺爻生应，衰爻合世，是助彼者有力，助我者无功；或应动克世，是向彼者，虽不上前怪我，偏来出面。若冲克我之爻反去生应合应，须防证人同谋陷害；若得鬼爻克制或被日辰冲克，是官府不听其言，我得无事。间爻若受刑克，中证必遭杖责，近世必是我之干证，近应为彼之干证也。

身乃根因事体，空则情虚——卦身系词讼根由，旺则事大，衰则事小；动则事急，静则事缓；如空伏，皆是虚捏故事；飞伏俱无，毫厘不实。

父为案卷文书，伏须未就，卦无父母——文书未就，带刑临败病，必多破绽，化财亦然。化兄有驳，月建作合，上司必调卷，有冲皆不依允。

鬼作问官，克应则他遭杖责——鬼为听讼官，动去克应，讼必我胜，克世我败。

日为书吏，伤身则我受刑名——日辰能救事能坏事，如鬼动克世，自必有刑；得日辰制鬼冲鬼，必得旁人一言解释，问官必能宽宥于我也。

逢财则理直气壮——以财为理，临世我有理，临应他有理；鬼来刑害，虽有理而官府不听，兄动不容分辩。如下状，则财为忌爻。

遇兄则财散人离——兄弟若在世身爻上，事必干众，动则广费资财；或加白虎，必主倾家荡产。临应爻则以赔断之。

世入墓爻，难免狱囚之系——世爻入墓化墓或临鬼墓，卦象凶者必有牢狱之灾；临白虎，在狱中有病。

官逢太岁，必非州县之词——官居第五爻，若值太岁，此事必干朝廷，逢月建必涉台宪。

内外有官，事涉一司终不了——官不上卦，无官主张；内外有官，权不归一，主事体反复，必经两司然后了事。

上下有父，词兴两度始能成——官父两爻不宜重见，主有转变不定之象，其事必主缠绵，卒难了结。如占告诉遇此象，必再告之成也。

官父两强，词讼表章皆准理；妻财一动，申呈诉告总徒劳——凡欲上表、申奏、申呈、告诉等事，皆要官父两全，有气不空，则能准理，最怕财动伤父，必不可成。

父旺官衰，雀角鼠牙之讼——父母旺相，官鬼休囚，情词若大，事实细，故乃雀角鼠牙之讼。

变衰动旺，虎头蛇尾之人——凡世应旺动，是有并吞六国之势；若变入墓绝空亡，乃先强后弱，虎头蛇尾之象。世以己言，应以彼言也。

世若逢生，当有贵人依靠，应衰无助，必无奸恶刁唆——世爻衰弱，遇月建日辰动爻生合，必有贵人扶持，彼亦无可奈何。应爻遇之反是。

无合无生，纵旺何如独脚虎？有刑有克，逢空当效缩头龟——应爻旺动无生合者，彼虽刚强，是独脚虎不足畏；世无生合，又遇日月动爻刑克，当效缩头龟，且勿与对理。

兄在间中，事必干众——兄弟在间爻，词内干犯众多；动则中证人贪索贿赂，克世用财托为安。

父临应上，彼欲兴词——父母为文书，临世我欲告理，临应他欲申诉；动则欲行，静则不举。

父动而官化福爻，事将成而偶逢兜劝；父空而身临刑煞，词未准而先被笞刑——凡占告诉，遇官父两动，讼事可成。若父有气或官化子孙，则主身到公门将投词，而有人旁劝。若父化空亡墓绝，官鬼刑克世爻，或被日辰刑冲克害，告状且不准，先遭杖责也。

妻动生官，须用资财属托——若讼已成，卦有财动，必须用财嘱托官府；如遇子孙冲官，虽费资财亦所无益。

世兴变鬼，必因官讼亡身——世持鬼我失理，应持鬼他失理，世变鬼恐因官事而丧身，应变鬼以彼断之。

子在身边，到底不能结证；官伏世下，讼根犹未芟除——卦身临福德出现发动，随即消散，惟怕官鬼伏世下，则讼根常在，目下虽不成讼，至官旺出透举发也。

墓逢日德刑冲，目下即当出狱；岁挈福神生合，狱中必遇天恩——世墓、鬼墓爻动，皆是入狱之象，若得日辰刑冲克破，目下即当出狱。在狱中占卦，最喜太岁生合世爻，主有天恩赦宥；月建生合，上司审出；日辰生合，上司饶恕；父母生合，必须申诉可得免也。

若问罪名，须详官鬼——凡卜罪名轻重，以官爻定之，旺则罪重，衰则罪轻。加刑白虎旺动克世，火受极刑，金主充军，木主笞杖，水主从罪。须以衰旺，有制无制断之，不可执滞。

要知消散，当看子孙——若福动鬼静，以生旺日月断；鬼动福静，以官墓日月断。

卦象既成，胜负了然明白；讼庭一部，是非判若昭彰。

第十一节　流年运

这里所说的流年运是指某人在一年中各时段的运气，包括财运、官运、文运以及官非口舌、病伤横祸等等吉凶之事。提前预测出一年的吉凶，可以有意识地采取有效措施，避免凶灾的发生，至少可以减轻凶灾的危害程度；而对于吉利的事，则可根据八卦提供的信息，不失时机地抓住有利因素，到最适宜的地方办最适宜的事，以求得最大限度的效益。一年之计在于春，提前知晓一年运气趋势，对制定本年的行动计划是具有十分重要的指导意义的。比如今年三、四、五、六月财运极好，七、八、十、冬月是破财之运，就应该抓住三、四、五、六月的有利时机好好经营，在七、八、十、冬月则慎重行事，不要盲目投资，只图稳，不冒险，势头不妙就立即刹车。这样就可以保住前几个月发的财。但如果不知运气，恰恰错过三、四、五、六月的良机，而在七、八、十、冬月投进大量人力财力，结果却是费力不好看，甚至亏掉老本。再比如你这年适宜搞五行属土的生意，不适宜搞五行属木的生意，你却因没预测而不知道，恰恰去做木材生意，结果倾尽老本，还欠上一屁股账。若明明不宜去南方，你却偏偏去了南方，说不定你会因此而遇上车祸或匪盗，破财又伤身。所以，提前预测一年的运气趋势是非常重要的，尤其是对于那些在来年有较大举措的人，更是十分必要的，否则，一棋失着，满盘皆输而后悔莫及。

测一年的运气可在该年年初测，也可在上一年年底测；如果今年已过时了几个月，剩下几个月的运气也可以测知，而求测者只要意念中带有全年的运气信息，这个卦不但可以测知今后几个月的吉凶趋势，还可以准确地追溯前几个月的运气情况，正是因为这样，求测者才对八卦知前预后的功能深深折服。

在占断过程中，虽然每个人的思维习惯都因人而异，但都必须遵循一个基本的占断思路，方能做到条理清晰，纲举目张。

占流年运气，以世爻为"我"，卦中其他五爻以及年、月、日、时四柱皆为"非我"，故世爻是一卦的核心，占者一年的吉凶休咎，皆是因为卦中其他五爻和年、月、日、时之五行围绕世爻的生克制化、刑冲合害而展开的。

在"我"与"非我"相互作用的生克关系中，首先要察看年、月、日、时四柱通过生克冲合而最终形成的各个五行力量，并以此为标准来衡量卦中各爻的旺衰强弱。其次要着重察看卦中动爻或暗动之爻的生克关系和信息象征意义，看它们为什么要动！第三要察看卦中静爻的生克潜力。最后要察看六神所代表的信息象征和与本位之爻的生克关系，同时兼看神煞的作用及信息含义。

根据不同的占测目标选取不同的信息参照物，依次确定用神，如占财运，则着重察看财爻的旺衰生克；占工作，则要着重察看官鬼爻的生克关系；占文运、名气，则要着重察看父母爻的旺衰生克等等，当然，在一个流年卦中，其信息的容量毕竟是有限的，不可能将所有的信息都包罗进去。八卦虽可包罗万象，但一卦不能包罗万象，一个成卦中，一般首先反映的是事之主象，也即"应大不应小，应急不应缓，应近不应远"。因为一个卦所反映的诸多信息有主次之分，起卦时意念主要集中于哪方面，哪方面的信息就准确可靠，所以，起一个流年卦不宜测过多的事情，如果要求将一年大大小小的事都在一个流年卦中测出来，也是难以办到的。要想测的事项广泛一些，不妨多起几卦，分类占断。

流年卦主要是预测一年各时段的运气情况，所以断卦时要在起卦的时间基础上，分别考虑各月月建对卦爻的不同作用。由于一年十二个月月建是变化的，因此就导致了各月运气的相应变化。

年运卦实例解析

笔者自测一年的运气如何？摇得"山泽损"卦：

丁丑　壬寅　辛巳　己亥

山泽损　　　　　六神

官鬼丙寅木′应　　　腾蛇
妻财丙子水″　　　勾陈
兄弟丙戌土″　　　朱雀
兄弟丁丑土″世　　青龙
官鬼丁卯木′　　　玄武
父母丁巳火′　　　白虎

解析：

1. 占断原理

(1) 中和原理。即用神"太旺者损之斯成，不及者益之则利"，用爻宜旺相有制，衰而有扶，则象至中和无谋而不遂，德主中庸无往而不善。关于中和原理虽是筮学中的入门问题，但却是筮学中的难点之一，不少人因受"用神越旺越好"的观念误导，而误入迷途不知返。其次还有一个关键的问题就是关于"中和"的量度把握问题，如在什么情况下是强旺，什么情况下是亢旺，以及专旺；什么情况下是弱，什么情况下是衰弱，什么情况下是衰极，都是一个"量"的把握问题。读者可以详细阅读本教材有关章节，并留意在实践中认真加以鉴别。

(2) 物极必反的原理。一般来说，用神过旺或太弱，都是不吉之兆，但如果用神旺到了极点或衰到了极点，则又是大吉之兆。五行之理，不惟中和，且尚有"旺之极者不可损，衰之极者不可益"之论，这就是"物极必反"的原理所致。不过要提醒读者注意的是，"亢旺"与"专旺（即旺之极者）"、"衰弱"与"衰极"之间均有一个临界点，是要好好把握的。一般来说，用神旺而克泄耗有力，是为"强"；克泄耗无力是为"亢旺"，全无克制泄耗是为"专旺"；用神衰而扶助有力是为"弱"，扶助无力是为"衰弱"，全无扶助是为"衰极"。准确把握以上几种概念之间的量与质的差别，是正确断卦的关键所在！

(3) 天干辅助地支断卦原理。纳甲筮法，故名思义，就是在八卦中纳用六十甲子占筮的方法。由于历代占筮典籍理论，只重地支而不用天干，关于八卦的纳干，是只纳而不用。这就给后学者留下了一个难解之谜，一是八卦的纳干到底有没有用？如果没用，纳干有何意义？二是八卦的纳干到底该如何运用的问题。

我们知道六十甲子是用来记述时空的符号，而六十甲子又是由天干和地支相配而成，干支一体，天覆地载，阴阳始成，动静即分。地支若脱离了天干，则无法构成完整的时间概念，所以在八卦中纳入天干有着非常重要的意义。天干和地支一样，一起参与并完全遵守五行的生克制化、刑冲合害的规律。这一点，希望能引起读者的重视。

(4) 年、月、日、时四柱综合断卦原理。前人在运用纳甲筮法进行占筮的过程中，都不太重视年、时的作用，一般的做法是抛开年、时，纯粹只用月、日（甚至不用月日之干）断卦，这种做法严格地说还是比较片面的，势必将造成某些筮例"占而不验"。而对这些"占而不验"的筮例,又一概归结为"念之不诚"等原因。实际上,有某些卦例(如八卦中的从格与专旺格,以及亢旺等卦例)是必须要考虑年柱和时柱包括各柱天干之作用的,否则将是"差之毫厘,谬以千里",虽然这些特殊的卦例并不普遍,但一旦遇上而占者又预测失误,势必将给求测者带来诸多不利,甚至还有可能造成严重的后果,因此,本着严谨的治学态度,在预测时占筮者一并参考年、时两柱及各柱天干的作用,对某些特殊卦例的占断是非常有必要的。任何一个事物的存在,都离不开时间与空间两个基本要素,离开了这两个基本要素所形成的概念,我们就无法描述一个事物的存在或运动状态。而事物的存在或运动,又是在一连串持续不断的具体时刻内完成,故描述一个事物的存在和运动状态,又离不开具体的时间概念,即年、月、日、时。任何事物,都超越不了时空的界限而独立存在。而纳甲筮法,就是运用时空规律,将时空的因子转换为抽象的符号,而进行定性与定量运算的一种预测方法。故在纳甲筮法中,一定要引入具体而完整的时空信息,才能达到准确预测的目的。

在具体运用年、月、日、时四柱进行综合断卦的过程中,要分析年、月、日、时四柱干支通过生克制化后而最终形成的各个五行力量,并以此为标准来衡量卦中各爻的旺衰强弱,要注意不要错误地把各柱割裂开来而孤立地看待。

2. 剖析卦例

明确上述占断思路和原理后,我们再来剖析此卦,则可洞幽察微,一目了然了。

(1) 先着手分析占筮时在特定时空中的各个五行力量的旺衰强弱:

丁丑　壬寅　辛巳　己亥

木:春木雄壮,但初春之木,犹有余寒,得巳火照暖,始得生发之机,得亥水润身,乃有舒畅之美,又天干丁壬合木,更助木之旺势;

水:休于月令,壬水合木,亥水又被己土盖头,其力有损,又被巳火紧冲,几无存身之地,巳火冲起亥水去合寅木(虽木偏寒,得巳火暖之),寅亥遥合成化，天干丁壬引助，亥水被化于无形，虽有如无；

火：旺于寅月，亥水紧冲，虽火胜水败，但毕竟巳火耗力；又被辛金耗气，晦火之光，力量有损，旺而不强；

土：处死地，丑土虽干覆丁火，但丁壬合木，丁火叛主投敌，不但不生身反而助纣为虐，与寅木围剿丑土，故土势寡力单，虽得巳火遥生，但远亲不如近邻，终是偏弱；

金：处囚地，势孤力微，极弱。

（2）世爻旺衰强弱的判断：

兄弟丑土持世，世爻为"我"。有四爻戌土紧贴且丑土临太岁，相帮又得日辰巳火之生，身本不弱，但不意死于月令，被旺木克制，故世爻丑土旺而不强，乃为中和之象。

（3）总断：

①世爻得中和之象，喜得太岁丁丑入爻扶助主象，当主一年吉庆。古人云：德主中庸无往而不善，象至中和无谋而不遂，是有至理在也！

②看一年财运如何，当取妻财丙子为用神，今财爻子水休于时令，年、月、日、时四柱中一无扶助，休衰已极，卦中克泄耗俱全，原神子孙申金旬空伏藏又逢月破，且入岁墓，乃为真空之象，财爻子水全无生扶，若按"常理"断，当主一年破耗多端，求财无异于水中捞月，镜中之花。但实际上该年本人财运丰隆，利似春潮。此中之理，就是前面讲过的物极必反的原理——"衰之极者不可益"也，反主吉兆。且世爻丑土临华盖，与财爻子水相合，当主得五术玄学、技艺之财。

③看一年工作，当取官鬼爻为用神，但官鬼寅、卯木得令秉时，又多得生扶，其旺可知。世爻丑土由于过于中和，在群木攻身之下，仅有招架之功，毫无还手之力，克伐太重。虽得官鬼丙寅、丁卯两爻有天干丙丁之火可通关生身，但不料丙被辛合，丁被壬合，丙辛拱水、丁壬化木，皆背火向木，助纣为虐，克伐世爻之力有增无减，幸得六爻安静，寅、卯两爻虽对世爻虎视眈眈，但终没有轻举"妄动"，又有初爻父母巳火临日辰通关有力，终不致酿成凶咎。

不过世爻若临火土旺相之月、日，形成官世两亭，或官生父，父生身，又当主工作顺利，有文运，主名气，大有进益之喜。又官鬼多现，当主身兼数职之象。

④看文运，当取父母丁巳为用神，父临日辰，又得月令长生之地，乃为木火通明之象，当主一年文运昌隆，小有名气。

⑤看人际关系，要根据实际情况而论。当时因忙于工作，没有什么社交活动，故论人际关系当以同事为主，应取兄弟戌土为用神。

世爻中和临青龙，当是德主中庸，人际和美之象，但不宜世、用二爻皆为阴爻，又紧贴，乃是同性相斥，当主对抗之象，故在火土旺相之月易与同事有龃龉。

(4) 流月运程批断分析：

①正月建壬寅，月支寅木暗冲迁移星（以年、月、日、时四柱查神煞之方法），当主本月有迁移和旅行之事。故于正月过完春节后从四川老家返回咸宁。

②二月建癸卯，卦中官鬼丙寅、丁卯两爻临帝旺之地克伐世爻，二爻官鬼丁卯又临玄武，玄武属水，对官鬼卯木有生助之力，且玄武又主暗昧之事，故在工作上屡被同事掌权者暗中压制、掣肘、中伤，原定的本人的教学职务莫名其妙地被取消，写的文章也不给发表，给本人带来一些不必要的思想压抑。

③正月、二月的经济状况一般，卦中财爻丙子休衰已极，当主吉兆，本该大有进益之喜。但不料财爻子水纳干为丙，与日干辛金合而拱水，虽未成化，但已是不利之象，逢流月壬寅、癸卯，被天干壬、癸之水化神引助，丙辛合已有几分化水之力，财爻从象不真，格成假从，俗云：衰之极者不可益，故财运平平，收入较低。幸得月支寅、卯木临旺地，泄水有力，又得天干丁壬合木，故不致破耗。

这里有一个难点，就是丁壬合木以后，壬水是否还可以充当化神的角色？这是一个较为复杂的问题，绝不可以简单地回答"是"或"不是"。我们可以从以下几个方面来分析：丁壬合化成木以后，壬水的性质转化为木，

267

水的特性得到抑制，不能显现，故这种情况下，壬水不能充当化神的角色，应是毋庸置疑的，这是其一；

其二，应当明确的是，丁壬合化成木以后，只是其性质和功能的转换，但其物质基础并没有被改变，一旦逢流日、流时水旺之时，壬水还可以在一定程度上逐渐还原，这和化学上的"氧化——还原"反应的情形十分类似，在命理学上称之为"反化"。

同理，寅亥合木，逢水旺之时，亥水也有在一定程度上还原的可能，这就导致了财爻子水从象不真，心不专一，好比是"人在曹营心在汉"，降低了财运的层次。

④三月建甲辰，世爻本中和，现得流月之助处旺地，官鬼寅卯之木旺气渐退，克身之力大减，势成身官两亭，当主吉象，故本月运气好转。

甲辰月，财爻子水一无生扶，其势衰极，乃真从之象，故本月财运大有起色，收入较丰。不过月支辰土仍为湿土，湿气未除，仍嫌不足。

甲辰月，世爻得助处旺地，乃是吉象，但不宜再逢土旺之时，否则世爻过旺，并非美事，果于己丑日生病一场。应己丑日者，乃是月、日甲己合化土，甲木非但不克抑旺身，反而背主化土，更助土之旺势之故。

⑤四月建乙巳，父母巳火值月建临旺地，生扶世身，当主有文运，主名气。故在四月发表论文，且在邵伟华易学研究服务中心举办的具体断四柱、周易提高班上讲课一举成名，引起轰动。

四月财运较前月更佳，已翻了一番。乃是乙巳月木助火威，一扫柱中湿气，财爻从象愈真之故。不过日干辛金通根于巳、丑之支，难于制化，丙辛拱水之势仍在，尚未除恶务尽。

⑥五月建丙午，印旺生世，故在提高班上授课效果极佳，加上预测效果影响日益扩大，声名远播。

五月财运较四月又翻了一番。四丙（四、五、六爻纳干为丙）争合一辛，反化为火，辛金制化得宜，丙辛拱水之势已荡然无存。月建丙午双体之火，冲尽子水，熬干滴水，财爻子水从象更真，愈加丰足。

⑦六月建丁未，丁火透干，通根燥土，火之余焰犹存，父母巳火其气未

退，仍主名气，技艺精进。

六月丁未，与年柱丁丑天比地冲，丑中癸水辛金俱损，湿气尽除，且未土紧逼死绝之水，财爻仍从木火土之势，故未月财运不比午月逊色。

⑧七月建戊申，申为迁移星，又临金舆星，当主有迁移或旅行之事，但不料申金入墓于岁库，是欲动而未动之象。实际该月本人几次很想回家一趟看望孩子（申金为子孙），但因故终未走成。

此月申金泄耗丑土之气，世爻偏弱，故心中偶有不快之事，闷闷不乐。

此月财爻子水临月建处长生之地，已是不从之象。且日支与流月之支巳申相合，解巳亥相冲之危，亥水得存，复而引化巳申合水，天干丙辛合水，财气倍增，故此月财运仍是有增无减。

⑨八月建己酉，当令之金，巳酉丑三合子孙金局成化，生助财爻子水，故财运仍可与上月持平。

⑩九月建戌，世爻得戌帮扶，处旺地，仍是吉象，此月心情较为舒畅。

财爻仍受土克，又从木火土之势，故此月财利称心，较上月并不逊色。但流月庚金当值，日干辛金又无制化，是为美中不足，故此月财上有消耗，向家里寄了一些钱。此月兄弟戌土当值，但不宜世、兄二爻皆是阴爻又紧贴，乃是同性相斥，当主对抗之象，又丑戌相刑，故此月因同事舞弊而与对方发生龃龉。

⑪十月建辛亥，亥水马星临财，当主动中求财之象。故于当月在邵伟华先生多次动员下去广东邵伟华信息咨询服务有限公司坐镇把关，打开局面。

此月财爻子水临旺地，丙辛又化水，当主财利丰盈，实际在广州工作期间，几天内迅速打开局面，坐镇六七天，为公司创造经济效益几万元，本人获利几千元。

但亥水生合寅木，泄耗极甚，故此月耗费颇多。

⑫十一月建壬子，壬子双体之水，与太岁丑土时柱亥水三会水局，财官两旺，幸世爻丁丑得四爻丙戌之土帮之，又得日辰巳火之生，勉强可敌财杀，格成身财两亭，故此月被评为工作先进一等奖，得到嘉奖，同时升任邵伟华信息预测总公司预测部经理，独自一人被定为预测收费最高等级。

⑬十二月建癸丑，财爻子水又处休衰之地，若以从论，本主吉象，但不宜月干癸水透出，帮扶子水，衰之极者不可益，故从象不真，局中又多呈寒湿之气，乃为假从之象，是为不利之兆。故此月为筹办公司耗资颇多。

3. 总结

我们在运用传统的六爻纳甲筮法进行占测时，经常会遇到"占而不验"的情况，这些"占而不验"的筮例，有较大一部分是用"常理"无法解释清楚，此例就是一个典型而生动的例证。此例在占测财运时，若按"常理"推断，势必将发生极大的偏差甚至失误。而对这些"占而不验"的筮例，许多卜易者总是习惯地认为是个人技术水平不到火候的缘故，或单纯地归结为"意念不诚，信息不准"等原因，而又一时找不到失误的原因，只好将筮例弃之不顾。甚至还有一些初学者对这门古老的预测学科的科学性产生了怀疑。我在实践中发现，造成"占而不验"的原因是多方面的，其中最重要的原因之一，就是前人的纳甲筮法的占筮理论还很不完善，甚至还存在一些误区，而初学者又过于迷信书本，缺乏实践，对书中的一些理论又缺乏鉴别能力，死背断语，生搬硬套，教条僵化，以致屡屡预测失误。因此，仔细体悟和准确把握本书中的占断思路和占断原理，是您迈向成功的第一步。

第十二节　小　结

用纳甲法可以预测任何事情，真可谓其小无内，其大无外。《黄金策》里分列了三十多种类型，实际上在纷繁复杂的大千世界，远不止这些项目，从著书的角度讲，实在是难以尽述。本书选择了社会生活中最常见的也是人们最关心的部分项目以实例进行了论述，目的在于使读者能学以致用。从各节的断卦实例中大家可以看到，笔者断卦很少套用古今各种八卦占筮书中的断语，而直接从用神和生克制化入手，从五行力量的强弱对比上下工夫，这样不但断卦思路清晰、简捷，而且准确度高，不说百发百中，至少八九不离十。今人编著预测书籍，往往爱抄袭古书的大量断语为己论，其实只是将古文翻译成白话而已，而翻译又时有曲解原意之弊。古书断语很大部分本就未加使用条件的限制，今人再将其曲解，更是差以毫厘，谬之千里。本书存其原貌，原文照录，使有识者自鉴。希望有志研习八卦预测的学者，能从借鉴他人断语的初级机械阶段过渡升华到自己推导断语的高级随意境界。本章各节所举的实例分析，若能在断卦思路上给读者以有益的启示，从而为实现这种过渡升华起到铺路作用，则笔者聊以自慰。背熟一千条断语，不如掌握一种正确思路。不知诸君有无同感。

其他许多项目的预测，本章未逐一列举，事实上也不可能全部一一罗列，但无论什么类型的事情，简单也好，复杂也好，用八卦纳甲预测，其预测原理和法则都是一样的。万变不离其宗，只要取准用神，抓住合冲空破旺衰强弱的实质，运用阴阳变化和五行生克制化的原理，就不难推断出准确的结论。八卦预测贵在灵活变通，学者若能举一反三，什么项目的预测都是大同小异，并非难事。读者若觉得本书的内容对你的思维有所启迪，可继续参阅拙著《中国六爻预测学》和已出版的其它拙著中的许多新观点和更多的实例。

附　录

周易与命名

李顺祥

一、取名策划

姓名，作为人们在社会活动中以示区别的特定符号，人人都有，天天都用，并伴随一生；企业的商标、名称，从某种意义上来讲代表着一个企业的形象，上世纪90年代初，CI战略策划理论引入国门，作为其重要内容之一的企业、产品的商标、名称，在现代经济社会中的重要作用日益凸显。出于趋吉避凶的良好愿望，个人取名或企业品牌命名时人们都想求得一个"好名"、"吉名"。的确，一个响亮上口、寓意深远的名字、名称或品牌，无论对于个人还是企业来讲，都如同一个人穿上一件高档得体的名牌服装，使人精神振奋、容光焕发！

然而，姓名、名称的内涵绝非如此简单。我们不无遗憾地看到：一些取名"富贵"的人贫贱终生，衣不敝体，食不果腹；一个取名"宏大"的工厂，产品积压，资金周转困难……；而经易学应用专家（有真才实学）为其精心策划、更改名称后，却能摆脱困境，蒸蒸日上，声誉鹊起……。近年来，随着"周易热"在神州大地的蓬勃兴起，姓名数理所寓蕴的深刻内涵及其对人一生运程所产生的重大作用，逐渐被人们所认知。取一个既体现时尚个性，又能对运程、事业产生吉祥导向作用的名字、名称、品牌已在有识之士中日益形成一种风尚。

目前，在众多取名方法中，备受推崇、流行最广的一种方法是：五格剖象法。这种方法数理结构决定名称的吉凶导向，虽然内容丰富、详尽、易懂、易学，但是，这种取名方法存在一个致命的弱点：只重数理，忽视太极原理！我们知道：姓名或名称，如同一个接受宇宙五行真气的天线。不同的名字，依据其自身的数理结构特征，所接受五行之气是迥然不同的。如该气恰为受名者命理五行之喜用，兼之数理为吉，则该名为受名者带来的就是吉祥与顺遂；如该气不为喜用反为忌，既使其数理结构为吉，同样是弄巧成拙！这样的实例，在实践中比比皆是，令人扼腕长叹！

二、取名原则

（一）符合命理、易理

1. 个人取名：人的姓名本来就是一种五行符号。汉字主要是依据象形和会意构成，具有玄妙的灵动力和数理诱导力。根据某人的五行需要，从五行的数理上选取一个恰当的名字，对人的命运就能起到良好的补益和诱导作用。传统的方法是，四柱需某一五行就加该行的偏旁，如需木则在名字中用带木旁的字，需火就用带火旁的字。这种方法有一定的作用，但取名一定要兼顾姓名学中的数理因素，效果才会更好。

给人取名，有一个误区需特别指出：有的人认为四柱中缺什么取名时就加什么。这不一定对，比如一个四柱水特别强旺，形成专旺格，喜用神为有力的金、水、木，忌火、土，而四柱中本身缺火、土，如果取名时加上火、土，岂非人为地用忌神破格？再说普通格局，比如四柱日主为金，力量衰弱，喜土金，忌水木火，而四柱中恰好无水，如果名字中加水，岂非人为地与用神作对？所以，取名补救的原则不是缺什么就加什么，而是喜什么、需要什么才加什么。这一点在取名时要引起注意，以免误人误己。

还有的人，喜在名字中用"福、禄、寿、喜、财、惠"等字意吉祥的文字，但名字中带"福"者辛苦一生，名字中带"寿"者少年夭折，名字中带"财"者一贫如洗，名字中带"喜"者终生忧愁的情况在现实生活中屡见不鲜，这说明字意与实际发生的作用恰恰"字"与愿违。这除了命主本身先天命运不好以外，名字的五行及数理作用也不无影响，因为"福、禄、寿、喜、财、惠"这些字意吉祥的字并非用在任何人的名字中其在五行、数理的要求上都适宜。这就好比一条鲜艳夺目的七彩花裙，身材适中的漂亮女郎穿上得体好看，身体肥胖的老太婆穿上就有点不伦不类，小伙子穿上则叫出风头，老头子穿上别人会认为他有精神病。这并不是说什么字取名用不得，而是要求必须适宜于命主五行的需要，这也叫"量体裁衣"。如果名字的五行、数理、字音、字意等各方面都天衣无缝，那当然是珠连璧合，求之不得。只是这种名字并非每个人都可选出。

个人取名必须要准确分析判断其四柱中的喜用神，以用神为主导去选择数理、偏旁相符的字。

2. 企业命名：须结合法人代表的姓名、四柱及公司法人所测企业前景的卦象，取其四柱、八卦中的喜用神，结合法人名字中的数理，选择与之数理、偏旁相符的字作名称。

（二）选择好的数理

不论个人或公司取名、更名，首先都应该避开大凶的数理。

1. 个人取名：女孩取名若四柱中喜用神不为金，人可应尽量避开孤寡数。因为女性用孤寡数易导致个性偏硬，缺乏温柔。

2. 企业命名：社会上流行的企业命名方法均以总笔划数"吉"为标准。而我经过长期实践，推陈出新，首创了品牌名与总名数理相结合的企业命名方法与原则。品牌名就如同个人姓名中的人格和四柱中的日干，总名好比个人姓名中的总格和四柱中的全局。品牌名是企业名称的核心，与总名相辅相成，缺一不可。一个好的品牌名可补总名之不足。何为品牌名？如："重庆顺祥信息咨询服务有限公司"，其中"顺祥"即为品牌名。这套企业的命名方法，经大量实践检验，行之有效。填补了我国姓名学、名称学的一项空白。

（三）寓意明朗、雅致

寓意是指人名或单位名称本身包含的意义或取名、更名时所被赋予的意义,如我国封建社会里,人们较为重视尊祖敬宗,子孙荣昌,因此在取名时多选用"祖"、"宗"、"敬"、"绍"、"广"、"嗣"、"先"等字,取些诸如绍先、敬祖、广宗、延嗣等名字。我们说取名用字的含义要明朗,意思要通俗易懂,不要过于古板和俗气,如毛泽东有"润泽东方"之意,如此等等。

企业、产品、商标的命名更要注重寓意,这种寓意要结合企业的经营理念,企业的宗旨等。

如:秀尔丽思(减肥胶囊)

秀:清秀、秀丽,仪表、才能优美出众,喻示药品减肥效果清奇出众。

尔:你,你们。泛指消费者。

丽:美丽,美好、光采。

思:思绪、怀念,向往,心情。

秀尔丽思(减肥胶囊):仪表清秀,优美出众,而达美丽相思,令人向往,难忘的减肥胶囊。

(四)读音洪亮上口

一个名字或名称首先是要被称呼的,其次才是被书写、记录,我国被用作人名或名称的汉字,在读音上有声、韵、调三个基本要素,取名更名时应尽量避免使用声调相同的字,以免呆板、平直、缺乏动感。如:颜延年、荀庆卿,读起来很别扭。取名、更名时还应注意声母和韵母的搭配,如果搭配不当,读起来就会感到拗口,如我国汉代有个谋士叫郦食其(Lì、yì、jī),又有位将军名金日磾(jīn、mì、dī)读起来很拗口。

(五)字型搭配和谐

字形作为组成名字、名称的基本元素,如同人的服装直接展现着名字、名称的"外貌",若搭配不当则缺乏美感。

一般来讲如姓氏笔画较少的人要取名时,只要没有特殊原因应尽量选用一些笔画较少的字,如姓丁的人取名丁玉川、丁日昌,要比取名丁鹤魏、丁德裕在视觉上感觉舒服一些。姓氏笔画较多的人取名时尤其更要注意姓氏与名字笔画的搭配,并非一定要选用笔画较多的字与之搭配,因为笔画多了,使用起来不方便,关键是协调。如姓戴的人取名戴一川、戴魏麟,效果都不是很好,若取名戴立源效果会好得多。

再有取名时还要留意字与字之间的偏旁部首的搭配,使姓名在整体上显得多样,充满变化。如汪汝淮、冯河清、何伯偃等名字虽字音字义者不错,但由于共用偏旁,缺乏变化,仍给人以单调呆板之感。

(六) 符合人文地理、地域文化、年龄结构

中国人要取中国人的名字,各民族也有自己的文化习俗,这是民族尊严,民族文化的要求。一位欧洲的汉学家,曾对中国人的名字与西方人的名字对比后认为,中国人的名字字义丰富,字音优美,形式简单,字形美观,而且还灵活多变。一个外国学者对我们的姓名文化评估得如此之高,我们没有理由妄自菲薄,自己看不起自己。但一些黄皮肤、黑头发、黑眼睛的中国人叫什么乔治、珍妮、玛丽、保罗、王玛子郎等不伦不类的洋名真叫人啼笑皆非。

还有一些年轻的父母不从孩子的长远考虑,只注重孩子的幼小阶段,取一些诸如"李小勇"、"刘小宝"、"郭圆圆"、"赵媚媚"之类较适合儿童阶段使用的名字,等长大后这些名字显然有些不妥了。其原因不仅会给人一种永远未成年感,而且在新的环境和社交场合中让人觉得不成熟、不庄重。

孔子曰:"名不正则言不顺"。反过来说,名正则言顺,言顺则事业兴。可见,中国人对名字的重视由来已久,我们认识到了它的重要性。现代社会,竞争日趋激烈,如果你没有一个新颖、别致、响亮、独具一格的好名字,不但很难在社会中脱颖而出,甚至会遇到意想不到的麻烦、困境和尴尬。名字代表独特的自我,名字中蕴涵着能量,名字中具备特异的气场,名字中储存着人生的密码。所以取一个佳名雅号能树立人生的光辉形象,使人倍添能量,让事业事半功倍,迈向成功。

取名是一门艺术科学,是心理学、社会学、哲学、历史学、民俗学、易学等精髓之综合创意成果,是一个人形象、素质、品味的标志,一个符合自

身创意的佳名雅号能给人自信，助人成功，愿好名伴您一生。

个人取名、更名：求测者需提供生日时辰，性别，出生地址，原姓名及父母兄弟姐妹姓名。根据命主四柱喜忌，结合姓名学原理，综合分析选出最佳的数理配置来取名、更名，可增强命主有利气场达到趋吉避凶之功能。

例一：2002年2月16日，大年初五，南京赵先生向我求测女儿四柱：1982年农历五月十二未时，四柱：壬戌 丙午 丙戌 乙未。为求吉利，赵先生两年前还特意请××取名公司为女儿改名为"赵小雅"。从数理结构看，这个名字起的还不错。

我当时断道：你女儿学习成绩一直很好，可就是用了这个名字之后，她的学习成绩逐渐下降，本来去年可以考上大学，却没能考上！

赵先生惊奇不已："李老师，你测得太对了！我女儿以前确实学习很好，在班里一直名列前茅，可自从用了这个名字，成绩明显下降。可这个名字却是××公司结合我女儿命理的喜用来取的呀，难道会有错吗？"

说着他从口袋里拿出一份打印的更名稿件满脸困惑地念道："命局明显身旺，取金水为喜用神，改名：赵小雅，小为3划，雅为12划，人格17为金，总格29为水。正是她命局的喜用神，怎么更名后反而坏事呢？"赵先生一脸茫然。

我当时为其做了详细的分析："你女儿的四柱，按一般方法来分析都认为是身旺的正格。认为丙火生于午月羊刃之地，又得月时干帮扶。孰不知这是一个特殊格局的命造：柱中年、日、时支均为燥土，又得火生，是一个火土两气成象格局，宜取火土为喜用神，最忌金水，特别是水。去年辛巳年，丙辛相合，金不破格，岁支巳火用神到位，本来很有希望中榜，而你却为她错取了个数理带金、水的名字，幸亏偏旁没有金水，否则更严重。"

赵先生恍然大悟，直怪自己一时糊涂，耽误了女儿的前途。之后，我又为其女儿更名为：赵炳迪，炳为9划，迪为12划，那么天格为15，人格为23，地格为21，总格为35，外格为13，不仅数理全为吉数，而且多为命局之喜用神，虽地格21代表木，看似不利，但天地人三格构成木、火、土顺生之势，可转忧为喜，加之"炳"字偏旁带火更将木化于无形。再说寓意"炳"象征光明，"迪"象征"前进"，整个姓名无论从数理到五行到寓意都是无懈可击的。2002年8月19日，赵先生从南京打来电话，兴奋地说自己的女儿考上了一所省内重点大学。

例二：山东一家企业老总卢先生，2001年3月24日下午打来电话，要求我为其预测企业前景。我令其摇了一卦，卦象如下：

辛巳　　辛卯　　　　丙戌　　　　丙申

泽雷随　　　　　　　天泽履　　　　六神

妻财丁未×　应　　　妻财壬戌、　　青龙
官鬼丁酉、　　　　　官鬼壬申、　　玄武
父母丁亥、　　　　　子孙壬午、　　白虎
妻财庚辰、、世　　　妻财丁丑、、　螣蛇
兄弟庚寅×　　　　　兄弟丁卯、　　勾陈
父母庚子、　　　　　子孙丁巳、　　朱雀

当时批断如下：

1. 你1994年开始起家，只是1995、1996年小有不顺或破财之事，不管怎么说，到1997年你已经是个在当地很有影响的企业家了，资产数额至少在千万以上。

2. 1999年损失惨重，有官司口舌，直至去年（2000年）才得以解决。

3. 你企业的名字如带有三点水或数理属水的字就更不吉。

4. 你家祖坟南边有山，北边有一条长期不断流的河，此地不吉。

没等听完我的批断，对方就迫不及待地说："的确如此，1994年我承包了一个县里的水泥厂，只是1995、1996年有不顺，到1997年资产已达到一千二百多万，被县里、地区评为优秀企业家。1999年因一家建筑公司使用我厂水泥，建筑中楼房出了问题，我单位被告上法庭，到去年才算平息，损失三百多万。这几年效益一直不好，倒霉得很！我们厂的名字确实带有三点水，还有我爷爷的坟南边是有山，北边有条小河。李老师这些都能化解吗？您能否亲自来一趟呢？"

在对方多次诚恳邀请下，我就携助手亲自前往，除为其进行了全面风水调整布局外，还为该厂取了个既合适又响亮的名字。自从全面调理和更名后，该厂当年就扭亏为赢，第二年也就是2002年利润创出了历史最高水平。自此以后每逢大事小事，卢先生都要打电话或坐飞机亲自来公司请教。

由此可见：为个人或企业取名、更名，首先必须过命理、易理关，只有数理与命理易理相结合，才能真正使受名之人或企业达到趋吉避凶的目的。然而真正能过命理、易理之关的人却是少之又少。读者若想对命名、更名作更深入的研究，可参阅拙著《中国实用姓名学》。

我公司全体人员以求真、务实、诚心为客户服务的精神，在总结当代众多姓名、名称学理论的基础上，结合祖国优秀传统文化瑰宝《周易》原理，把哲学、心理学、人文、地理及CI原理进行有机的组合，创立了一整套与现代经济发展同步，较为系统、风格独特的取名、更名知识理论体系。目前公司已成功地为数百个企业、社会团体命名、更名，并为数百家企业进行了全方位策划。经公司取名、更名、总体策划的企业、社会团体，无论是经济效益和社会效益都得到了长足的发展。

三、取名案例选登

北京程涛更名，乾造：生于农历二〇〇〇年九月十八辰时

	四柱	大运	行运年龄	交运年月
才	庚辰	丁亥	8	2008.5
		戊子	18	2018.5
比	丙戌	己丑	28	2028.5
		庚寅	38	2038.5
	丙午	辛卯	48	2048.5
		壬辰	58	2058.5
杀	壬辰	癸巳	68	2068.5
		甲午	78	2078.5

一、命局分析

日干丙火生于戌月有余气，又自坐羊刃，得月干帮扶，似为不弱。但柱中当令之土两辰冲一戌，冲起土旺，狂泄日主之气，又有年、时干耗日主，综合之下为身弱，结合行运宜取木火为主导喜用神。

二、性格分析

1. 丙火日干，待人热情大方，彬彬有礼，但急躁易怒。
2. 羊刃帮身，刻苦勤勉，努力进取，不屈不挠。
3. 土当令而旺，为人诚信，有包容心，与人交往中能得到别人的信任，然而有固执倔强的一面。
4. 食伤当令，心性聪明，智慧超群，能言善辩，有开拓创新精神，善于抓住机会表现自己，能吃苦耐劳，不服输不服管，喜欢自由，容易以自我为中心。
5. 食伤泄气太过，身偏弱，时常有压抑感，心高气傲，目标高远，常把自己弄得身心疲惫，有时又优柔寡断，一定要注意心态的调整。
6. 天乙、天月二德贵人照临，气宇轩昂，处事公道，一生有贵人相帮，能逢凶化吉，遇难呈祥。
7. 华盖星临命，善于思考，谋略深远，才华横溢，见解超群。但自视清高，孤芳自赏，有时多愁善感，内心孤独。与玄学有缘并感兴趣。

三、身体状况

一生多预防眼睛（或心脏）、肾脏、泌尿系统、呼吸系统等方面的疾病，只要在日常生活中注意调节好饮食营养结构，培养良好的卫生习惯及起居规律，坚持进行必要的体育锻炼，也可强身健体，防御疾病。

四、根据命局特点设计佳名

现设计名字三个：程炳皓、程彦翔、程泰然，供选择。

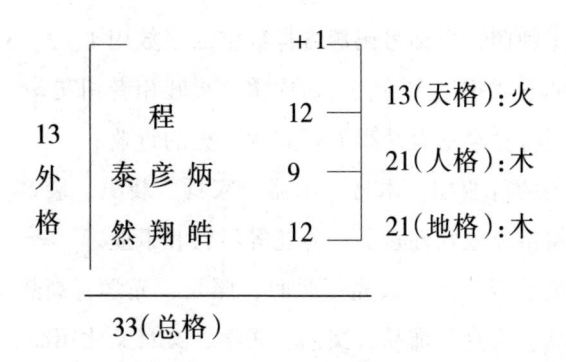

```
                    +1
          程       12 ─── 13(天格):火
  13  ┌  泰 彦 炳    9 ─── 21(人格):木
  外  │
  格  └  然 翔 皓   12 ─── 21(地格):木
          33(总格)
```

三才配置火木木暗示为：颇有向上发展的生机，目的容易达到而成功，基础、境遇俱佳而安泰，必定长寿享福，配置吉祥。

天格数13画暗示为：才艺多能，智谋奇略，忍柔当事，鸣奏大功。

人格数21画暗示为：光风霁月，万物确立，官运亨通，大博名利。

地格数21画暗示为：光风霁月，万物确立，官运亨通，大博名利。

总格数33画暗示为：旭日升天，鸾凤相会，名闻天下，隆昌至极。

外格数13画暗示为：才艺多能，智谋奇略，忍柔当事，鸣奏大功。

五、结合其他方面的应用及后天的调整

1. 此名确认后，宜尽早投入使用，便于尽早发挥其潜在的能量，在无形中助您一臂之力。

2. 所取几个名字，还可通过调整，排列组合出更多的名字供您选用。

3. 若对以上名字皆不满意，可在以下的字中选择相同笔划的字更换；即中间一字选9划的字，最末一字选12划的字。但是，请注意此种五格的数理配置是绝对不能随意更改的。

4. 在日常生活中如能结合以下方法进行后天调整，则可收到更好的效果。

(1) 学习、工作、求财适宜到出生地的东方或南方。

(2) 学习办公宜坐东向西或坐南向北。

(3) 睡觉时头宜朝东方或南方。

(4) 穿戴、家庭布置及其他一切生活用品用具的颜色应以绿、红为主色调。

(5) 汽车牌照、电话号码等吉祥数字的尾数用1、2、3、4。

(6) 交朋友或重用人适宜与命中木、火旺相者相交。

(7) 按五行分类适合从事五行属木、火的行业。

与木有关的行业如：木材、木器、家具、装潢、装饰、木成品、纸业、种植业、育树苗、植物性食品、养花等经营和事业。

与火有关的行业如：放光、照明、照光、光学、高热、油类、热饮食、理发、化妆品、人身装饰品、文艺、文学、文具文化用品、文人、写作、作家、撰文、教员、校长、秘书、出版、公务、电脑、电力、电器、政界等。

顺祝平安富贵 健康成长！

2001年3月9日

象天法地破玄机 手掌乾坤造化人

——记李顺祥老师贵州、广西风水行

易 源

今年4月，在"非典"肆虐、口罩热销的非常时期，李老师分别接到了贵州王先生和广西付先生的诚挚邀请，急盼李老师能亲临现场为其调理风水。公司工作人员均劝李老师应以安全为重，不要冒险，但李老师本着急客户之所急、客户至上的原则，决定带我一同前往，经李老师预测，知此行安泰，不会受"非典"的青睐。

飞抵贵州高原，在机场恭候多时的王先生惊喜地握住李老师的手："李老师，我早就盼着能有机会见见您。"坐在王先生的豪华轿车上，王先生拿出李老师1997年为他详批的终身命稿，宝贝似地攥在手里敬佩地说："李老师，您为我批断的命运吉凶祸福，都一一应验了。我这几年接到了很多关于易经方面的宣传资料，我对他们都不能确信，我就只相信您。这次请您过来，是我想建一栋单家独院的别墅，需要选址布局，别墅风水的好坏关系到我家庭、事业的兴衰成败，只有经过您的手，我心里才踏实。1997年，您没见过我本人就能根据我报出的生辰八字准确地测出我的命运层次、吉凶，我感到太不可思议，太神奇了！"王先生眼里满是虔诚与敬仰。

李老师按风水原理程序，再根据家庭主要成员的第一、二本命卦及个人的命局喜忌，分别规划出别墅的主人房、小儿房、客房、书房、厨房、洗手间等的位置、面积及方位，最后李老师又结合择吉方法，选择出最佳的建房日期，并对应该注意的事项作了详细的交代……王先生用笔一一记下，满心欢喜。

规划好别墅，王先生又恳请我们察看他家的祖坟墓地。

来到墓地，其父与其二妈的坟并排紧挨，两坟相隔只有一米左右。李老师指着其二妈的坟说："自你二妈葬下后，你二哥家就要破败，还会出现感情纠纷，否则就是你二嫂不贤或多病。还有'乾、巽'二卦位配置不当，你长女学业不佳，尤其是2000、2001年更是厌倦学习，长大后感情、婚姻难顺，还会早恋。"

"对，对，对！"准确的推断令王先生瞠目结舌，"自我二妈葬在这里后，我二嫂就有了外遇，亲朋好友还去找过第三者的麻烦，当时闹得满城风雨，二哥家境也一年不如一年；我大女儿从2000年开始成绩一直下滑，对读书一点没兴趣，我也拿她没办法。李老师，既然看出来了，那怎样来调整呢？"王先生期待地望着李老师。

李老师将调整的具体步骤与方法，以及最佳调整时间详细地告诉了王先生。

送别时，王先生紧紧地握着李老师的手，由衷地说："以前我只知道李老师的四柱、六爻名振易界，没想到李老师的风水竟也这般绝妙，还把风水、六爻、四柱融贯起来运用，预测也就更全面准确。我要是能成为李老师的学生，学到这全面的知识那就真是三生有幸了。"

告别王先生，从贵州来到广西，机场迎接我们的付先生从头到脚将我们好生打量了一番，目光惊诧并流露出几分疑虑的神色。付先生的安排是先到乡下他老家察看祖坟，再到城里勘测他和其弟的办公室及住宅。

伴着夕阳的余辉，我们来到了付先生祖父的墓地，在一片坟冢中，付先生指着那一座稍高的坟说："那是我爷爷的坟。"李老师走过去，绕了一圈，然后打开罗盘。

"你祖父坟前的这座坟是什么时间葬下的？"

"1979年，这是我二伯父的坟。"

"自你二伯父葬下后，你家的家境就渐渐好转，但你二伯父家却人丁日渐衰败，说明白点就是他子女寿元不高，易在脾胃上发生病变。"

"是这样的，我二伯父死后没几年，我堂哥就患胃癌而死，而我们家弟兄几个却都创出了自己的事业。"

李老师走到南边那座坟前的墓碑旁："付先生，这碑立下多久了？"

"1999年立的。"

"从此碑立下后，你家就没有以前那么顺了，办起事来很费劲。"

李老师又指着立碑的这座坟说："但这家却越来越好，尤其是属羊、属猴的人。"

"李老师，您确实看对了！但别人家的碑我们又不能动，能有其他办法破解吗？"付先生惊讶、焦急中充满着期待。

"有办法，等我看完后待会告诉你。"

……

翌日，查看付先生提前为其父母备好的墓地。天蒙蒙亮，我们步行前往。李老师仔细察看了周边的环境，有诸多地方不够理想……付先生共有兄妹五人，要各占其利，均能受益，绝非易事。难者不会，会者不难。李老师和我架罗盘、定五黄、选方位、拉绳线、做标记，好一阵忙活，最后又告诉付先生具体的调整方案。

时近中午，一切就绪。付先生又提出其姐夫家祖墓离此不远，能否顺带过去看看？及至，李老师定好罗盘，环顾周边，直断："你姐姐家很潦倒，男丁不旺，不夭则残。"

付先生沉默不语，指着不远处的另一座坟问："李老师，你看看那家呢？"

"那家人较富，尤其是属兔、属牛、属虎的后人，精明能干。"

付先生脸上掠过惊诧之色，但还是不发表任何意见。又提出："李老师，我姐姐家的看了，没有看我舅子家的，老婆会说我不公平。"

看来，付先生是存心要考考李老师了！来到他舅子家的祖坟前，李老师直截了当地说："此家还有什么好看的呢？女主人因难产或妇科方面的病变身亡，家人一日三餐能果腹就算不错了。"

"李老师，太神了！"付先生睁大了眼睛，再也按捺不住内心的惊异与激动，竖起大拇指，"全部看对了！我外甥近几年得了一种怪病，看了很多医院都查不出病因，姐夫又常年多病。而您说的另一家确实富裕，子女也很能干；我舅子家只剩下父子三人，他媳妇生孩子时死了，两家生活都很困难。实话说，此前我已请了三个据说是很高明的风水师，有一个还是我开了几天的车从外省请过来的，但看过这些坟，没有一个能说出个道道来。后来听一位朋友说您非常厉害，我满怀希望地邀请您，想不到机场相见时，您那么年轻！我心底犯嘀咕：几位老师傅尚且如此，这位年轻人真有朋友说的那么神奇吗？虽说在我爷爷和二伯坟上您看得那么准，但又想：不会是碰巧碰对的吧？所以又请您看了后来的几处坟，现在我彻底信服了。您果然名不虚传！不当之处，还望李老师海涵！我真想不到风水对人的影响竟是如此之大，还真的能主宰人的命运，我一定照您说的方法去调整。李老师，太感谢您了！"付先生高兴万分。

回城后，李老师又精心为付先生兄弟俩调理了住宅和办公室风水。其实，付先生此次邀请李老师最主要的目的，就是为其弟升迁之事。其弟是某单位的科级干部。多年来，每次提升都是"百尺竿头，就差一步"，为提升之事，已伤透脑筋！自李老师为其调理风水后，兄弟俩财运、官运大为亨通。前天，付先生的弟弟也打来了电话，他已被提升为处级干部，感激之情，难于言表，说一定要到重庆来拜谢李老师。

象天法地破玄机，手掌乾坤造化人。十多年来，李老师不仅以快捷、精准的四柱、六爻预测名扬四海，而且以风格独特、准确的风水预测和神效的调理誉满神州。此次贵、广两省之行，只是我初为李老师弟子之初见，可以说，李老师不仅是一位卓有成就的预测学家，更是一位杰出的风水学家。

读者若想了解李老师的风水技术，可参阅他撰写的风水专著《中国实用风水学》。

2003年11月

刁钻顾客欲拜师

易 轩

8月14日下午两点，李顺祥咨询公司工作人员在接听一个电话："我是深圳宋××，汇款到你公司邮购一本《六爻详解》，不知道发出来没有？"

工作人员问："您好！请问您什么时候订的书？我给你查询。"

对方盛气凌人地说："8月6号汇款订的书，我怎么现在都还没收到？"

按照惯例，凡是通过邮局或者银行汇款到公司邮购李顺祥老师的著作，客户办完汇款手续后，公司工作人员都会及时登记并按时寄发的。可14号是双休日，公司只有部分工作人员值班，一时间还没能查清此书是否寄出，也不知对方汇款后是否电话告知公司工作人员。

此时，对方在电话中大声说："我自己也在预测公司给别人搞预测，我没用李顺祥的年、月、日、时断卦法，只用月、日断卦也很准。我起了一个测在重庆李顺祥处邮寄的《六爻详解》一书何时能收到书的卦，你们就按李顺祥的类四柱占卦法来断此卦，看能不能测得准？"

语气咄咄逼人，明显有考人和挑衅之意。有意思的是：宋先生专门买李顺祥老师的书去学习，却又怀疑李老师的学术理论。

其实，像这种情况出现在一般易学爱好者身上还情有可原，可宋先生自称是专职预测师，理应有些功底，只要把李老师的学术理论和其他同类理论做一个实践对比就会立见分晓，何需质疑呢？为买一本书竟要专门考别人，似乎有些过分。此时，李老师恰好走过工作人员身边，就接过电话问道："你起的什么卦？"

"'雷火丰'变'泽火革'。"对方说。

电光石火之间，李老师立即回答说："父母爻持世居五爻，五爻为道路，表明你摇卦之时书已寄出了，此书肯定不可能丢。"

"你说不可能丢，但我到现在还没收到呀。我按月、日占卦法断：用神发动逢合时能到，应该在癸巳日收到书。你认为哪一天才能收到呢？"

我们几位工作人员都围到李老师身边听老师怎么批断此卦。

李老师问："什么时间起的卦？"

"几天前，辛卯日申时。"对方答道。

"昨天乙未日能收到此书。"李老师很肯定地告诉宋先生。

对方说："没有啊。那是怎么回事呢？"

工作人员不禁为李老师的断言捏了一把汗，因为对方不是一直都说至今也没收到书吗？

李老师："你知道我为什么断乙未日能收到书的原因吗？"

宋先生："不知道。"

"乙未日究竟收到书没有？"李老师再次反问对方。

宋某还是肯定地说："我昨天去邮局看了，没有。"

"如果真是你说的那样，今天、明天也不会到，那就只有等到戊戌日才能到了。"李老师再次肯定。

"你断错了，我是昨天收到的书。"宋某得意地说。

李老师很严肃地说："你知道吗？我就是李顺祥。告诉你，易学不是数学，不是3加2等于5那么机械，你能找出癸巳日为何收不到书的原因吗？我一开始就断你乙未日书能收到，你为什么要一直说假话呢？学易之人德为重。实话告诉你，我李顺祥不怕考，不考则罢，越考越准！"

希望你要把易学当作一门学问去研究，不但要学技术，更要学会真诚待人，不欺不瞒。如果人品不行，再怎么学也不会让人感到佩服，永远也难登大雅之堂。不过，你打电话来刚好被碰上也算是与我有缘。虽然你一开始就一直对我说假话，但我还是愿意把为什么要断乙未日能收到书的思路教给你，希望你以后不要再用刚才这种方式去对待易学同行们。"

"你请看： 庚寅　甲申　辛卯　丙申

雷火丰	泽火革	六神
官鬼庚戌土、、	官鬼丁未土、、	螣蛇
父母庚申金×世	父母丁酉金、	勾陈
妻财庚午火、	兄弟丁亥水、	朱雀
兄弟己亥水、	兄弟己亥水、	青龙
官鬼己丑土、、应	官鬼己丑土、、	玄武
子孙己卯木、	子孙己卯木、	白虎

1. 父母用神临月建，旺居五爻动而化进，五爻为道路，表明你在摇卦时书已在邮送的路途中了。用神旺，书肯定不会丢失。

2. 以年支论、用神临驿马，也说明书已寄出。

3. 除辛酉双体之金外，此卦的父母爻庚申双体之金是六十甲子中最旺的金，它雄居五君位，又有原神戌土生之，说明此书对你来说含金量也很重，有很高价值。

4. 父母爻持世，此书对你很有帮助，你也能从中学到很多有用的东西；勾陈临世，表明你也有些担心此书丢失和怀疑此书的价值，故测卦求证。

5. 用神虽动但与日辰卯木暗合（为合绊）又入应爻之库，这里的卯木可看作忌神，丑为用神之库也是用神的忌神。

6. 只有用神出库，忌神入墓之日才能收到书。乙未日正好冲开墓库，土的力量加强，卯入未墓，木的力量被削弱，正是忌神入墓用神出库，所以此日书能收到。这就是我断乙未日你能收到书的断卦思路。"

李老师一口气讲完，对方的态度一下子来了个180度大转弯，连忙说："李老师！真对不起，我向您赔礼！其实，我三年前就在读您的书，您这种断卦思路在其他任何地方都是学不来的。我想到重庆去拜您为师，跟着您学。"

李老师笑道："自己技术不过关还去怀疑别人，这是不对的。我身边现在已经带了五个学生，他们学得都很认真努力。只要你与我有缘，即使是学我的书，肯下功夫，也一定会获益的。但人品一定要好，那样才能更好地为别人服好务。"李老师的一席话不但让宋先生深受触动，也使我们工作人员深有感悟。这就是李顺祥老师做人做事的风格。

看风水知企业兴衰

易 轩

2010年7月14日，李顺祥老师在公司接到一个从北京打来的电话。当确定是李老师接听电话时，对方兴奋而又急切地说："我是内蒙古×××公司董事长的朋友，早就听说李老师的风水技术出神入化，应用效果惊人。我那位朋友几年前曾请你为他的企业和住宅做了风水布局，从此事业果然蒸蒸日上，令人惊奇。所以，我想辛苦李老师走一趟，请你为我的酒店进行风水调整，希望你一定要来啊！"

三天后，李老师带着弟子一起飞抵北京，目的地是中关村的一家四星级大酒店。见面片刻，接待我们的曹总和赵总就迫不及待地问："大厅怎样？收银台如何？在哪层楼办公最好？"

李老师沉稳地说："先看看周边环境对酒店有何影响。"

李老师看完周边环境后返回酒店，发现在豪华的大厅正中有个一米多高的风水球在不停地转动，右边收银台非常豪华。

李老师说："收银台是酒店的关键，但设计错误，再大的风水球转来转去也不能旺财。"

两位老总对视一眼，并不作答，却指向大厅左边问："我们准备在那里做一个巨型的动态瀑布，用来招财，你看怎么样？"

"那样退财更快，赔得更多。"李老师毫不客气地回答。

接着，我们一行来到了总经理办公室。"哪一年开始在这里办公？"李老师问。答："2009年。"

"房间虽然选对了，但整体布局问题大。"李老师指着对面墙壁上一幅精致的山水画问道："为什么要将这幅画挂在这里呢？"

赵总答道："因为我是属牛的，这幅画有山有水又有草，是我花了不少钱特意请人绘制的。房间布置也曾请过几位大师指点，其中有两位还是从港台来的哩。"

李老师风趣地说道："如果凡是属牛的挂一幅有水有草的画就能飞黄腾达的话，这样的风水小学生也会做，我也没必要从重庆飞到北京来了哟。"

李老师接着说："自从挂上此画后，你在工作上便感到力不从心，布置的任务落不到实处。下属表面积极，背后拖沓，执行力很差，事事都要你操心，你感到压力大，人很累，而酒店的效益却不好。"

"哎呀！太神奇了！李老师单从这幅画就能看出这些事，真是不可思议。"赵总惊诧地看着李老师，好像觉得李老师有特异功能似的。

李老师继续边看边说："这个财神位摆错了地方，不但不能催财，反而起了负面作用。你在与客户谈业务、签合同时沟通不到位，比较被动。大彩电和沙发也安错了地方，就好比人的心脏被塞进了异物，你在这里办公会感到很不痛快。总经理办公室的风水布局有这么多的问题，无论你怎样经营，不亏才是怪事。"

"李老师把什么都看出来了，不得不令人折服！我从2008年冬开始到2009年，投资两千多万来布局和经营这个酒店，到目前为止都是负利润。事与愿违的事情经常发生，我也找不出什么原因，真令人头痛。这个包袱几乎把我压垮了，所以，前不久将酒店90%的股份转让给了曹总，我任副职，只占10%股份，想慢慢收回投资。"

李老师说："你运气还算不错，因为办公室门的方位较好，能纳一些财气，否则，即使亏钱转让这个酒店，也不会有人承接。"

曹总说："我虽然承接了这家酒店，但心里总感到不踏实，一直在思索：在北京这样好的地段开星级酒店怎么会赔钱呢？于是怀疑是否在风水上存在问题,所以特地请李老师来做个诊断和布局。"

李老师说:"酒店经营是一种团体行为,各部门的风水都会影响酒店的经营与效益,所以,我还得看看你下面各部门主管的办公室风水有无问题。"

营销主管雷女士的办公室,坐北向南,卧室与办公室合为一体。

李老师说:"这套房间煞气很重又失元运,风水布局与你本人命局相悖,你虽然工作很努力,但业绩平平。如果你继续在这里办公,还要防心血管疾病。"

雷女士恍然大悟:"原来是办公室风水有问题,难怪我怎么努力都难以提升业绩,并且感觉越来越累。前不久体检,还真的查出有动脉硬化。幸好李老师看到了问题的根源,不然我以后就更惨了。"

李老师说:"只要及时调整可以转凶为吉。"

李老师通过风水不但能准确地判断企业的兴衰,而且还能一针见血地指出风水给人造成的种种影响。这不得不让人信服。

赵总如梦方醒地说:"没想到风水对人、对企业的影响这么大。李老师,您今天真让我们开眼界了!请您尽快为我们做一个全面的风水调整。"

李老师花了一天时间,对董事长、总经理、部门主管以及各个要害部门和重要场所的风水进行认真的勘测和研究后做了系统全面而细致的风水调整与布局,并择定了调整的吉日。曹总(新任老总)担心有遗漏,还特地叫来一位助理将调整方案一一记下。

第二天,曹总和赵总感激地说:"如果李老师不来,我们仍然使用以前风水师的布局,等待我们的将是无休止的亏损。能请来李老师,真算是我们有缘有幸!"

李老师说:"昨天我们在一起走了一圈,整个楼盘的外五行早已印在我的脑海里了:酒店的玄武山需要加强,贵人峰有高楼填实,门前远处的两座建筑物要使其为我所用,三根不锈钢旗杆位置不当,需要调理化煞。只有这样系统全面地去做,才能算是一个好风水。"

两天下来,该酒店的两位老总被李老师精湛的风水技术和严谨的工作作风深深折服,也亲身感知到风水与企业的内在关系及其对企业的重大影响。

看来一个好的想要有所发展的企业真需要有神奇的风水为其保驾护航啊！

最后，两位老总紧紧握着李老师的手，提出要求："恳请李老师做我们企业的策划顾问。只有这样，我们心里才感到踏实。"

听李顺祥老师讲课

智　真

初步印象

一、电话预测　初见锋芒

2009年7月21日中午，李顺祥咨询策划有限公司重庆代表处办公室的电话铃响了。一位神态飘逸的中年男子拿起话筒接听："李老师，我朋友的老婆摇了个'雷天大壮'变'雷火丰'卦，请您看看她老公的运气怎么样。"

这时办公室里正聚集着一些前来报到参加"第九届李顺祥高级易学咨询师特训班"的学员。大家凝神屏气地听着。中年男子仅仅思考了几秒钟，便果断又有些生气地说："看啥运气哟，这个人已经被抓了，正在坐牢嘛。"

对方立刻激动起来："是！是！是！我的朋友就是被抓了，他老婆着急才求测的。您看他近期能否出来？"

中年男子果断地说："叫她要有思想准备，目前绝对无法出来！"

中年男子就是李顺祥，易学界早已大名鼎鼎的"预测活电脑"。

学员们听了如此斩钉截铁的预测，不由得面面相觑。早就听说李老师的预测风格是铁口直断，既快又准，今天算是见识了。

预测过程当场被一些学员记录了下来。令学员们不解的是：李老师为何如此大胆断言？断卦时又为何有些不高兴？

这些学员在报到之日就亲眼目睹了咱们的老师给人预测竟然如此大胆而自信，并且结果又毫厘不差，其锋芒可见，不由喜在心头——看来这次来对了!

二、典礼豪言 艺高胆大

2009年7月22日上午,李顺祥老师在开学典礼致词中讲道:"……我想,大家都是满怀希望而来的。我将会把我的技术毫无保留地传授给大家。有些学员可能因为有过参加其他面授班的经历,心里多少有些不踏实,我很理解。不过,到这里来学习,请你们放心,我不会让你们失望的,我将努力让你们满意而归。"

课堂上顿时响起了热烈的掌声!

然而,有些学员虽然在鼓掌,心里却在想:这些年,全国各地办易学面授班的到处都是,不少人参加过各种各样的面授班,但大多都是满怀希望而去,却带着失望而归。难道你李顺祥的面授班真的与众不同吗?

李老师继续说道:"我由于太忙,很少有时间举办面授,但许多易友总想让我举办面授班,给他们深造学习的机会。经过慎重考虑和长时间的忙碌,我终于挤出半个月时间来举办这次面授班。我们的易学需要高水平的人才呀!你们都学好了,易学就有了希望。我的师父曾对我说过:'前三十年师传徒,后三十年徒传师。'我的目标是:前三年师传徒,三年之后徒传师。大家有没有信心啊?"

台下再次热烈鼓掌,同声回答:"有!"

"不管大家抱着什么样的心态来,我保证让大家都满意而归。"李老师接着说,"就在前几天,有位女士在电话里对我说:'李老师,听说你要办面授班。你先给我测一下,测准了,我就去参加面授。'我当时想:你来不来就看你有没有这个缘分了,不来只能说你的易缘还没到,错过这个学习的好机会。但我转念又想:你这分明是在怀疑我的技术。我生来就是个喜欢挑战的人,刚好现在也有点时间,我就决定给她断几条。那女士是个急性子,她说:'我八字报给你,你就测2007、2008这两年好了。'我当即推断说:'这两年你的运气一塌糊涂,工作上、感情上一团糟……'没等我说完,她便抢着说:'李老师,想不到你一下子就点中要害了!请原谅我刚才说话的不敬。说实话，最近五六年来，我参加了不少面授班，大都是满怀希望而去，带着失望而归，没学到什么真本事。对这样的学习班我几乎不抱任何希望了，但这次我无论如何都得去参加你的面授班，我服你了。'这位学员现在就坐在我们教室里。"

"可能有些学员知道，"他继续说，"凡讲易学课的，课堂上最怕学员提问。为什么？那是怕当众出丑啊！有些学员参加过这样那样的易学面授班，相信都有所体会。"

"不过，在咱们这个班上，我希望大家多多提问。"李老师强调，"我不怕你们难倒我，因为若真能难倒我，说明你们的水平已经不错了，这是值得高兴的事情。"

有些学员在私下嘀咕："很多人都说你李顺祥艺高胆大，今天一见，果然好大的口气！难道你真的有那么了得吗？我们倒要看个究竟！"

李顺祥，现任世界易学联合会会长、国际易学风水研究院名誉院长、重庆市中华易学研究院院长、中国李顺祥咨询策划有限公司董事长、重庆顺祥信息咨询服务有限公司董事长，当今易学界著名的实战派权威人士，即将出版的有《中国四柱预测学》、《中国六爻预测学》、《中国实用姓名学》、《中国实用风水学》、《四柱解惑》和《八卦解惑》多部易学专著。

原以为参加这种高级易学面授的学员都是易学专业人士，通过学员们交流才知道，学员们来自包括香港的全国各地，从事的工作涉及各行各业。学员中除专业的易学工作者外，还有医生、教师、作家、军官、公务员、大学生、研究生、博士、教授、企业家、退休干部、僧侣法师。

也许有人不明白：易学专业人士、医生、僧道，由于行业的需要，研究易学理所当然，其他行业的人怎么也喜欢学易呢？道理很简单，因为易学涵盖了政治、军事、哲学、科学、教育、经济、医学、人文、管理等领域，无所不包，所以，无论对于什么人、什么行业，易学都有指导性的作用。

早在十多年前，李顺祥的大名在易学界就无人不晓，被誉为"预测活电脑"。现在教室里的五十余位学员都是慕名而来，他们非常想知道十多年后的今天，"预测活电脑"的技艺又到了何等境界？

第一堂课无疑是试金石，学员们都翘首期盼。

2009年7月22日下午，"第九届李顺祥高级易学咨询师特训班"在环境优美的云篆山园林山庄正式开讲。在学员们热烈的掌声中，李顺祥老师微笑着走上了讲台，转身在黑板上写下一个卦：

己丑　辛未　癸亥　癸亥

泽山咸　　　　　六神

父母丁未土″应　　白虎

兄弟丁酉金′　　　螣蛇

子孙丁亥水′　　　勾陈

兄弟丙申金′世　　朱雀

官鬼丙午火″　　　青龙

父母丙辰土″　　　玄武

写毕，李老师说："上课之前，我先来段小插曲：为了使这个面授班圆满成功，我比较了办班的几个时段，最后选定农历六月初一至十六。农历五月二十五晚上，我为在这个时段办班起了个'泽山咸'的六静卦。静则稳定，利于学习。世爻代表我本人，兄弟申金旺而持世，说明我本人对办好这次面授信心十足。亥水子孙代表我的学员，也就是在座的各位。世爻申金旺而生子孙亥水，说明你们能从我这里受益，我能教给你们真正的技术。世爻申金得太岁双体之土、当令月建之土及父母辰、未土之生，又有卦宫兑金及五君爻酉金相助，力量很强。这说明我肚子里还有好东西传给你们，也说明对办班过程中的所有事情我都能应付自如。四爻子孙亥水临日辰又得五君爻和世爻生，说明学员们头脑聪明、思维活跃、接受能力很强，将会从我这里学到许多宝贵的技术。不过，农历六月的初二己巳、初三庚午、十四辛巳、十五壬午，这几天因官鬼巳午火克世爻，我们将会遇到一些不顺之事。但官鬼巳午火并不旺，所以不会给这个面授班造成大的危害，我们完全能够应对。大家等着时间来检验，看我的预测到底准不准。"

易学界名人办班，为了自己的名声和面子，讲课通常小心谨慎，一般都是把自己过去的"成功卦例、命例"拿出来做标本，当然这也无可厚非。当着学员的面预测未来的事情，毕竟是需要高超的技术和胆量的。李顺祥老师竟敢把自己断的尚待验证的卦拿到课堂上讲，**把断语公开告诉学员**，等待时间去验证。他真有十足的把握吗？他就不怕到时万一不应验而使自己下不了台吗？培训还没开始，学员们个个都是见证人。他这样丝毫不给自己留余地，未免太自信、太胆大了吧！不少学员为李老师暗暗地捏了一把汗。

到底能否应验，在短短十多天的培训期内便会见分晓。大家都默默等待着时间的验证。

下课后，学员们私下议论："我们虽然都是慕名而来，但你也不至于是神仙吧，竟然敢那么胆大断言，就不怕到时砸了自己的台？"

也有学员说："不过，如果李老师真有传说中的那么神，到时我们亲自见证他的断语能应验，并且又能得到了他的面传，那我们真的来对了！我们等着瞧吧，说不定奇迹真会出现哩！"

教学有方

一、真知灼见　大师功力

第一节课的内容是：《命局中的大运和流年》。

命理预测离不开大运、流年这两大要素。但大运与流年在整个命局中的轻重如何，二者之间的关系又是怎样？这个问题在学术上历来没有得到统一认识，也没有看到有足够说服力的论证和论据。而这个问题是影响命理预测准确度的要害之一。李顺祥老师经过长期的研究和实践验证，终于破解了这道千载难题。他精辟地指出：

"每步大运的作用就是主宰本步运命局五行的旺衰，换句话说，每步大运就是衡量本步运命局五行旺衰的惟一标尺。

"流年是命运轨迹中的一个最大的变数。人一生中发生的所有吉凶事件都是通过流年的作用才得以兑现的。因此，流年的作用要比大运更大、更直接。古人把流年称为'岁君'，正是这个道理。

"每步大运无论好坏，都是一个相对稳定的状态，要变也要十年才变一次，而流年则是每年一变，其变化频率是大运的十倍。正是因为流年的频繁变化，才导致了每步运各年的运势变化。也就是说，由于某些流年的介入，大运便有可能无法维持命局原本的运势状态，流年的作用最终决定着当年的运势吉凶及其所发生的事件类别。

"由此可见，在整个命局中，若原局、大运、流年五行数量基本上差不多，流年的作用是最大的，最直接的，它始终处于一种主动状态而作用于大运和原局；大运、原局则都是处于一种被动的受作用的状态。

"当然，命运吉凶还是由整个命局的五行生克决定的，流年在其中不过是扮演了一个重要的角色。没有流年这个角色，流年吉凶这场戏就演不成；但如果没有原局和大运这些众多的角色，流年吉凶这场戏也就没有上演的场地。"

如此辩证的真知灼见，从根本上纠正了千百年来关于大运的偏颇观点。

理论需要实证。下面摘录李老师课堂上的一个实例：

江苏周先生四柱：**癸卯　己未　丙寅　庚寅**

李老师解析：

大运：戊午 1968　丁巳 1978　丙辰 1988　乙卯 1998……

原命局地支木土相战为病，需要火来通关，因而遇上火的大运为好运。丁巳大运：命局地支木火土相生不战为好运，但遇金水的流年却会引起战局，所以金水流年为忌。1980 庚申、1981 辛酉，流年地支申、酉冲命局寅、卯构成金木相战，若参加高考，必遭失败。（实际两年高考皆落榜。）

1982 壬戌年，命局地支木土对峙不战，流年天干壬水有大运丁火合住而不冲日干，壬水为七杀为工作星，此年应能找到工作；但因命局癸水与运干丁火相冲克，所以，找到的工作不理想。（实际情况：工作不如意，勉强干着。）

丙辰大运：命局地支木土相战，宜地支为火的流年通关以构成和局；天干火土金相生，不宜再见天干为火的流年，否则，火太多而越过土去克金；水从土，忌流年见水。

1989 己巳年，流年地支巳火用神出现，流年己土伤官，加之马星当值，主工作变化，因流年干支皆为用神，使全命局构成和局，命主在事业上必有好的机遇。（实际此年如愿调到好单位工作。）

1997丁丑年，命局地支丑未冲，引发木土相战，这样，命局地支系统就发生相战，此年必然不顺。（实际遭遇是非，工作调动失败。）

乙卯大运：木强旺至极，怕见地支为土金的流年，喜地支为火的流年；命局天干五行俱全能构成相生链，没有特别忌怕的流年天干。

2001辛巳、2002壬午年，流年地支为用神，这两年运气必然不错。（实际这两年与别人合作做生意，财运不错。）

2004甲申年，偏财申金与寅木相冲，在钱财上本来应有损失，但所幸有运支卯木暗合申金，卯为正印，代表房屋，房屋合住钱财，表示此年有为买房而花钱的信息。如果没有卯去合申，则申寅冲必然导致钱财上的损失。（实际此年财运不错，真的买了新房。）

通过实例，我们可以清晰地看到大运和流年各自在命局中的作用，它确实和李顺祥老师所讲的大运、流年理论完全吻合。

李老师在课堂上用许多命例对该理论进行了论证，学员们听了觉得豁然开朗。课后，大家纷纷议论，感觉用此理论去对照自己以前批断过的命局，准确率大大提高。这的确是真传一句话，假传万卷书。事实胜于雄辩，学员们岂能不服？获此真传，又岂能不感慨万端！

学术需要以理服人，理论需要实践验证。第一堂课，李老师就以自己高深的理论造诣、精湛的预测技术、风趣幽默的授课形式征服了学员，课堂气氛非常活跃。学员们有些服气和安心了。

二、如期应验　技服学员

7月23号，己巳日，面授第二天，将近中午，李老师正在给学员们讲"财运预测"。突然，教室的灯灭了，麦克风也停止了工作。李老师看看时间，对学员们打趣地说："官鬼克我们来了。"

学员们顿时醒悟过来——今天是农历六月初二，己巳日，现在将近午时，火克金，岂不正应验了昨天开课前李老师断的那个"泽山咸"卦吗？卦中申金持世,二爻官鬼午火相邻而克,正与巳日巳、午时的火克世爻申金之卦象相符!

李老师又说:"明天是庚午日,官鬼午火克世爻,所以明天还会停电。"

果然,接连两天周边全部停电,教室的空调无法启动,麦克风也无法使用,老师讲得汗流浃背,学员们也直喊热得受不了。直到7月25号辛未日才恢复正常。

李老师当着学员们断的卦,真就那么快应验了。这不得不让学员们深深折服!

三、鼓励提问 教学互动

众所周知,易学面授课,老师一般都忌讳学员当场提问,因为有些问题让老师无法回答而感到难堪,所以有些面授班便宣布纪律——"课堂上不准提问!"

你想,学员原本就是带着问题来学的,不提问怎能弄明白?所以,许多学员满怀希望而去,却垂头丧气而归。

敢于让学员当场提问的老师,第一要有勇气,第二要有足够的专业水平。这种面授老师有,但不多。敢于在课堂上现场预测并把预测当例题当众一边分析一边下断语的老师,更是罕见。

李老师总是鼓励学员们在课堂上当场提问。为了激励学员提问,讲课中,李老师还经常向学员点名或叫学号抽问。这样,你不提问也不行。

李老师把四柱、卦象写在黑板上先让学员进行分析,然后再由自己讲解,讲完后又让学员再次提问。如此反复问答,难怪学员们都能学到许多过硬的技术。

叫学员提问,无异于"自找麻烦",但李老师就敢于找麻烦。所以,李顺祥,他确实是与众不同的"大腕"!

我们不妨摘录一个课堂问答的例子:

怎样推断一个人的官运?李老师让一位来自土地资源管理局的学员来回答。这位学员答道:"一看原局中有没有官星,二看大运、流年中官星是否透出。"

李老师说："回答得有道理。更准确地说,官星在命局中的喜忌和力量大小是推断升降的重要依据。当官星在命局中为用神并且力量足够时,就会加薪晋级;反之,当官星在命局中为忌神而且力量足够时,则会丢官贬职。"

理论需要实例去验证。李老师举了个例子:"2007年6月14日,解放军某部一位正师级朋友发来一条短信,要我看一位先生的命局。他的出生时间是农历一九五零年正月二十一日酉时。"

李老师在黑板上写下四柱:**庚寅　己卯　癸卯　辛酉**

李老师说："一看四柱,我当即断定此人功名显达,应是将军之才。朋友在电话里回答说:'正是!正是!他是正军级。'"

有位学员不失时机地问道："李老师,凭什么断定他是将军之才呢?"

李老师讲解道："原局日干弱极而从食伤,食伤佩枭印,再加上食神制七杀,这种格局是军警、武职的典型标志。但并非所有武职官员都能贵为将军,职位高低由原局与大运、流年的组合决定。命局食伤强旺,说明此人能力出众;食伤和印星同时都能发挥作用则为大贵之格。食伤与印星是相克的关系,要使二者都能发挥作用,必须使二者力量相当而构成对峙不战。原局食伤强于印星,因而需要大运、流年适当增强印星的力量或适当削弱食伤的力量以达到平衡。辛巳、壬午运虽然能削弱食伤的力量,但同时也克了印星,因而二者仍然不能达到平衡,所以这两步运并不理想。癸未运,七杀当令,食伤处墓地,力量被收敛而减小,印星虽不得燥土之生,但与火运相比,其力量却有回升。此运逢湿土的流年构成杀印相生的武贵之格而会有晋升,逢印星的流年也会晋升。甲申运,命局又还原为食伤佩印格,会大显身手而加薪晋级。"

学员们随心所欲地大胆提问,李老师总是耐心细致地给予剖析。大家感到心中的疑团越来越少,觉得命理预测竟是那么顺理成章而并不再是什么艰难的事情。

李顺祥老师不但鼓励学员们提问,而且也经常提些问题让学员们思考回答。他的这种问答式教学,不但活跃了课堂气氛,而且激活了学员的思路与悟性，收到了很好的教学效果。

原以为李老师只是个预测高手，没想到他还是个育才大师！

四、八卦绝技　现场验证

易学界名人最怕在同行面前当众预测失误而出丑。这是大家都心照不宣的事。正是由于这个原因，许多易学名人都忌讳在同行尤其是在自己的学生面前当众预测，所以，要亲自目睹大师级名人现场预测，那是难得一见的。

然而，这次参加"李顺祥高级易学咨询师特训班"的学员们却大开眼界，多次目睹了李老师精彩绝伦的现场预测。在此，不妨摘录几例：

（一）囹圄之难

本文开头曾讲到一个情节：李顺祥老师于2009年7月21日中午在办公室为人进行电话预测，断定被测者正在坐牢，当时在场的学员记下了整个过程。但李老师当时是怎么断出来的，学员们一时不得而知。

在四柱课上，李老师有时也会穿插讲讲八卦预测。就报出那天那个卦，李老师便在四柱课中为学员们进行了解析：

己丑　辛未　丁卯　丁未

雷天大壮	雷火丰	六神
兄弟庚戌土″	兄弟庚戌土″	青龙
子孙庚申金″	子孙庚申金″世	玄武
父母庚午火′世	父母庚午火′	白虎
兄弟甲辰土′	妻财己亥水′	螣蛇
官鬼甲寅木○	兄弟己丑土″应	勾陈
妻财甲子水′应	官鬼己卯木′	朱雀

1. 土重木折，官鬼爻受损，丈夫有灾。

2. 应爻配偶宫衰弱，与月建构成子未相害，又与日辰构成子卯相刑，同时化出官鬼卯木相刑，很明显的牢狱之象。

3. 二爻官鬼（夫星）寅木动，临勾陈，代表牢房；又化出丑土与之暗合，官鬼（夫星）寅木被丑土合走，代表进牢房，这也是其丈夫入狱之象。

4. 二爻官鬼动入月墓，又是一种入狱之象。

以上各种信息综合起来，除了坐牢的解释，肯定不会有别的结论。

李老师虽然铁口直断，但下结论并不轻率，而是有充分依据的。

不过，学员们还是不明白当时李老师为何有些生气。李老师笑着告诉大家："打电话给我的人是我的朋友，他明明知道所测之人已被抓捕，却还要问什么运气不运气的，直截了当问能否出狱不就行了！这不是有意在考我的技术吗？这不应该是朋友所为，所以当时我有些生气，不过，生气归生气，朋友的忙还是要帮的。"

回想起李老师那天断卦的自信和果断，举重若轻，易如反掌，学员们由衷感叹：李老师不愧为易学界一代宗师！

(二) 课堂断卦

7月26日晚上，任小渠老师正在给学员们补八卦基础课。九点钟，李老师走进教室，对学员们说："一会儿云南的毛女士会打来电话，要我电话预测她父亲的运气状况。我在这里给大家来个现场预测，同时给大家讲讲推断思路。" 大家都在期盼能亲眼看到李老师的现场预测，听李老师这么一说，教室里顿时爆发出一阵热烈的掌声。

李老师的电话预测功夫，十多年前就有口皆碑，下断语斩钉截铁，又快又准，"预测活电脑"的美名就是由此而来。那些仰慕李顺祥老师之大名又不便登门拜访的远方客户，便在李老师这儿进行电话预测。

不一会儿，李老师的手机铃声响了。对方报了卦象，任老师立即写在黑板上：

己丑	辛未	壬申	庚戌
火地晋		火雷噬嗑	六神
官鬼己巳火′		官鬼己巳火′	白虎
父母己未土″		父母己未土″ 世	螣蛇
兄弟己酉金′ 世		兄弟己酉金′	勾陈
妻财乙卯木″		父母庚辰土″	朱雀
官鬼乙巳火″		妻财庚寅木″ 应	青龙
父母乙未土× 应		子孙庚子水′	玄武

毛女士报完卦，几秒钟内，李老师已成竹在胸。他的卦技已经到了炉火纯青的地步，卦象写在黑板上是让学员们看的，李老师已经记得十分清楚，根本不必看。如果不是今天现场见识，学员们还有些不大相信关于"预测活电脑"的传言哩！

　　李老师与毛女士通话，既是现场预测，又是给学员们的现场教学。

　　李："测父亲，取父母应爻未土为用神。土的力量强旺，说明你父亲很诚信，在同龄人中比较有能力。"

　　毛："对。我父亲是个不错的医生。"

　　李："用神亢旺，对老人不利，尤其老年人，卦逢游魂，不利健康，你父亲目前分明是重病在身嘛，还说测什么运气呢？"

　　毛："不好意思！李老师。我就实话告诉你吧，我父亲正在住院。"

　　李："五爻未土被流年冲动，卦中就有两个父爻动，关于治疗方法，在你的长辈中有不同的治疗意见。"

　　毛："继母坚决要做手术，我们不同意。"

　　李："用神未土化出子水与未土相害，水弱被重克，泌尿系统有病。"

　　毛："父亲患有肾囊肿。"

　　李："用神亢旺，土重埋金，金为大肠，肠道也有病。"

　　毛："父亲目前被确诊为直肠癌。"

　　毛女士语调略带伤感。

　　李："用神未土为 8 数，未土亢旺则不能过 8，你父亲现在还不到 80 岁，也说明你父亲寿年只能在 80 岁以下。"

　　毛："对呀！父亲是 1932 年出生的。今年才 77 岁，李老师您怎么测算得这么准确？"

　　学员们现场听到李顺祥老师如此细致而又精准的预测，教室里响起了长时间的热烈掌声！

　　毛女士又问："李老师，您看我父亲做手术到底好不好？"

　　李老师说："这样吧，你再摇一卦，专门测你父亲动手术的吉凶，我帮忙给你看看。"

毛女士摇了个"地天泰"卦：

己丑　辛未　壬申　庚戌

地天泰　　　　　　　六神

子孙癸酉金"应　　　　　白虎

妻财癸亥水"　　　　　　螣蛇

兄弟癸丑土"　　　　　　勾陈

兄弟甲辰土'世　　　　　朱雀

官鬼甲寅木'（伏：父母巳火）　青龙

妻财甲子水'　　　　　　玄武

李老师分析："用神父母巳火伏在官鬼寅木之下，居长生之地，弱而不从，伏神、飞神与日辰构成三刑，加之上卦是坤，坤为地为土；下卦是乾，乾为天为父；'地天泰'卦，是坤上乾下，表示人被埋在地下，动手术岂不更加危险？"

听了如此精辟的分析论断，学员们又忍不住热烈鼓掌。

易学界名人大都不愿当场断卦，因为那是要冒风险的。十条中断准九条，即使有一条断不准，人家就会拿这一条来做文章让你下不了台。李老师为什么不顾虑这些可能出现的风险？因为支撑他敢冒风险的强大力量，是他那高超精准的预测技术和为了易学敢于奉献、敢于挑战的求实精神！

（三）斯人已逝

2009年8月5日，特训班班长杨××之子的班主任老师给他发了一条短信："我想测在西藏旅游的叔叔是否平安，摇了个'山地剥'卦，四值是：己丑　辛未　壬午　甲辰。该如何断？"

杨班长在他寝室琢磨了一会，不知该怎么回，便来到李老师房间把短信给李老师看。当时李老师的房间里有六个人：李老师、任老师、杨班长、岳祥军、摄像师和来自香港的李汶钊。

李老师看了短信中的卦，立刻断言："这个人已经死在山下了。"

"为什么？"杨班长和李汶钊同时发问。

为了方便读者，我们不妨把卦象写出来：

己丑	辛未	壬午	甲辰
山地剥			六神

妻财丙寅木′　　　　白虎
子孙丙子水″世　　　腾蛇
父母丙戌土″　　　　勾陈
妻财乙卯木″　　　　朱雀
官鬼乙巳火″应　　　青龙
父母乙未土″　　　　玄武

"'山地剥'卦，一个阳爻，五个阴爻，阴气太重。"李老师环视了一下房间，说，"现在这屋里有六个人，相当于六个爻；有五男一女，即为五阳一阴，与卦象刚好相反。因为我们都处于安全状态，那么，此卦所测之人则必然大凶，这是外应。卦中阴气重，现在外边又下着雨，阳气很难压住阴气，这又是不好的外应。世爻为子水，初爻父母未土旺而暗动，且有乙木盖头，使其构不成专旺而成亢旺，根据以上信息，我断他必死无疑。"

房间里的人面面相觑，为李老师的如此大胆断言感到十分惊讶。尤其杨班长，几乎不知道该如何给儿子的老师回话了。为了稳妥起见，大家建议只说"凶多吉少"就行了，说死太冒险，万一没死怎么办？

李老师不赞同，坚持要杨班长回复"人已死"，并有些生气地说："从卦象上看这个人本来就死了嘛，怎么就不敢说呢？"

最后还是任老师作了决定："如果发短信说人已死了，要是他家里的人受不了这个打击怎么办？还是说'凶多吉少'比较妥当，如果事后证实如此，他家里人也有个思想准备。"

于是，杨班长给儿子的班主任回了条短信："已找李老师看过，你叔叔'凶多吉少'。"

很快，那位老师回短信说："五分钟前得到消息，我叔叔已经死了，是发生车祸从山路上摔下来的。"

听到这个消息，大家都有些难过。

事实得到验证，大家虽然替死者难过，但替李老师的断语担心的学员心里也踏实了——老师断卦,艺高胆大,百无一失,真不是浪得虚名!

原来,杨班长儿子的班主任也是易学爱好者,平时一直在看李老师的书。他早上为去西藏旅游的叔叔起了一卦,不知怎样断,才发短信给杨班长,让他代为请教李顺祥老师。

第二天,李老师把这个卦写在黑板上,先让学员们分析,然后由学员们举手断卦。学员们争先恐后地讲出自己对此卦的推断,还有位学员问那个"叔叔"有多大年龄。李老师开玩笑说:"你是不是觉得如果年龄大就该死,年龄小就不会死呢?想从年龄上去猜一下生死,是不是?我就告诉你们吧,他的叔叔只有三十多岁。同学们,我们要从卦象上去分析,不能去猜。"

大家过后想起当时断卦的情景,叹服之余,竟对李老师是不是有神力相助产生了好奇。李老师坦诚一笑说:"我并非有神力相助,全靠勤学苦练。"

"宝剑锋从磨砺出,梅花香自苦寒来。"一分辛苦,一分收获,易学领域中的高人和异人可能都是这样练就的吧。

五、幸遇明师　机不可失

这次面授,四柱班在前,八卦班在后。开始,报四柱班的同时又报八卦班的学员只有少数,大部分学员都打算"见机行事"。听了李老师在四柱课中穿插讲的八卦卦例,学员们无不惊讶与折服。这样一来,就连八卦基础很差的学员都不想走了。他们相互鼓励,即使基础差,不能完全听懂,能听出一点门道也值得,因为李老师出神入化的八卦预测功夫是大家亲眼目睹的,学到一点是一点。最后,除极少数确实抽不出时间的学员外,大部分学员都退了机票或车票要求参加八卦班学习。

学员程××原打算只学四柱,后感觉李老师的八卦讲得实在精彩,又决定留下来学习八卦,但因中途必须回家帮朋友出庭应诉,只好于8月2号上完课后坐晚上的飞机回去,次日办完事后又坐晚上的飞机回来听剩下的3天课。他说:"明师难遇,真传难得,不参加李老师的八卦面授,只怕会遗憾终身。"

李老师在讲《动变泄天机》一课时说:"动变是八卦预测中常见的现

象。一个卦中,其动变的数量各有所异。人们习惯上把只有一个爻动的称为'独发',把有三个以上动爻的称为'乱动'。我认为'乱动'的说法是不妥的。动爻多,说明事情头绪纷繁,复杂多变,并非乱动之意。之所以称为'乱动',是因为动爻太多,预测者本人抓不住要点,理不出头绪,感到杂乱才感叹其'乱动'的。其实,动必有因,每个动爻都代表着相应的信息。预测师要学会从这些动爻中捕捉最关键的动爻信息。抓住了关键的动爻,就等于抓住了纲,也就能做出准确的预测……"

李老师的八卦理论思维清晰、推断辩证严密,对前人的理论并不盲从,一切以实践为检验标准。无论什么技术,如果只在理论上夸夸其谈,说得天花乱坠也是枉然。八卦预测之所以几千年传承不衰,正是因为它具强大的实测功能。学八卦预测,更重要的是要具备过硬的实际应用能力。

下面几则卦例,可见李老师的实测功力。

(一) 当场验证

2009年8月3日上午,教室的黑板上排着一个卦象:

己丑　辛未　己卯　甲戌

风水涣	山风蛊	六神
父母辛卯木′	父母丙寅木′应	勾陈
兄弟辛巳火○世	官鬼丙子水″	朱雀
子孙辛未土″(伏:妻财酉金)	子孙丙戌土″	青龙
兄弟戊午火×	妻财辛酉金′世	玄武
子孙戊辰土′应	官鬼辛亥水′	白虎
父母戊寅木″	子孙辛丑土″	螣蛇

李老师说:"这是河南某集团公司董事长昨晚摇的卦,预测在山东投资五百万合办一家建筑机械厂的前景如何。"

李老师解析道:"测与人合作办厂,以应爻为对方,世爻为自己。世生应,为人作嫁之象;世爻巳火衰弱,被强旺的应爻辰土泄泻,合作的结果必然我方吃亏。

"我们来看动爻所泄露的天机:投资办厂的目的是为了追求经济效益。

财爻旬空又不上卦，伏于燥土之下不得生，加上还有两个兄弟爻同时发动构成三会兄弟克财局，正是破财的天机所在。

"兄弟临朱雀动主口舌，对合资办厂之事，领导班子内部会各抒己见。这是兄弟爻动所泄露的另一个天机。"

讲到这儿，李老师朝教室扫了一眼说："这个公司的总经理现在就坐在教室里，她也是大家的同学，请她来讲讲实际的情况。"

这时，坐在教室右边一位雍容富态的女学员站了起来。她说："李老师的推断确实很准。董事长要往山东投资，为这事我们经常争执。现在已经投出去了一百五十万，眼看希望渺茫，董事长才摇了这个卦求李老师预测，看来这一百五十万已经丢定了。"

（二）稳步上升

仕途中人，凡有上进心的，想争取晋升，是无可非议的。

2006年，某市要调整领导班子。姜先生心里没底，年初摇了一卦，求李老师预测能否晋升。当时起得"大壮之噬嗑"卦。

丙戌	庚寅	丁卯	戊申
雷天大壮		火雷噬嗑	六神
兄弟庚戌土×		父母己巳火ˊ	青龙
子孙庚申金″		兄弟己未土″ 世	玄武
父母庚午火ˊ 世		子孙己酉金ˊ	白虎
兄弟甲辰土〇		兄弟庚辰土″	螣蛇
官鬼甲寅木〇		官鬼庚寅木″ 应	勾陈
妻财甲子水ˊ 应		妻财庚子水ˊ	朱雀

李老师十分肯定地断言：

1. 竞争对手的综合实力远远不如自己强，不必担心被竞争对手挤掉。

2. 为了晋升去活动会花些交际费用，但不多。

3. 自己的综合竞争实力很强，积极参与竞争，年底一定能晋升。

结果：以上每条都得到应验。2006年底，姜先生果真如愿以偿，由副职升为正职。

姜先生通过自己的亲身经历，体会到了八卦预测的神奇。

(三) 不吝嘉许

课间休息结束，李老师兴冲冲地走上讲台："同学们，刚才四柱班吴××同学打来电话。他回到广西后，昨天去派出所办户口，无意间露了自己的底，所长报出一个生辰八字让他测，没想到命主的所有大事都让吴同学测准了。所长激动地说：'你是我们县预测得最准的！以后我有事还得麻烦你。'然后用专车把吴同学送回了家。村上的人看见了，还以为是来了重要领导哩！他非常激动，想在第一时间把这个消息告诉我，并让我转告给同学们，让大家和他一同分享这成功的快乐！

"同学们：有人说学易之人只受欢迎不受尊重，这不能怪别人，是我们缺少让人尊重的理由啊！学好预测技术，真心为人排忧解难，恪守职业道德，注重自身形象，这样我们一定会既受欢迎也受尊重的。"

掌声响起，学员们的脸上流露出强烈的求知欲和自豪感。

李老师对学员们取得的进步和成绩，总是适时给予表扬和鼓励，使学员们的积极性和自信心得到进一步增强，学员们的学习效果也随之提高。

李老师从不轻易批评学员，他总是以身作则，以自己的过人德艺去感染学员，学员们对李老师由衷的敬重和佩服。学员们在学习技术的同时，进一步学会了怎样做人。

(四) 天机在握

8月4号，山城突降大雨，风吼雷鸣。"园林山庄"一带，电线杆倾倒，电路中断，山体滑坡，下山的道路被阻断。

课仍然在上，李老师幽默地说："卦上那个官鬼真厉害，看来它硬是要折磨我们两天才肯罢休呢。"

这时，学员们又想起了面授第一天李老师预测的"泽山咸"卦："农历六月的初二己巳、初三庚午、十四辛巳、十五壬午，这几天因官鬼巳午火克世爻，我们将会遇到一点不顺之事。"

公历8月4日，正是农历六月十四辛巳日，第二天是十五壬午日，都是卦中官鬼当旺的日子。今天的事实已经应验，就看明天的情况了。

8月5日，教室外面电闪雷鸣，惊心动魄。因雨太大，阳台积水向教室内猛灌，不得不停课清理。

被阻断的道路何时能疏通？我们6号下午能否顺利下山？有的学员开始着急起来。因为八卦班将于8月6号中午结束，有些学员已经买好了6号下午或晚上的返程票。

有的学员开始起卦预测，看6号下午能否顺利下山。保定学员高×摇了个"姤之蹇"卦。第二天早上上课前，他将卦写在了黑板上。有几位同学断的6号下不了山，大家都想听听李老师的推断。

己丑	辛未	壬午	甲辰
天风姤		水山蹇	六神
父母壬戌土○		子孙戊子水″	白虎
兄弟壬申金′		父母戊戌土′	螣蛇
官鬼壬午火○ 应		兄弟戊申金″ 世	勾陈
兄弟辛酉金′		兄弟丙申金′	朱雀
子孙辛亥水○		官鬼丙午火″	青龙
父母辛丑土″ 世		父母丙辰土″ 应	玄武

李老师看了一眼黑板上的卦说："大家着急了，对吧？请放心，6号，也就是今天下午肯定能顺利下山。"

李老师解析说："昨天是壬午日，卦中官鬼刚好是午火临日辰发动，相生的同时又相害，所以昨天官鬼要耍点威风。卦中世爻安静，今天是癸未日，日辰冲世爻，大家就可以动了，官鬼午火被今天的日辰未土合住，贪合忘克，官鬼就不再害我们了，所以就可以顺利下山了。五爻申金为道路，7号申日泄世爻之气，所以7号下山对大家反而不利。放心好了，今天下午我们一定能下山。"

学员们听着李老师的分析，豁然开朗，也安下心来了。李老师的八卦技术真是到了炉火纯青的地步，大家又一次被李老师的八卦技术深深地折服。

到了下午，太阳冲破乌云露出笑脸，山下阻断的道路已经疏通，全体学员顺利下山。

李老师的预测又一次丝毫不差地应验了。

六、风水绝技　独步天下

李顺祥老师的命理、八卦预测技冠群英，在当今易学界无人不晓，可他的风水技术又如何呢？

有人甚至认为：风水是需要用眼睛观察的，而李老师小时候眼睛受过伤，长大后视力不是太好，怎样去给人看风水呢？

的确，追溯上个世纪80年代，年少时的李顺祥曾因一次意外事故眼角膜受伤。

由于当时家里穷，没有得到很好的治疗，视力受到一定的影响，看书写字都有些吃力。正因为如此，父母强迫他停学从易。

过人的天赋加上刻苦钻研，十年后李顺祥成了远近闻名的预测师。但他对技术的追求却从不满足，为了便于更好地读书研究，1994年和2004年，他分别找权威眼科专家给他做了几次眼部手术，视力得到了较好的恢复。现在，李老师不但可以正常地看书写作，而且可以敏锐地洞察人的气色以及山川、房屋的形势和气场。尤其他对峦头的勘察判断精准无误，对理气的分析更是见解独到，叫人不得不心悦诚服。

树大招风，同行相忌。有些技不如人者，便生诽谤之心，说李顺祥眼睛不能视物，怎能给人看风水？

这些年李老师能撰写出那么多的易学专著，能在课堂上挥洒自如的板书授课，尤其是给人断卦，能及时捕捉到准确的外应信息——要是不具有敏锐观察力的慧眼，能做得到吗？

接触过李顺祥老师的人，无不对他那敏锐的观察力感到惊讶，就连许多同行都感叹："李顺祥的观察力常人难及！"

这次面授的科目本来是四柱和八卦，学员们压根没有想到李老师会讲风水课。

但李老师不是吝啬之人，额外地给学员们讲了些风水内容，其高深的风水造诣让学员们大开眼界。

（一）四柱风水

有一次，李老师在黑板上写下一个四柱，让同学们分析：

乾造：辛未　戊戌　辛酉　戊戌

大运：丁酉 1995.1　丙申 2005.1 ……

好久没有人发言，李老师只好说话了："命主是我们班×××同学的儿子。昨晚我才得到这个四柱，现就在课堂上作些分析：

"原局乙木藏于未土中，太弱，逢大运流年引发，构成金木、木土相战，必有问题。丙申大运的丙火被年、日干辛金合走，此运的甲申、乙酉流年，甲、乙木透出引起天干金木、木土交战，因木太弱而必然受损。木与神经有关，命主脑神经定会出问题。下面请×××同学讲讲实际情况。"

那位学员站起来说："我儿子 2005 年（乙酉）患了癫痫，去做过 CT、磁共振、24 小时脑电图跟踪，并没查出什么器质性的大问题。"

李老师："我看在你儿子生病前不久家中应该有老人去世。"

学员："对！对！对！我母亲 2004 年九月初四病逝，因怕火葬，当晚就悄悄下葬了。"

李老师："你母亲的坟墓应该是坐东北向西南。"

那位学员想了片刻后答道："是的。"

李老师又说："你家的灶是对着门的，而且是两个门同时与灶在一条直线上对冲。"

那位学员惊讶万分，失声道："就是呀！这是怎么看出来的？"立即情不自禁地跑上讲台，将厨房的平面图和灶摆放的位置画在了黑板上。

接着，李老师对此作了详细的解析。学员们怎么也没想到，李老师不仅能从四柱中推出命主发病的细节，还能准确地推断出阳宅风水和先人的墓地风水，真是别具一格的风水技术。

（二）扭转乾坤

2006 年农历四月，北京的邓先生邀请李顺祥老师去他家里看看。原来这年他们单位要进行干部调整，想知道自己是否有晋升的希望。李老师随即为他测了一卦：

丙戌	癸巳	庚申	辛巳

泽风大过		泽天夬		六神
妻财丁未土″		妻财丁未土″		白虎
官鬼丁酉金′		官鬼丁酉金′ 世		勾陈
父母丁亥水′ 世		父母丁亥水′		朱雀
官鬼辛酉金′		妻财甲辰土′		青龙
父母辛亥水′		兄弟甲寅木′ 应		玄武
妻财辛丑土× 应		父母甲子水′		白虎

世爻、二爻亥水月破，动爻丑土与上爻未土及年支戌土构成三刑，刑起旺土克亥水，日辰申金又与世爻相害，而三、五爻酉金失令又被太岁所害，生亥水的力量大减。正是由于二爻亥水及卦中酉金的存在，世爻弱而又不从。这样，卦中亥水和用神官鬼酉金都衰弱，因此，自己目前的竞争实力不够，要想晋升是不行的。

对此预测结论，邓先生虽然感到认同，但还是心有不甘，于是问有无办法作些补救。李老师说可以通过综合的五行和风水调理试试，为了知道效果如何，李老师让他先起卦测一下：

丙戌	癸巳	庚申	壬午

天泽履	六神
兄弟壬戌土′	螣蛇
子孙壬申金′ 世	勾陈
父母壬午火′	朱雀
兄弟丁丑土″	青龙
官鬼丁卯木′ 应	玄武
父母丁巳火′	白虎

虽世爻失令，但临日辰庚申双体之金，又处在五君位力量不弱，加之世爻与用神官鬼爻卯木暗合，因而通过努力，应有希望。

世爻为子孙，利武职，恰好邓先生是军官，对其有利。待到秋季，世爻当令而旺，就是晋升之时。

根据以上分析，李老师告诉他通过调理，将会达到预期目的。

邓先生说："要是提升，应该在最近，等到秋季肯定就没有机会了。"

李老师告诉他："经过风水布局及五行调理后的事情不能以常规的思维去推测，往往会有意外发生。"

邓先生将信将疑，但他不愿意放弃机会，于是请李老师对其住宅布了催财升官的风水局，并进行综合的五行调理。之后，便怀着忐忑不安的心情期待奇迹的发生。

到了秋天，奇迹真的出现了：邓先生由原来的副职晋升为正职。直到这时，他才完全信服了李老师为人扭转乾坤的风水奇术。

（三）转祸为福

2006年夏，李顺祥老师刚从外地回到重庆，就接到了北京某老总的电话。那位老总的朋友因家里近几年总是出事，自己的几家公司也不顺，想请个高人找找原因，最终有缘找上了大名鼎鼎的李顺祥老师。这位领导的朋友做事特别谨慎，尤其对易学这个敏感的领域，不敢贸然行事。于是，他想先拿自己的祖坟一试李老师的功夫，然后再决定是否请他去公司作调理。李老师艺高胆大，欣然答应，于是一同飞往江苏去勘察其祖坟。

先到扬州查看他奶奶的坟墓。那是一座看上去很普通的坟墓。李老师绕着坟墓转了几圈，随即架起罗经进行勘察。很快有了结论："你奶奶的坟犯了凶煞，凡逢猴年、鸡年家里必出大事，不死人也会发生血光之灾或患大病动手术，对属鸡的人也特别不利。"

几句话听得他目瞪口呆，好半天才说："我今天才遇上了真正的风水大师，你看得太准了！1991年我奶奶下葬，1992年父亲就病故了；1993年我做了一次手术，花费八万多；2004年，我母亲患子宫癌做大手术；2005年我因手术住院几个月。我妹妹属鸡，她一直患癫痫病。"

李老师过硬的风水技术让他折服，于是他高兴地请李老师对他在北京、上海、南京的三家公司进行了风水调理。调理之后，家里平平安安，不久，本来不太景气的公司居然获准上市了。他由衷感叹："想不到风水有如此神奇的作用！"

（四）楼犯凶煞

李老师在某地为人调理企业风水时，当地电视台的台长邀他去看看电视台大楼。

李老师对电视台新建的那栋大楼进行了勘察，再结合动工的日期进行分析后，当场直断："这栋楼开工日期不吉利，犯了天牢，不只是死人，你们台里还得有人蹲监狱。"

台长一听，惊得目瞪口呆，好久才说："李老师，前不久，我在港台找了几个大师来看过，都没看出什么问题，你怎么一下就看出关键问题了？不瞒你说，现在还有一个副台长在牢里，我也差点进去。"

李老师问："盖这么好的大楼，开工前就没找人看看？"

台长答道："找了。没想到问题会出在开工日期上。李老师呀，碰上你算是找到真正的高人了。"

当时台长便向李老师请教了补救之法，调整之后，台里各方面发展得相当不错。

（五）拯救企业

严总的公司面临许多问题，非得进行公司改制不可，但公司改制面临的障碍多、困难大，他对改制能否成功心里没底，于是找李顺祥老师预测改制能否成功。

  丙戌 辛卯 癸卯 癸亥

水风井	泽山咸	六神
父母戊子水″	妻财丁未土″ 应	白虎
妻财戊戌土′世	官鬼丁酉金′	螣蛇
官鬼戊申金×	父母丁亥水′	勾陈
官鬼辛酉金′	官鬼丙申金′世	朱雀
父母辛亥水〇 应	子孙丙午火″	青龙
妻财辛丑土″	妻财丙辰土″	玄武

李老师对卦象进行了解析：

财爻持世，说明改制的目的是为了求得更好的经济效益。世爻戌土被日月克，又被卦中申酉金紧贴泄泻，仅得流年相助，所以世爻很衰弱，但又弱而不从。这就意味着在改制的过程中，自己将力不从心，难于驾驭整个局面。

父母亥水和官鬼申金皆动，说明公司改制会涉及到章程的修改和干部班子的调整。官鬼爻和父母爻都不旺，世爻也衰弱，意味着章程的修改、干部队伍的调整等一系列相关的事情难以按预定的方案实施，改制也会因此困难重重，很可能中途流产。

听了李老师的分析，严总觉得很有道理，且与自己预想中的差不多。但他不甘心就此放弃，为了改制成功，他问李老师有无良策助他一臂之力。李老师告诉他通过风水布局和五行调理或许能够达到目的。

为了稳妥起见，李老师对他的命局进行了认真研究，并且起卦预测了调理后的效果，结果显示相当不错。于是在严总的要求下，李老师为他进行全方位的风水布局及五行调理。由于公司改制涉及的事情头绪很多，风水布局和五行调理的内容也很多，李老师为此费了很大功夫，究竟效果如何，只有等待事实说话。

不久，严总的公司改制顺利完成，完全达到了预期的效果。严总没料到调理后事情的进行会有如此顺利和快速。他感慨地说："是李老师拯救了我的企业！"

（六）寅葬卯发

一家上市公司总裁的母亲已故十多年。他请了包括港、台在内的各地风水师为亡母选择墓地，勘察了很多地方，都不满意，所以一直未安葬其母。

2007年，这位总裁有幸请到了李顺祥老师。李老师为他的多家集团公司及家庭住房进行了全面的风水布局后，他觉得生活有了很大变化——事业兴旺，全家人身体健康。于是，他要求李老师为他的亡母选择风水宝地。经过大量的寻穴筛选工作，李老师最后选定一处对其全家人都有利的吉穴。这位总裁特别重视此事，因此袭古人卜地之遗风，要求为他测一卦。

丁亥　壬子　丙戌　丙申

雷风恒	地天泰	六神
妻财庚戌土″应	官鬼癸酉金″应	青龙
官鬼庚申金″	父母癸亥水″	玄武
子孙庚午火〇	妻财癸丑土″	白虎
官鬼辛酉金′世	妻财甲辰土′世	螣蛇
父母辛亥水′	兄弟甲寅木′	勾陈
妻财辛丑土×	父母甲子水′	朱雀

此卦测的是：将母亲葬于所选之地后对自己、家人及子孙后代的影响如何？

世爻虽不当令，但世爻双体之金，得五爻双体之金相帮，并且世爻又得卦中财爻动来相生，世爻又自化回头生；更为可贵的是，日辰为财星生世，财运绵长。午火动看似克世爻，其实午火月破又入日墓，以从论，从则吉。子孙为财源，子孙从表示财源茂盛，所以，将会使自己的财运亨通而绵长。

其母的下葬日期为丁亥年癸酉月庚申日己卯时，立向是丑山未向，旺山旺向。安葬后，李老师告诉该总裁："我给你母亲选的是寅葬卯发的福地，你很快就会有大的收获。"

结果其母下葬后不到两个月，该总裁就拿到了几个原来认为无法拿到的大项目；接下来他旗下的一家上市公司的股票想定向增发，很快也出乎意料之外地顺利成功了。

事后，这位总裁多次打电话感谢李老师，他说："万万没想到风水对人的影响这么大，有这么神奇。"

通过以上实例，我们可以看到：风水对人的作用是不可轻视的，同时，风水也是可以通过后天调理而达到趋吉避凶、趋利避害之效果的。

风水布局结合五行调理有一套系统的操作方法，需要针对当事人的命局原局、岁运、阳宅（如住房、厂房、店铺、办公室等等）、先人阴宅等等方面综合评估，对症下药，才能真正起到趋吉避凶、化凶为吉的效果；如果胡乱调整，无异于庸医误人，不但难以奏效，反而可能雪上加霜。因此，风水布局及五行调理是件需要十分慎重的事情，必须认真对待。不谙此法者，不要随便给人调理，否则会弄巧成拙，适得其反。

　　李顺祥老师的风水技术是多年来在全国各地无数次实践中不断探索，综合各家所长，去芜存菁总结出来的。许多易学爱好者渴望能买到李老师的风水专著。值得庆幸的是，李顺祥老师为了满足广大易学爱好者的要求正在挤时间撰写风水著作。我们相信，李老师的风水专著一旦出版，必将像他的其他佳作一样受到广大易学爱好者的喜爱。

德艺双馨

　　西汉教育家董仲舒曾经说过："善为人师，既美其道，又慎其行。"他告诫为人师者必须用自己的实际行动为学生做出表率，在教育教学中既要"言传"也要"身教"，既要"教书"也要"育人"。

　　易学预测咨询是个特殊的行业，它不但要求执业者要具有过硬的专业技术，而且还要求其具备高尚的职业道德。李顺祥老师在这方面堪称楷模。

一、守口如瓶
乾造：丙戌　辛丑　戊申　丙辰

　　"他是一位高级领导。今年春天，我应邀去给他做了风水调理。"

　　李老师讲解道："原局火土金三气相生成象，气势磅礴，大贵之格。四柱土旺，命主诚实而精干，大智若愚，富包容心。壬寅、癸卯运，金木交战而破格，道路坎坷。甲辰运，原局天干两个丙火化掉运干甲木，全命局基本维持和顺状态，运势不错。乙巳运，火旺乙木得化，天干不战；地支火土金相生，比上步运更好。丙午运，全命局仍是相生的和局，运势当然不错。丁未运，未土化掉丁火，天干有点小战，但无碍大局。戊申运，土金基本平衡，干支都不相战，无疑是好运。这样便有连续五十年好运，即使少数流年介入后会有些不顺，但并不影响大局，所以命主一路开拓进取，官运亨通。"

　　李老师追本溯源、入木三分的分析，令学员们茅塞顿开。

　　这时，李老师突然发问："同学们看看，他今年还能升迁吗？"

面对李老师的提问，学员们心里没有把握，虽然都在积极思考，却不敢贸然回答。

"我们来分析：2009年，大运戊申，流年己丑，地支仍为和局；天干虽然不战，命局却有土多埋金之嫌，所以对升迁不利。他今年初起了一个'地山谦'的六静卦，子孙爻亥水持世衰弱，显然不利升迁。于是，他请我去做了风水调理。"李老师说到这里，有学员忍不住问："李老师，这位领导现任什么职务？"

李老师说："我之所以只分析命主的大体运势，不谈流年情况，就是怕大家胡乱猜测，捕风捉影。我们要遵守起码的职业道德规范，为客户保密，是我们的责任。"

话说至此，学员们也不好再追问那位领导姓甚名谁了。

对需要保密的内容，李老师恪守原则，从不对他人讲一个字，所以，无论什么人都十分信任李老师的人品，敢于在他这儿大胆求测，放心地向他请教。

二、人人受益

8月6日上午，面授的最后半天。李老师想全面检验培训效果，特地抽问原本八卦基础较差的学员。

北京学员赵××是其中之一。李老师又点了她的名："赵××，你把这个卦分析一下。"那是湖北龚先生求测调整五行风水后财运如何的卦，卦象是"山泽损"：

丙戌　辛卯　丙辰　壬辰

山泽损　　　　　六神

官鬼丙寅木′应　　青龙

妻财丙子水″　　　玄武

兄弟丙戌土″　　　白虎

兄弟丁丑土″世　　螣蛇

官鬼丁卯木′　　　勾陈

父母丁巳火′　　　朱雀

赵××站起来稍一思索，就开始分析："世爻丑土临螣蛇，得太岁和日时之助，又有四爻戌土暗动相帮，世爻虽失令却不弱；用神财爻子水旬空失令，又被盖头，弱极而从。从则吉。因此，经过调理后肯定能财运亨通。"

赵××说完，李老师带头鼓掌道："你学得真不错啊，差不多可以出师了。"

赵××原来的八卦基础较差（连装卦都不会），本不打算参加八卦面授的，亲眼见识了李老师出神入化的八卦预测案例，就舍不得离开了，最终决定留下来。可她八卦基础太差，一开始非常吃力，但她耐着性子坚持认真学习，几天下来，竟有了出人意料的进步！

广东学员曾××，六十岁，美髯及胸，花白的长发挽成发髻，形象酷似得道高人，是班里很引人注目的一位学员。他自称学易十多年，在家从事专业预测，通命理，懂相学，但对八卦预测却没入门，连"双体"、"月破"、"测财运的卦取什么为用神"之类的基础知识都不甚了解。然而在八卦面授班即将结束时，这位"老道"也有所领悟。他说家里儿子"威胁"他，要请李老师为他测一卦，看吉凶如何。

当即起了"颐"之"复"卦，李老师先让他自己分析。曾××居然准确地点出了卦中的要害——子孙爻伏在父母爻下，只是小战，所以虽小有矛盾，并无凶险。

李老师开心地笑道："你这个曾××真是不得了，就凭你这个老资格的大师形象和现在的水平，要是我们俩一块摆摊，人家肯定会找你不找我啊。"说得曾××和学员们哈哈大笑。

学员们都是慕名而来，李老师觉得这是对他的信任，因此他尽力不让任何一个学员失望，宁可自己辛苦一些，也要尽最大努力让每个学员得到最大收获。

这就是李顺祥老师。十多天的传道、授业、解惑，对大家都一视同仁，诲人不倦，使每个学员都获益匪浅。

三、良师将才

这次参加面授的五十多位学员,来自祖国的四面八方,行业各异,生活习惯、文化层次各不相同。俗话说"十爷子九条心",人多了难免发生一些矛盾。面授的开始几天,少数学员之间就有点不和谐,但在李老师的人格感化下,大家很快就成了一个和谐的大家庭。彼此相互关心,共同探讨,在短短的十多天里,结下了深厚的师兄弟情谊,还成立了"李顺祥高级易学咨询师特训班同学会"。

强将手下无弱兵。李顺祥老师作为一代易学明师,熟谙命理"战则凶,和则吉"之玄机,当然也精通人事和谐之道,因此他能将全班五十多个素质、水平参差不齐的学员迅速调和在一起,和谐相处,其乐融融。真可谓"近朱者赤"。良师如良将,调心如调弦。对此,我们不能不说:李老师是一位将才!将才当然能带出好兵。

四、寄予厚望

李顺祥老师举办的这次特训班取得了圆满成功。然而,博大精深的易学技术仅凭这十几天的培训就能完全精通吗?李老师向学员们提出了更高的要求。他说:"作为国粹的易学文化,体系众多,博大精深,奥妙无穷,谁也不敢说全部精通。我们还得不断继续深造,博采众家之长,不断探索与创新。只有这样,才能真正掌握好这门学问去为社会服务,为需要的人排忧解难,指点迷津。"

作为一代易学大师,李老师毫无保留地将自己二十多年的研究成果和经验传授给了参加面授的学员们,真把大家当弟子看待了。这不是所有大师都能做得到的。有人问:"李老师,你把所有技术都传给了学员们,就不怕他们超过你?"

李老师笑着说:"学生能超过老师,这正是我的目标,也是我的愿望。在易学领域里,没有最高,只有更高。弘扬中华易学文化、传承中华文明不是靠一个或几个人就能办得到的,靠的是众多同仁。如果弟子中有人超过了我,那是对我最大的安慰,也是我的荣耀。这才真正算得上'长江后浪推前浪'。"

这就是李顺祥——一个充满传奇而又朴实无华、令人敬佩的良师益友。

五、免费测卦

这次参加面授的学员们，除了学有所得外，个个还有意外的收获。

（一）卦断流年

李顺祥老师的流年卦预测服务收费不菲，但这次学习结束前，李老师宣布在春节到来之前，免费为每一位学员测一个流年卦，就当是与学员们切磋卦技。这对于参加这次面授的学员来说，绝对是意外收获。

有的学员等不及了，想请李老师现在就测，但面授课程时间那么紧张，只能抽一两个人作为现场演示。于是决定采用抓阄的办法，结果重庆的冉××学员首先抽中。她思考片刻之后给李老师报了一个数字——"3"，求测2010年的运气。李老师当即起卦：

己丑	辛未	辛巳	癸巳
天山遁		天火同人	六神
父母壬戌土'		父母壬戌土' 应	螣蛇
兄弟壬申金' 应		兄弟壬申金'	勾陈
官鬼壬午火'		官鬼壬午火'	朱雀
兄弟丙申金'		子孙己亥水' 世	青龙
官鬼丙午火" 世		父母己丑土"	玄武
父母丙辰土×		妻财己卯木'	白虎

卦象一立，李老师立即开始分析推断：

世爻丙午双体火临官鬼，得日时相帮不弱，你对事业充满自信和激情。但父母旺动泄世爻之气，所以有时又会有些消极情绪。

官鬼临世，自己与丈夫关系不错。

财伏世爻之下，与财有缘，明年太岁财星当值，财运不错。

父母代表单位、公司，父母爻动，你明年想开一家店铺或是公司。

官鬼持世，被初爻辰土动来泄气，明年你的身体不好。

父母爻动，化卯木回头克害，防父母有灾，尤其在明年的寅、卯月。

五爻为道路，明年构成寅巳申三刑，丈夫明年应注意交通安全。

应爻为配偶宫，巳申相合，丈夫异性缘好。

子孙爻伏在父母爻下，从象很真，子女平安。

明年正二月，财来生世，事业兴旺，家里收入不错。

三月思想有压力，心情也不会好。

四五月火助世爻，办事成功率较高。

六月构成父母土方局，当有文书、合同方面的事情发生，要防备造成负面影响。

七八月应爻旺，丈夫办事顺利，但家里容易耗财。

九月世爻午火入墓，情绪低落。

十月、十一月，水火交战，水为子孙，小孩有波折。

十二月木土小战，父母当注意身体健康。

明年遇麻烦事若找属虎的人帮忙，事情相对会顺利一些。

……

李老师一口气讲完。冉××当即站起来说："李老师断得很对。我的情绪是有起落。我跟丈夫感情不错。明年准备开一家预测公司（当场拿出朋友为她早已设计好的名片给同学看）。我的身体是不太好。其余的要等时间验证了。"

李老师说："流年卦是预测未来的事情，知道了，该做的要积极去做，不宜做的就要注意避免或防范。扬长避短，趋吉避凶，这才是预测的目的。"

(二) 适得其反

由于李老师技术高，名气大，因此给顾客断卦收费较高。但在面授期间，除了答应今后给每位学员测一个流年卦外，他还现场免费为学员们断了不少卦。对学员们来说，也增添了不少意外惊喜。

学员胡××过几天准备去北京开一个业务会，他想提前知道有无益处，于是在四柱面授课期间起卦预测：

己丑　　辛未　　戊辰　　壬戌

山地剥	六神
妻财丙寅木'	朱雀
子孙丙子水″世	青龙
父母丙戌土″	玄武
妻财乙卯木″	白虎
官鬼乙巳火″应	螣蛇
父母乙未土″	勾陈

学员对此卦的推断各不相同，胡××本人也拿捏不准。

李老师看了卦象，当即对他说："开这个会对求财不利。要是我的话肯定不去开这个会，因为只能是适得其反。容易犯小人，特别要注意预防生肖属牛的人。"

胡××将信将疑，最终还是去北京开会了。会议结束，结果也出来了：

他带着公司的一个人一起去开会，开会期间那人不慎泄露了商业秘密。之后，胡××和他发生矛盾。那人要离开公司，要把所有的骨干带走。那个人果然是属牛的。

去开会的结果正如李老师所预测的那样：适得其反。

要是胡××当时听了李老师的建议而不去开那个会，结果会是怎样的呢？既然告诉了他要防备属牛的人，而他偏不信，带去开会的人恰好就是属牛的。矛盾发生了，才恍然大悟。可见，信息预测的价值是重大的，对信息预测的结论不能不重视。

依依惜别

李顺祥老师的悉心传授和学员们刻苦学习没有白费，通过十多天的培训，每个学员的易学技术都有了质的飞跃。学员们私下兴奋而激动地议论："这十多天的面授胜过自己十多年的学习。听李顺祥老师讲课，用'听君一席话，胜读十年书'来形容真的是一点也不为过。李老师在开学典礼上放言让我们'希望而来，满意而归'，现在，他真的做到了，我们也真的得到了！

他真正是名不虚传的'预测活电脑'！参加这个面授班，真的是太值而且大大超值了！"

即将结业的学员们，脸上不再有当初报到时的那种疑惑与担心，个个显得底气十足，踌躇满志。学到了真正的技术，脸上的神采就是不一样。

2009年8月6号，一个令人难忘的日子，为期十六天的易学特训班即将画上一个圆圆的句号。

受李顺祥老师仁慈、宽厚人格的感染，十多天的同窗学习，学员之间的距离迅速拉近，大家很快成了亲如手足的师兄弟、师兄妹、师姐弟。这种特殊的深厚情谊，如非亲身参加此次面授，是无法感受到的，那真的是一种其乐融融的大家庭氛围。李老师能在这短短的十多天里，让学员之间达到如此真诚而深厚的友情，全体学员不能不佩服李顺祥老师的人格魅力和教育得法。

面授结束，学员们各自都要回到自己的家乡，就要返程的时候，却彼此都有些依依不舍。大家相互祝福着，鼓励着，好多学员眼里都含着激动的热泪，有的忍不住流下面颊。想当年学生时代，即使是十余年的同窗学友毕业离别，也没有依依不舍到如此的程度。

这真的是一次令人终生难忘的面授！李顺祥老师那崇高的师德、精湛的技术、谆谆的教诲、辛勤的讲解、耐心的启迪、和蔼的态度、慈祥的面孔、强烈的责任心、一丝不苟的敬业精神在每个学员心里留下了深深的烙印。所以，学员们对李老师更是感情深厚，更是难分难舍，就像即将远行的孩子舍不得离开父母一样。大家都想多看老师几眼，都想和老师多说几句话，都想多握一会老师的手……

五十多位学员带着对易学的深刻领悟，带着李顺祥老师亲传的高超技术即将回到各自的家乡。我们相信，学员们定会不负李老师的厚望，很好地为广大民众释疑解惑、排忧解难，为促进社会和谐与经济发展作出应有的贡献，使作为中华民族传统文化精粹的易学发出金子般的耀眼光芒！

预测活电脑——李顺祥

弘 真

  电脑，以其速度快、精度高、容量大、记忆力强等诸多卓越功能而被推为神通广大的现代化高科技智能工具。术数预测，以其超越时空、知前预后且为其他科学无与伦比的神奇功能而被誉为科学皇冠明珠。一些富有开拓精神的探索者欲将电脑与术数预测融为一体并付诸研究实验，但这项高难度的科研项目要求研究者必须同时具备出神入化的术数预测造诣和精湛绝伦的电脑编程技术，由于这两个条件的限制，此项研究尚未取得重大突破。如果有一天梦想成真，无疑是人类的一大福音。不过笔者认为，电脑的智能始终落后于人类的智慧。比如电脑与棋圣对弈，输方总是电脑。而术数预测更需要全方位、多层次的思维，甚至有时还会涉及到外应信息的捕捉运用，这是电脑无法与人类大脑匹敌的。因此，术数预测的最高境界，还是只有人类的预测活电脑——预测学家那颗高度智慧的头颅才能达到的。

  号称"天府之国"的四川，山灵水秀，藏龙卧虎，从古到今，诞生了众多出类拔萃的政治家、军事家、文学家、科学家……不知是这里的山川灵气的烘托，还是宇宙轮换的使然，在易学热潮乍起的当今，一位神态飘逸的预测学家在"天府之国"脱颖而出。他弹指之间，断人祸福，指点人生，举重若轻。人们总是惊异于电脑快速、精确、高效、强记的卓越功能，因此，以快、准、广、活之预测风格蜚声当今易坛的他，被人们誉之为"预测活电脑"。当笔者亲自见到这个"活电脑"时，不禁使我瞠目结舌——原来他不仅具有电脑那快速、精确、高容、强记的功能，而且更具有电脑远远不及的高度灵智。我怀疑他有超凡的特异功能，但他坦然一笑说："你别把我神化了，我并没有什么特异功能。"但我确信，他的大脑"软件"远比电脑软件功能卓越。真不知他的大脑"软件"程序是怎样编制成的。说起预测高人，我开初认为他是一位银须飘逸的老道,然而,一见面,嘿!吓我一跳,原来他是个年仅而立之年的年轻小伙子!

他身段高挑笔挺,面庞清癯和悦,高耸坚实的鼻梁上架着一副充满神秘色彩的深色眼镜。只要他一说话,一走路,你会感到他有一股充沛的真气在全身畅流,那种年轻人特有的蓬勃朝气使我感到没有什么困难可以挡住他开拓进取的步伐。其实,对这样一位年轻人,初见面时我并不相信他会有人们传说中的那种惊世骇俗的"预测活电脑"的超凡本领。然而,时间一长,那些我亲自耳闻目睹的活生生的事实不得不使我深深地折服与敬佩。如果你有缘跟他经常在一起,保证你天天都可亲眼目睹一个个连续不断的神奇而动人的预测场面。很多易学爱好者像影视迷一样渴望了解他,更渴望得到他的点拨。但他传奇而又真实的故事实在太多,足可写成一部厚厚的传记。限于篇幅,笔者只好摘录几个小小的片段,管中窥豹,让我们从中一睹"预测活电脑"的风采吧。

一、 技惊泰斗　艺服领导

1996年冬,"中国首届周易应用学术研讨会"在湖北省鄂州市邵伟华易学研究服务中心召开。三百多名参会代表从海内外迅速会集至目的地。群英汇聚,切磋易技,以易会友,这种易学界史无前例的空前盛况,使每位与会代表都激动不已。群英聚集,必有藏龙卧虎,人们睁大敏锐的眼睛,着意寻觅高人中的高人。信息灵通的"中心"办公室主任杨云生最先打探到从四川万县市(现划归重庆直辖市)云阳县长洪镇方家村来了一位名叫李顺祥的年轻的民间高人,铁口直断,又快又准。听说早在十多年前就挟一身绝技行走江湖,名震川陕。11月1日杨先生通过朋友周仁卯找到了李顺祥。杨先生明里请教,实则为了试探眼前这位年轻人的功底,因为他怀疑传说未必可信,于是客气地说道:"我想请教一个命造,出生时间是农历1935年12月20日子时,男性。"

年轻人头一昂,像一尊雕像似的坐着不动了。周仁卯马上翻开万年历,正准备提笔排四柱,不料年轻人突然流利地说道:"这个人的四柱是:乙亥、己丑、乙未、丙子。他年轻时当过兵；早在1952年就结婚，但婚姻不顺，两地分居；中年屡受挫折，晚年爱好玄学，大概从53岁开始学易，95年有大的走动。"

杨先生暗暗吃惊：他简直比专案组的人还厉害！饱经风霜的双眼惊奇地望着他。半晌，才合上了因惊讶而张开的嘴巴，并一个劲地点头。

李顺祥给人预测不用笔、不用纸、不用万年历。对方一报出时间，他便立即进入高度思维状态；在大脑中从排四柱、大小运到推算出准确的结论，只在片刻之间。难怪杨云生先生见人就说："四川那个小伙子，名叫李顺祥，算得又快又准，硬是像个'活电脑'。"

"活电脑"的雅号就此传开了。于是，参会代表都想亲自一试为快。

20号傍晚，一群会友正在对一个卦进行"会诊"，一致认为："中心"毛小姐丢失的自行车不能找回。这时，被称为"活电脑"的李顺祥正碰上这个场面。他看了卦象，略一沉吟，告诉毛小姐："放心，明晚11点前车子准被送回。"他说得如此肯定，众人面面相觑，只有等待验证了。

第二天晚上10点50分，果然发现车子被人送回。

这一来，人们对他更加刮目相看。

消息很快传到邵军女士那里。她想亲自见识一下"活电脑"功能。22号晚上7点，邵军与他见面了。寒暄之后，邵军随即报出一个四柱："**丙子、丁酉、丁丑、己酉**。"

李顺祥凝神一算，已成竹在胸，接口说道："这个女孩是这山生那山长，这家生那家养。养父养母爱好命理，因顾忌小孩命局桃花重叠，有些放心不下。这个小孩缺奶吃……"

洞察入微，邵军着实吃了一惊！

这消息迅即由邵军传给了他的父亲——"易坛泰斗"邵伟华先生。踏破铁鞋无觅处，得来全不费功夫。常言道，英雄爱英雄，邵先生岂会让觅才的良机失之交臂，他决定在百忙中挤出时间，一试"活电脑"的功能。约定会面时间：23号晚上7点钟，地点：咸宁某宾馆客房。

时间到了，邵伟华先生的胞弟邵伟中带着一个高挑清瘦、神态飘逸的年轻人走向约定的房间，消息灵通的部分研讨会代表早就等在那里了。年轻人刚一进门，室内谈笑声戛然而止，一道道好奇但又略带怀疑的目光"唰"地投射到他的身上。邵伟华先生忙于事务，还未赶到，室内都是研讨会的代表，哪个不是聪明人？而聪明的眼睛会说话，大家目光交流，取得默契——"抓紧时间，现场试试他的实战功夫。"于是在几句客套话之后，便由王水波先生发起"攻势"："这个是我父亲的八字，你测一下吧。"

"考生"进入了状态，屋里一下子静得出奇，他们等着他的答卷。

李顺祥凝神一算，对这个八字暗吃一惊。他发现此造格局奇特，一生定有非常之举，只可惜大半生行运相背，虽努力进取，却是道路坎坷，虎困笼中，但现在命主已交上佳运，猛虎出笼，绝非等闲。命局显示，命主易缘不浅，再得当今这步佳运配合，他推断此人必是当今易学界的成名人物。说时迟，那时快，这些念头在李顺祥脑中电光石火般闪过，片刻之后，他对王水波说：

"你父亲原来也是个预测学家啊。"

王水波不置可否。艺高人胆大。李顺祥凭着十多年的专业预测造诣，毫不含糊地断他父亲从事过工、农、商、学、兵，当过官，坐过牢，出过国，有二婚，后娶的老婆年龄比自己小得多……

这时邵伟华先生赶来了，他和李顺祥亲切地握手道好，仿佛一见如故的朋友。邵先生就是赶来特意一试李顺祥身手的。于是，在他的暗示之下，王水波又报出一个小孩的出生时间。面对易学界成名人物邵伟华先生，这种颇具"预测风险"的考试场面会让一般预测师感到怯场，但李顺祥纵横江湖十多年，什么场面没见过。他在江湖上总是把围观的人当成看戏的观众，你有兴趣看，他就让你看个够。最后，围观者终于折服了，喝彩了，成了他的拉拉队和义务宣传员。王水波把时间一报，"活电脑"立即运作。转眼工夫，李顺祥开口说：

"这个八字不用算。"

此言一出，室内顿时骚动起来，人们面面相觑，神情各异：有疑惑不解的，有暗自惋惜的，也有个别不屑一顾的。邵伟华先生也感到奇怪，问道：

"为什么不用算？"

"因为这个八字是人造的。"李顺祥轻描淡写而又那样肯定地答道。

"什么叫人造的八字？"邵伟华先生望着李顺祥疑惑的问。

"就是说这个小孩是人为选时间剖腹产的。"

"人造的八字也能算出来？！"当今"易坛泰斗"邵伟华先生惊奇不已，"你的技术真了不起！"

顿时，满屋的人惊讶地凝视着李顺祥，似乎觉得他有什么特异功能。后来我问他，是否练过什么功，他说：为了健身，倒是练过气功，但并未修练出什么特异功能。剖腹产在八字中有标志，这是用命理推算出来的。

后来得知：王水波报的所谓是他的"父亲"的八字，实际上就是邵伟华先生的命造。

中国首届周易应用学术研讨会的成功召开，是经受了一番斗争和严竣考验的，由于地方领导层的意见不统一，给研讨会如期召开造成了很大的困难。研讨会召开前夕，适逢国家人体科学领导小组成员张炳路局长和叶梓铨教授应张志春老师的邀请，前来参加研讨会。这不用说对研讨会是一种检测和考验，如果在三百多名与会代表中，没有人能作为全会的代表去接受并成功地通过检测，可想而知，会给研讨会带来什么样的命运。

俗话说：是钢是铁，试了才晓得。政府领导毕竟是实事求是，尊重事实的。既然全国几百名研讨会代表云集，理应能现身说法，通过实际的预测说明周易到底是不是一门科学。所以，必须在几百名代表中挑选一位"代表中的代表"去接受国家人体科学领导小组代表的现场检验。这是一场直接关系到研讨会能否顺利召开和以后周易科学能否继续发展的严竣考验。虽说研讨会代表有几百名，但毕竟大多数都只是半路出家的爱好者，学易时间和实战水平有限，而且周易这门超越时空、博大精深的神奇科学，不是轻易就能得其精髓的。谁能挑起这个千斤重担呢？研讨会的筹委会成员不约而同地想到了李顺祥。他们深信，凭这台"活电脑"是能够应付自如，完成使命的。

12月5号下午，邵伟华先生的女儿邵军特地找到李顺祥，郑重地作了一番嘱托。李顺祥深知使命的重大，但他充满自信。

附 录

6号上午11点左右，在鄂州市凤凰山庄的一套高级客房里，张炳路局长接见了李顺祥。张局长坦诚地说："我对你们搞的这一行还是有些怀疑。我报个生辰时间你仔细测一下。"

本来，胜败乃兵家常事，任何一门科学都不可能没有一次失误。气象台预测天气，凭借着现代化的精密仪器，尚屡有失误；世界上最高明的医学专家，对有些疑难病症也束手无策，眼睁睁地看着病人死去；世界级射击冠军，也并非枪枪都射中靶心。这些事实，人们都能接受，因为人们对认为是科学的东西，出点偏差在情理之中。但周易预测尚未被公认为是真正的科学，所以，测十条对了八条，错了两条，人们往往就会认为测对部分是碰准的，而对测错的两条便抓住不放，说是"封建迷信"，骗人。李顺祥十多年的预测经历，对此有深切的体会。他知道，面对张局长的考试，只许成功，不许失败。平时哪怕胜利了一万次，如果此次失败，自己十多年的声誉毁了在其次，更重要的是会影响到这次研讨会能否顺利召开和易学发展的前途，所以，他不得不慎重对待，他开始认真地分析起命局来。说来也巧，张局长刚把生辰时间一报，邵军便招呼他们用午餐了，这倒是给了李顺祥一个思考的余地。他一边用餐，一边应酬，一边在脑中推演着那个命局。吃完饭，他早已成竹在胸。当张局长询问答案时，他流利地答道：

"此人父强母弱，父亲十分能干，母亲有残疾。此人虽有大学文凭，但不是大学生，对文学艺术不爱好，婚姻不顺，老婆的性格很厉害，今年（1996年）夏天会离婚……"

听着听着，张局长情不自禁地竖起大拇指："这真是科学！真是科学！值得研究，你刚才断的真叫我信服。不瞒你说，这就是我的儿子。"预测结束后，张局长十分高兴，执意要付预测费。张局长这种尊重科学、尊重人才的胸怀，令李顺祥深深地感动了。

不用说，这份优异的答卷给研讨会的顺利召开开启了一盏明亮的绿灯。

消息传开，求测者络绎不绝。政界官员、新闻记者、经商的老板、同行的易友……一个个希望而来，满意而去。

二、上下求索　历尽甘苦

李顺祥的一身绝技确实令人钦羡，但他这套本领是怎样得来的呢？固然，李顺祥有着聪明颖悟、记忆惊人的天赋，但这并不是他成功的关键因素，要探寻他成功的足迹，需要追溯到他的童年时代。

这是一段非用千言万语不能讲完的故事。笔者在此只能略叙一二。

李顺祥出生于一个平民家庭。由于他从小聪明伶俐，孝顺有加，父母视之为心肝宝贝。他在学校历来都是三好学生、班干部，学习成绩每期都名列榜首，深得老师宠爱。小小学童，对未来充满了美妙的幻想，他立志要在长大后成就一番事业。然而，一次意外的事故使他双眼受了重伤，刹那之间变得有些模糊，看书写字就稍有吃力。这对一个求学如渴、充满理想的小孩子来说，是何等沉重的打击！但他不甘失学，他执意继续读书，这个有眼疾的倔强孩子，期末考试居然继续保持了全班名列前茅的记录。老师被感动得流下了疼爱而自豪的眼泪。

父母为了想完全治愈他的眼睛，操碎了心，花尽了钱，但医生未能帮他完全找回原有的光明。

人总得吃饭穿衣，家庭的困境使这个尚未成年的孩子过早地走上了自谋生计的道路。1984年正月，他被父母送到当地一个算命师那里当学徒，但他死活不肯学那"迷信"的玩艺，觉得丢人。出门时他总是离师父远远的。但一回到师父家，好学的李顺祥还是硬着头皮接受师父的传授，短短的15天，居然学会了几手绝活。15天后，他悄悄逃回了家。

父母看在眼里，急在心头。但他们不敢强逼孩子，只好耐心劝导。不久，又把他送到了一位远近闻名的算命师孙先生那里。这第二位师父确实是一位高人。李顺祥看见一个个求测者希望而来，满意而归，对那个算命师敬若神明，于是，他开始感兴趣了，并且很快就入了迷。师父发现这个孩子不但具有惊人的记忆力，而且悟性非凡，又很孝顺，于是便使出他那套特异的授徒方法悉心教授。李顺祥如痴如迷，不分昼夜地读、背、记，整天口里都是念念有词，短短时间内便精熟了不用万年历排八字的绝技。白天，师父给人预测，他就循着师父的思路去揣摸；顾客走后，不懂的就向师父请教。有的问题师父故意不告诉他，聪明的李顺祥知道师父有意在逼他去独立思考、领悟，于是，他苦苦地琢磨、琢磨……经过一个个辗转不眠之夜的苦思，李顺祥领悟了不少推命的诀窍。看到这个小徒弟推命技术的突飞猛进，师父心里暗暗吃惊，但他不露声色，更加严格地训练李顺祥的思维。就这样，一个授徒有方，一个求学若渴，一块好钢落在巧匠手里，哪有不成器的道理。21天后，他开始实习了。当然，他在第一位师父那里的15天也没白待，在那里他学到的东西现在也可一并派上用场了。

21个日日夜夜的苦学，使本来瘦弱的孩子更加消瘦了。他是拼着命在学啊！

他回到家里，开始给亲朋近邻免费预测。消息传开后，人们都想看个究竟，反正不收费，乐得看个热闹。不料试了几个以后，人们不禁对这个只有17岁的孩子刮目相看：他那功夫，居然还不亚于普通的算命先生哩。于是人们争着把他接到家里，请他算命。

初生牛犊不怕虎。李顺祥生性耿直，推起命来也是铁口直断。当然，仅仅学了36天的小孩子，批命的功夫毕竟还是有欠火候的。李顺祥很坦诚地说："我师父批命准得让人吃惊，我这个徒弟没学几天，只知点皮毛，师父让我出来历练。我给你们算命，不要你们的钱，只请你们真实地告诉我：哪几条算对了，哪几条算错了，我回去以后好研究。这样，李顺祥从众多的求测者那里获得了许多活生生的真实的命理档案资料。晚上睡在床上，把一个个八字在他灵活的大脑里反复地比较，琢磨：为什么这几条断错了？他调动在两位师父那里学到的所有命理知识，苦苦地研究着，有时彻夜不眠，白天连上厕所时口里也念念有词。父母真怕他学出了神经病。

一分辛劳一分才。经过几十个日日夜夜地苦心研究，他开始摸到了批命的诀窍，再加上师父师兄恰到好处的点拨，他以令师父师兄大感惊奇的飞跃式的进步，迅速具备了独立批命的本领。

他敢于独立行走江湖了。当时的李顺祥，又矮又瘦，一张白净的娃娃脸看上去是那样的幼稚，但和他接触深了，就知道他已是一个早熟的孩子。尤其是那手铁口直断而又命中率高的批命功夫，令街头巷尾那些六七十岁的老算命先生也瞠目结舌，老先生竟然折服于"小先生"。

李顺祥是个很尊重同道的人，他无论走到哪里，只要碰上算命先生，他都要找他算一算，算得不准的，他二话不说，规规矩矩地掏钱走路，从不给同行难堪；碰上有两下子的算命先生，他付了预测费后，才道明是同行，与他切磋技艺，取长补短。

江湖之大，艺人之多，其中不乏身怀一技之长者。李顺祥想：如果我能把他们的每一点绝技都学会，集中起来，那时，我不就可以给人测得更准、更神，不就可以为人们有效地化解隐伏的种种灾难了吗？

于是，他开始游历四方，遍访各路高手异人。为了学到别人的一技之长，他或者与对方以技换技，或者出高价购买。有时这两招都不管用，身怀绝技的江湖艺人，是不会轻易向别人"泄露天机"的，因为那是他们藉以立足江湖的看家本领。

李顺祥行走江湖，有时会碰到一些令他棘手的事。他曾遇到有的人，四肢酸软，头昏眼花，整天没精打采，求医治疗丝毫无效。按民间术士的说法是中了邪，非用符咒不能化解。1986年秋，李顺祥听说城口县有个漆工会这种方术，灵验非常，于是他买上厚礼，登门拜访。谁知那漆工不为财物所动，态度生硬地矢口否认自己有什么方术。但人们说得有根有据，岂会有假？于是隔了几天，李顺祥又奉上厚礼求教，可是那漆工仍然不肯承认会此术；但精明的李顺祥感觉到这次漆工的态度缓和了些，他认定会有希望。过了几天，李顺祥再次买上厚礼求教。一个不足20岁的小伙子，学艺如此执着，漆工虽不为礼物所动，却终于被李顺祥的精诚所感动。他也听说过李顺祥的传闻，现在见这个小伙子艺高心善，便终于将一手秘技悉数传给了李顺祥，并郑重告诫他："此术能救人也能害人，以后万万不可传无德之人。"李顺祥牢记在心。

像这样的一技之师，李顺祥先生先后拜见了几十位，其中推命的、算卦的、看风水的、择吉的、用方术解灾的，等等，什么高人异士都有，李顺祥从他们那里学得了一身广博的绝技。数年后，他当初的授业恩师孙老先生见他年纪轻轻竟然能集各门各派的看家绝技于一身,青出于蓝而胜于蓝,光耀师门,当师父的内心里感到了极大欣慰和满足。他对这个爱徒说:"顺祥啊,常言道'前三十年师传徒,后三十年徒传师',我看我们师徒是前三年师传徒,后三年徒传师了。你在别处学到的绝活可不要对师父保守啊。"李顺祥能有这样一位大力支持徒弟博采众家之长的胸怀宽广的好师父,也算是他的造化。而李顺祥对师父不但在礼节上、生活上十分孝敬,而且把从他处学得技艺也毫不藏私地献给了恩师。他们师徒二人在研究技艺方面没有师徒之别,每当爱徒指出恩师某个学术观点需要更新和完善时,只要确实有理,当师父的便爽快地接受。孙老先生心中有数,这个经过长期苦学并且深具预测实践经验的徒弟真正成熟了。李顺祥在川陕二省颇具传奇色彩的预测故事不断传进师父耳内,当师父的放心了,满足了,他为有这样一个高徒而引以自豪。

三、挟艺云游 留芳川陕

1985年二月的一天,在四川万县地区城口县有一对青年夫妇前来向李顺祥的师兄求测,他们报上了一个小女孩的生辰,李顺祥初生牛犊不怕虎,决定一试身手。当时的李顺祥,年仅18岁,又矮又瘦,稚气未脱,而他的师兄却是40出头,他和师兄在一块,求测者往往把他们当成"父子"俩,闹出一些笑话来。求测者一见他是个小娃娃,大失所望,执意要求"孩子他爸"预测。李顺祥心里很不服气,当即断他小孩常年多病,药不离口,父母为孩子操碎了心……这一下砸得准准的,年轻夫妇不禁一怔,然后苦苦央求李顺祥师兄弟为小孩解灾。原来小孩确实长期患病,四处求医,药石无效,现在已是穷困不堪,无钱为孩子医治了。病急乱投医,一直不相信算命的夫妇也绝望地来为孩子算命了,没想到一下子就让李顺祥给道出了他们的那块心病,孩子的父母信服了。

李顺祥师兄弟来到他们家,一看那情景,李顺祥大吃一惊!孩子痛得直冒冷汗,脸色乌黑,那一声紧接一声的啼哭,让人揪心。李顺祥二话没说,当即为孩子解灾。孩子很快停止了啼哭,气色变得安详红润,不再出冷汗了。晚上他们又化解了一次，孩子父母千恩万谢。当时年轻夫妇家里实在拿不出钱，无以为谢，就送他们很多土特产，李顺祥推辞不要。年轻夫妇恳求将孩子拜给他做干女儿，称他为"再生父母"。18岁的李顺祥竟然第一次当上了干父。

三年后，孩子父母给他写信，说孩子解灾以后，从此不再生病，说他积了大德。感激之情，溢于字里行间。

一天，一位少妇慕名前来求测。李顺祥发现她命里有严重损子的信息，就说："你这个命非常不利子息，不怕你小孩子生得多，可惜有个埋儿坡，孩子难养，又易小产。"

少妇当时伤心地哭了："我是生了两个小孩，落地后不到7天便夭折。后来又怀了两胎，不到三个月就流产了。我和丈夫（王友华）结婚短短三年，就坐了四次月子，把我折磨得好苦。"

少妇泪水涟涟地求李顺祥为她化解。李顺祥是个菩萨心肠的人，最见不得别人的眼泪，看她可怜，就一口答应了。

解灾后不久，少妇就怀上了孕，十月临盆，平安地生下了一个胖小子。直到现在，孩子身体状况都很好，聪明伶俐。夫妇二人感恩不尽，一直和李顺祥保持着联系。

但预测这碗饭也确实是不易吃的。不少人将它视之为骗人的"迷信"，有的人则半信半疑。这也难怪，因为毕竟真正的预测高手太少见了。有些喜欢生事的人，总爱设法挑挑那些算命算卦者的刺。李顺祥每到一个新地方，几乎都会遇上这种人。

1990年农历八月的一天，陕西省平利县八仙区的顾奇林先生来找李顺祥预测。顾先生当时是一个典型的自以为是的"唯物主义"者，根本就不相信周易预测的科学性，也没把李顺祥放在眼里。他用考试的口气报上了他的生辰，想藉此揭穿李顺祥"骗人的把戏"。这样的人，李顺祥见得太多了。他知道这种人根本就不是什么"唯物主义"者，而是典型的"唯我主义"者。顾先生当时发了一点小财，俗话说，财大气粗，他说起话来两眼朝天，一副目中无人的样子。

为了耍弄李顺祥,顾先生在别人家里借了一个背篓背在身上,穿着也很普通,假装说要下地里干活去。

李顺祥见他不合作,也就不客气地说:

"不要以为你发了财,但是你是富而不贵。你自己说是背包谷渣的,实际上从你命中看,你就是个背包谷渣的命。"

听到此言,顾先生有些不悦,绷紧了脸皮。

"命中注定你先死母,后死父。姐妹中有远嫁之人。"

"这两条算你碰上了。"顾先生很不服气。

"你命中不带聪明贤孝之子,如有的话,必当夭亡。"

"你往下说吧。"顾先生尴尬地说,但觉得这个算命的还有两下子。

"1988年至1990年,这三年你家不死四人也要死三人。"

"你测得不对!"当着众人的面他马上否定:"我家只死了两个人:1988年死母,1989年我最聪明的那个儿子没有了。"

李顺祥见他还是有些不服气,就当着众人的面对他说:"顾先生,你最好提前请人化解,否则就在农历九月,不死人丁也要死畜牲。农历十一月,多防你父亲的死亡之灾。从命中看,你父亲死得比较快。"

李顺祥直言不讳,顾先生大为不悦,生气地说:"我父亲身体很好!"当时顾先生连预测费也没给,就大摇大摆地走了。

以后无论在什么场合,顾先生给别人敬烟时,见了李顺祥,连理都不理。不几天,李顺祥回四川了。

农历十月初,他又来到陕西平利。人们轰动了,纷纷传言李顺祥神算:顾先生的两头大肥猪死掉了!从那以后,顾先生对李顺祥的态度稍稍有所好转。

冬月的一天,顾先生的姐夫过生日,他父亲前去做客。快要吃完午饭时,他父亲到门外去吐痰,发现吐的是血,心中有些恐慌,连忙叫他女婿派人送自己回家,不料走到半路就死了。

这一下,李顺祥的预言就像惊雷一样,在陕西平利县炸响了。消息传到附近几个县,方圆几百里都有人远道登门求测。

顾先生懊悔不已，跪在李顺祥面前，恳求他为亡父择个安葬日期。李顺祥见他可怜，也不计前嫌，就痛快地答应了他，而且还为他长年患病、四处求医的儿子解了灾。解灾以后，他儿子的病竟奇迹般地不药而愈。顾先生的小舅子因此慕名前来要拜李顺祥为师。

从此以后，顾先生对李顺祥非常热情。无论在哪里相遇，都要请李顺祥上他的车坐一程。他们成了好朋友。

李顺祥成了平利家喻户晓的人物。求测者络绎不绝，慕名前来拜师学艺的人也越来越多，但李顺祥收徒的要求很严格，对徒弟，李顺祥总是倍加爱护，悉心教诲。徒弟的技术学好了，为了帮助徒弟们顺利开展业务，李顺祥平时就是大力地向顾客推荐他的弟子，可求测的人总是要求师父亲自预测，徒弟的业务总是不景气。看到这种情景，李顺祥心里很不是滋味。为了让自己的徒弟有一个发展的空间，也为了能为更多的人排忧解难，李顺祥决定离开平利，远走他乡。但他却怎么也忘不了这里淳朴而友好的人们。

李顺祥走的那一天，送行的人成群结队。临别之时，才觉得相互之间是那么的依依不舍。

"师父慢走！"

"李老师慢走！"

"好兄弟，再见啦！"

……

除了一句最简单的告别语，人们说不出更多的话，因为，人们的眼眶都湿润了，喉咙哽咽了；很多人连一句告别语也说不出来，只叫了一声"顺祥……"就哽咽了。他在平利，为多少人化灾解难，指点迷津，人们把他当成值得信赖的高参，亲热的朋友，而今，他终于要走了，人们怎么不留恋啊！

李顺祥跨上车门。车影消失了，人们还在呆呆地望着李顺祥远去的方向……

四、龙游溪河　牛刀小试

李顺祥先生在 1996 年中国首届周易应用学术研讨会期间一鸣惊人，湖北省鄂州市邵伟华易学研究服务中心的总经理邵伟华先生不禁为之动容。当

时"中心"预测人才奇缺,若能留住李顺祥,无异于给"中心"预测部找了一根顶梁柱。邵伟华先生求贤若渴,特地动员李顺祥说:

"你这么年轻,有这么高的技术,真不简单!我的'中心'最需要你这种人才,要是愿意,请你到我这里工作,待遇绝对优厚。"

以李顺祥超凡的预测本领,谈到挣钱,那自然是易如反掌。他在民间天天有做不完的预测业务,他走到哪里,业务就红到哪里。但他想,在邵伟华先生的"中心"工作,倒是可以更广泛地接触到来自五湖四海的求测者和同行,他想一睹我国易学界的全貌,他想通过这里寻觅高人异士,切磋技艺,以满足他那无穷的求知欲。他见邵伟华先生诚心相聘,于是便答应留下来。李顺祥成了"中心"的专职预测师。

李顺祥到邵伟华的中心担任预测师后,不负厚望,在业务上创了几个第一:预测人数第一;回头客(因预测准确而求测者又介绍别人求测,被介绍来的求测者,"中心"称为回头客)人数第一;预测反馈顾客满意率第一(1997年10月10日"中心"第一次统计他的预测反馈顾客满意率为98%,1998年元月第二次统计为99.17%,1998年上半年统计为99.6%,创中心开办以来的最高纪录);提高班授课学员评分第一。

有的顾客为了答谢李顺祥的准确预测,执意给他小费,但他每次都如数上缴中心,邵伟华先生为此在会上多次表扬李顺祥高尚的职业道德。

李顺祥大师对求测者也是十分负责的,有问必答。来中心面测的,相当一部分是易学爱好者或"中心"学员,他们为了搞清一些学术问题,不惜花一笔钱亲自来面测。李顺祥很理解他们的求学心情,所以像讲课一样给求测者耐心解答。江苏有个女学员,找李顺祥测了一个四柱后,觉得很满意,便连续测了11个四柱。她说:"李老师,您在提高班上讲课,与众不同,尽讲实用的,以前翻来覆去想不通的问题,您用深入浅出的形象比喻,一下子就使我们豁然开朗了。可惜'中心'安排您讲课的时间太少,所以我才花几千元钱测这11个四柱。我觉得每听您测一个四柱,就等于听了一堂生动实用的高级命理课,解决了我许多的问题。所以,测四柱是次要的,主要目的是为了能亲自听您给我讲课。"

由于李顺祥独特的预测思维方式，具有快捷、准确、简捷、灵活的特点，能引导学员轻而易举地弄清原来百思不解的难题，所以，他讲的课特别受到面授学员的欢迎。学员纷纷要求李顺祥多讲几节课，李顺祥为难地说："这是'中心'的安排，不可能让我一个人讲，你们也不必要求，这是没有用的。"一些学员愿意另外交钱，请李顺祥晚上给他们讲课，但因种种因素所限，未能如愿。

李顺祥的讲课为什么特别受到面授学员的欢迎呢？那是因为他有一身敢于打硬仗的本领。一般的预测师授课，都是抱着讲稿照本宣科，怕学员当场提问，尤其是怕学员报出四柱要求现场预测；不过这也无可厚非，因为在讲台上现场预测，既需要准，又需要快，容不得你像平时那样慢慢考虑。李顺祥闯荡江湖十多年，天天都是面对面给人预测，那又快又准的预测功夫是他早已练就的绝活。所以，当学员要求他在课堂上现场预测示范时，他便爽快地答应。

在1998年邵伟华易学研究服务中心举办的第十一届"具体断四柱、周易提高班"上，一位学员突然要求李顺祥为大家作现场预测表演。他报出一个四柱：甲寅、甲戌、乙酉、壬午。

几十道目光"唰"地投射到李顺祥脸上。只见他微笑着站在讲台前，昂着头，好像在追忆一个美丽的梦。片刻，他便对这个八字下了几条结论：

1. 父母精明能干。

2. 兄弟姐妹5个左右，但最好是4个，如果有5个的话，必有一个夭亡或残废。

3. 虽有大学文凭，但没正式上过大学。

4. 参加工作早。

5. 婚姻不顺，早恋必定失败……

话音未落，那位学员兴奋地抢着说："李老师断的这五条真如亲眼所见！我父母确实比较能干；我们兄弟姐妹共5人，其中一个有神经病；我确实没考上大学，后来拿了个函授大学的文凭；19岁那年我参加了工作；婚恋总是不称心。"

教室里顿时响起一片热烈的掌声。

"李老师，你看我1996年运气如何？"那位学员兴致正浓。

"三至六月较好，秋冬不是破财就是婚姻纠纷。"

"确实是恋爱失败。那您再看1997年呢？"学员穷追不舍。

李顺祥略一沉吟："逢土旺之月，容易破财。"

"九月破财。"学员脱口答道。

教室又响起经久不息的掌声。

课堂气氛活跃非常。紧接着，又一位学员报了一个说是1958年出生的四柱：**戊戌、丁巳、戊午、壬戌**。要求李顺祥老师取用神。

根据出生时间排四柱，或者根据四柱反推出生时间和节令，在李顺祥脑中只是瞬间之事。他有个习惯，就是对别人报出的四柱，自己总要核对一遍，因为他不只一次地遇到别人把四柱排错的事情。那学员把四柱一报，李顺祥的大脑就像语音打字机一样把四柱马上记录了进去。只见他眉头一皱，对那位学员严肃地说道："你还是来参加提高班的学员，怎么这样粗心？你报的这个八字，给人家把月柱都排错了。月柱一错，大运就跟着错，怎么给人推算？"

带了万年历的学员赶紧翻开查对，果然发现1958年丁巳月内没有戊午日，戊午日是该年的农历四月二十三日，而农历四月十九日就已交了芒种节，所以这个八字的月柱应该是"戊午"。李顺祥老师竟然能如此心细并且如此神速地洞察秋毫，不禁使在场的学员惊奇不已。

教室里再次响起激动的掌声和欢呼声。

学员们不禁赞叹道："李老师真是神人！"

"活电脑"再次显示了神奇的功能。

挖掘四柱、八卦中具体的详细信息，也是李顺祥的拿手功夫。

1997年6月，在第六届"具体断四柱、周易提高班"上，李顺祥第一次登上"中心"讲台。第一节课讲下来，便首战告捷。

下课休息时，教室里的一位学员拿着一个乾造：**癸巳、戊午、癸巳、戊午**，请教身边的李洪成老师。李洪成老师看了几分钟后断命主1993年有灾。

学员被李洪成老师准确的判断深深折服。李洪成老师顺便在黑板上给学员们讲解了该造有灾的命理原因。突然，有个学员冒昧地问了一句：

"能否断出具体是什么灾？"

常言道："天有万象，人有万事"，要从四柱里面断出凶灾的类别，确实不易。这一点，古今的命学典籍中都无明确的理论。

李洪成老师实事求是地说："从四柱里面只要断出有灾或不顺就算准确度很高了。"说完就走下了讲台。

教室里气氛一下子显得有些尴尬。

"这个人该年一定是出了车祸！"李顺祥在旁边已窥破玄机，就对那位学员说。

那位学员激动地点头称是。

学员们兴奋地鼓起了长时间的掌声，纷纷要求李顺祥为他们讲解其命理原因。当然李顺祥也不会让学员失望。

李顺祥自1997年6月在邵伟华易学研究服务中心"具体断四柱、周易面授提高班"任讲师以来，学员反映一届比一届好，后来，以致产生了轰动效应。学员听课后，纷纷排队等他预测。第八届面授提高班共80来名学员，就有40来人找他亲自预测。他对学员说："其他预测师技术也不错，你们可以去找他们预测，不要太迷信我了。我白天讲课，晚上加班预测，时间安排不过来，请谅解。"但这些学员说："我们排队等就是了，什么时候测完，我们就什么时候走。"学员的心情是可以理解的，李顺祥先生只好加班加点地拼命挤时间为他们预测和讲解。每次面授班，他都免不了这样忙碌。

李顺祥高超的预测技术得到了求测者和面授学员的公认，在咸宁邵伟华易学研究服务中心工作期间，他们给他寄去了许多赞誉信、感谢信、贺年卡和锦旗，不少易学爱好者写信、打电话要求拜李顺祥为师，邀请他去讲课。

一些对李顺祥先生不熟悉的同行好奇地问："李老师，您的技术那么高，是怎样学来的呀？人们都说你是天才，有特异功能哩。"

李顺祥先生坦诚地说："我并不比别人聪明多少，只是我用的功夫比别人更深而已。我看书写字很吃力，速度慢，为了学习，我得付出比别人更多的辛苦。我不仅是用心在学习和研究，更确切地说，我是用自己的青春生命在拼搏。我读书时历来是班上的拔尖生，但厄运剥夺了我跨入高等学府的权利，当同龄人跨入高等学府的门口时，我心里多么钦羡。我心里淌着泪和血，我只好咬紧牙关面对命运，探索命运，我不能进正规的大学，但我发誓登上易学的殿堂，所以我比一般的易学爱好者付出的辛苦都多。我并没有什么超人的天才和特异功能。至于说我是什么'活电脑'，我认为我从一开始就在和时间赛跑，我追求预测的快和准。我能有今天的一点微薄技艺，除了应归功于我的恩师和几十位一技之师的传授点拨之外，更关键的还在于自己十多年坚持不懈的苦苦探索。一分辛劳一分收获，这话我是体会很深的。如果你们肯付出我这样多的辛苦，技艺不会在我之下。"

这或许就是李顺祥先生成功的秘诀之一吧。

有一次，我冒昧地问李顺祥先生："李老师，你的技艺炉火纯青，该不会有测错的时候吧？"

他坦然一笑，对我说："除了剧毒药物可以保证百分之百的毒死人之外，迄今为止，天下还没有包治百病的灵丹妙药。就是人们所谓的特效药，也只能对某种疾病有特别的疗效，但谁也不敢保证疗效达到百分之百。科学本身就是相对的真理而并非绝对的真理，人造卫星发射尚有失败的时候。预测科学也是一样，有时出点偏差是难免的。人们总以为预测学家就是神仙，金口玉言，绝不会出错，其实那是人们的误解。古今众多大名鼎鼎的预测家，都或多或少有失误的时候，只是没有记录在流传的书中罢了。孔明那样神机妙算的大预测家，都还有误失街亭的惨痛教训，难道他没有事先预测？但为什么偏偏一时糊涂错用马谡而造成无可挽回的损失呢？所谓'智者千虑，必有一失'，这是可以理解的。我给人预测，虽然很少失误，但偶尔也有出差错的。这里面的原因很复杂，有时是自己推断失误，有时是求测者提供的预测数据（如生辰时间）有误，这种情况，如果是面测，可以根据一些以往的事件校对，但笔测就做不到这一点。我认为，对一位预测师来说，测一百人，有九十人是测对了的，就无可非议。医生治一百个病人，如果治愈了九十个，人们都会说他是良医，对预测师我们何必如此过分苛求呢？如果真是那样，未免不近人情。当然，测错了，预测师应该找原因，好好研究，总结经验，吸取教训，使今后尽可能不再出类似的差错。如果有人抓住预测师偶尔出的一点差错，便攻其一点，不计其余，那定是吹毛求疵，非君子之行。任何科学都有一定的风险，预测科学也不例外。我国的卫星发射也曾经失败过，难道就说研究卫星的科学家是骗子，就搁下不研究了吗？外行无知，不明其中道理而妄加评判倒不足为怪，但同行是应该深明这个道理的。搞预测，要胆大心细，不要怕别人说风凉话。测对了，再接再厉；测错了，也不要垂头丧气。走自己的路，让人去说吧。"

透过这番话，使笔者看到了李顺祥先生那襟怀坦白、实事求是的科学态度和大家风范。功夫不负有心人，李顺祥先生对术数预测始终不懈地苦心探索，使他在预测理论研究上取得了一系列重大的学术研究新成果，诸如：

普通格局与特殊格局的相互转换与还原理论；

特殊格局的真假破格与忌神理论；

重新定义和完善了干支合化、正化、反化条件理论；

五行生克制化、刑冲合害规律的微观分析；

发展了四柱疾病预测学理论；

发现了四柱中阴阳宅风水信息现象；

提出了"从印格"理论；

神煞喜忌的重新定义；

预测竞争新论；

六爻卦中的从格与专旺格理论；

爻位生克力量的空间差异理论；

发现了八卦中三会局的存在现象；

天干辅助断卦理论；

重新定义六爻预测疾病的理论。

如此等等，难以尽列（这些内容李顺祥先生写入他即将出版的《中国四柱预测学》、《中国六爻预测学》、《中国实用姓名学》、《中国实用风水学》、《四柱解惑》和《八卦解惑》专著中。

他说，易海无涯，有价值的东西很多，值得人们深入挖掘，造福社会。目前他在百忙中仍尽量挤出时间进行学术研究工作，希望能早日将他的学习成果奉献给社会。

用符咒解灾驱邪，很多人不知其中的奥妙，所以半信半疑。1997年3月的一天，李顺祥在邵伟华先生家里作客，发现邵先生的小孩晚上睡觉总爱哭，邵先生白天工作很忙，晚上又得不到很好的休息，对此一直毫无办法。李顺祥见状，觉得应该为邵先生排忧解难，谦虚地说："让我试试吧。"他马上给小孩进行了化解。邵先生的女儿邵红问："这样就能起作用呀？"当天晚上，小孩果然没有像往常那样夜哭了。

1997年11月30日，"广东邵伟华信息咨询服务有限公司"即将开业，董事长邵伟华先生动员李顺祥去广州在预测部坐镇半月，因夫人不同意他去，邵先生便亲自说服其夫人。11月26日，李顺祥偕夫人踏上了去广州的列车。11月30日，公司工作人员正忙着翌日的开业庆典准备工作。陈园女士提议大家测测开业之时天气如何，有多少席来宾。几位预测师结论各异。李顺祥说："开业之时必是冬阳照暖，约有九席来宾。"第二天巳时，广州果然是阳光普照，前去公司祝贺的有九席客人。

公司开业后，附近的人听说李顺祥去了广州，很多人特地去公司点名要李顺祥面测。公司为了顾全大局，安排部分顾客给其他预测师测，有的顾客感到很遗憾。半月期满，李顺祥回到了咸宁，有的求测者知道后便把款寄到咸宁一定要他预测。有的人问他："为什么点名找您的顾客特别多，而有的预测师却只有靠'中心'安排名额，是不是技术问题？"他谦虚地说："我出道十多年，走到哪里都是这样。这说明我适宜从事预测行业，在这方面的缘分特别深。"

1998年元月7日，"中心"总经理邵红准备回陕西看孩子，当时摇得《临》之《归妹》卦。"中心"几位预测师说这个卦官鬼持世，出行大凶。邵经理吓了一跳，但又回家心切，此时，邵红见李顺祥路过门口，就请他断一下。他满有把握地对邵红说："回家一路顺利。现在已是巳时，您赶紧去买票，不然就误点了。"邵红立即上路，果然一路顺风。后来邵红问李顺祥：

"他们都说走不得，您为什么推断的结论与他们不一样？"李顺祥告诉她："卦书上说：官鬼持世，出行大凶。所以他们认为您摇的那个卦不好。这说明断卦必须灵活通变，死搬书本是不行的。"

李顺祥的超人技术在"中心"得到公认，同时也增加了他的工作负担。1997年6月起他先后兼任"具体断四柱、周易面授提高班"高级讲师，"中心"周易、四柱夜校讲师兼副主任，中国易学信息预测职称评委委员，"中心"预测部经理。1998年元月4日，"中心"在划分预测师收费等级标准时，他独自被"中心"定为最高等级。

现实社会固然绚丽多彩，但正如阴阳学说所揭示的阳中有阴、阴中有阳的规律一样，在我们生活的世界里，难免会有一些畸形的社会现象，易学界也不例外。作为辐射全国，具有重大影响力的咸宁市邵伟华易学研究服务中心，曾一度被易学爱好者视为易学的圣地。诚然，"中心"确实是向全社会传播周易科学的辐射源，是易学界最初的一块根据地；但"中心"作为现实社会的一角，也并非世外桃园。熟知内情的人（尤其是在那里工作过的人）都清楚那里正如他们所研究的阴阳五行那样，相生相克，从未停止过。也正如邵伟华先生当初所说，中心是个大熔炉，什么人到这里一炼都会现出原形。现在看到，确实一点不假，"中心"从上到下，都无一例外地现出了原形。我们看来，这些原形有纯良高大的、秀外慧中的，也有金玉其外、败絮其中的。易学要真正地健康发展，是需要经过努力和斗争的。就易学界内部来说，也有学术上的思想斗争。李顺祥在"中心"工作期间，预测的四柱，很多都是属于命理"特殊格局"范畴的。他发现在这里所测的"从格"比他在民间所测八字中的"从格"比例大得多；这也难怪，因为这些四柱大多是经过许多人预测而未能测准的，最后集中到了李顺祥手中。由于许多求测者都是学员，他们觉得李顺祥测得虽比任何人都准，但所取的命局用神难以理解，因为这跟他们所学的那套理论不相符合。不少求测者居然异想天开地说："要是李老师把用神取准了，肯定断得更神。"他们哪里知道，自己的命局是属于"特殊格局"，李顺祥是依据"特殊格局"理论而取的用神；他们认为李顺祥取错的用神，实际上恰恰是正确的。由于有些学员对"特殊格局"没有认识，写信向"中心"反映说李顺祥虽然测得准，但"乱取用神"。因为有的教材资料从不讲什么"特殊格局"，对命学界自古流传下来的"特殊格局"理论持否定态度，在这种处境下，想进行学术研究探讨，其前景当然是可想而知的。另外，中心其他一些不谐之音，也令李顺祥不解，如忽视真正的预测理论、技术的研究，过于拔高某些朝拜手段的作用；将学术研究的神圣阵地变为刻意宣传抬高某些人的工具；在人们心目中被视为易学研究的圣地，其学术研究空气竟如此之淡薄，思维僵化，障碍重重……使李顺祥不得不时而萌发阵阵伤感之意。

给学员讲课，"中心"规定不准讲"特殊格局"，但学员问的八字中有不少都属于"特殊格局"，为了不贻误学员，他有时还是硬着头皮讲一点。而在实际预测中，由于理论掌握不全面，预测质量受到影响，难以适应日益发展的社会需要，则表现得越来越明显。预测质量的高低是公司能否生存的关键，对于这一点，邵伟华先生感受最深。为了提高中心所有预测师的实战水平，1998年7月9日，邵伟华先生从深圳给李顺祥和"中心"预测部发了一份传真，原文如下：

李顺祥并预测部全体同志：

你们好！

咸宁中心确实是一个锻炼人的好学校，预测部则是训练的基地，你们每个人要在李顺祥的指导下，好好提高政治思想素质，提高过硬的本领，以适应工作的需要。现在不是预测师等工作，而是工作等你们。由于你们的技术思想素质还达不到要求，新开展的工作无法进行。如汕头广大人民早就希望我们去建忠（中）心，但就是没有预测师。为了加强技术培训，由李顺祥组织主持一个人面测一个四柱大家听，以纠正技术上的错误和口语上不当的地方。总之要加紧练兵的速度。希望你们努力学好技术提高思想品德。

祝你们好！

邵伟华
1998年7月9日

作为预测部经理，李顺祥何尝不希望自己手下的预测师都是精兵强将，技术高超！他很清楚，要培训预测部的工作人员的一个关键的问题就是要使他们走出学术的误区，尤其是对"特殊格局"要有一个透彻的认识和掌握。但"中心"规定不准讲"特殊格局"，这实在使李顺祥难以开展培训工作。李顺祥越来越感觉到，在这里工作总是束手束脚的。就连听课的学员们也不难看出，他有多少难言的苦衷啊！此情此景，即使有翻江倒海的本事，也只能牛刀小试，绝难以大展才华，犹如龙入溪河一般。李顺祥多么盼望能有浩瀚的易学大海让其蛟龙腾空，一展翻江倒海之才华呀！许多学员不解地问："李老师，您的技术这么高，远远超过某些预测家，为啥不自己去开办预测公司？古人云：匹夫无罪，怀璧其罪。给人打工，技术高了，被同事嫉妒、老板掣肘是不可避免的。这样是不可能充分发挥您的才华的，太可惜了！您看现在易学界虽不乏纸上谈兵的'大名人'，但他们的东西能真正运用的又有几何？全国学员有数万，但技术过硬的预测师又培养了几人？令人担忧，令人心疼啊！你不为个人名利打算，也该为整个易学界着想，您还是尽快站出来吧！……"李顺祥也深感目前易学界在学术上已走入困境，全国几万名学员急需有人指出一条正确的路。面对许许多多易学爱好者的请求，他感到自己有责任站出来扶他们一把。他原打算只著书立说，在易学应用领域里从理论上来一个拨乱反正，正本清源，以使所有易学爱好者走出学术理论的误区，并早已同弟子们一起从事著书筹备。但眼看全国走进学术误区的学员那么多，需要有一个学术机构系统的辅导才能扭转此局面。于是他一改初衷，开始筹办有自己学术风格的易学服务公司。为此，在筹备自己公司的过程中，他和弟子们夜以继日地苦战，抓紧教学资料的编写等一系列准备工作。李顺祥先生向笔者谈到，他决心以发展、完善命学先圣们创立的应用周易理论，切实提高全社会易学爱好者的实战预测水平为己任，以弘扬预测科学，造福社会民众为目的，致力办好他的信息咨询服务公司，并逐步向条件较好的全国各大城市辐射联网，为社会培养具有过硬预测本领，德才兼备的信息预测人才。

五、任重道远　同舟共济

在易学只是被社会一定程度上的默认而尚未被完全公认的当今，要创办一个面向社会，辐射四海的易学园地，并非一件容易的事。李顺祥历尽艰辛和曲折，终于开辟了一块易学根据地。这是全国广大易学同仁的心愿，也是易学界的一大福音。

毋庸讳言，易学热潮在当今时代虽然已掀起好几年，许许多多的人也认识到了它巨大的科学价值，但实事求是地说，全国易学队伍的整体学术水平还远远不能满足社会民众的较高要求，真正具有出神入化的预测本领的预测高手实在太少，多数易学爱好者还是易学门前的小学生。而当今易学在学术上不但已接近于停滞不前的状态，而且谬说四起，出现了混乱局面，不少易学爱好者陷入了学术的误区，并且在易学界内部还出现了一些阻碍易学健康发展的畸形现象。比如个别易学界人士固步自封、夜郎自大，轻率地、武断地否定一些易学学术精华，惟我独尊，把易学教学搞得过分商业化而忽视其学术性，教学效果很不理想。这是极其令人担忧的严峻局面。要尽快扭转这种局面，必须靠全国广大易学爱好者的共同努力，扶持正义，激浊扬清。

　　一花独放不是春，百花齐放春满园。笔者呼吁，全国所有的易学机构、易学专家，学者和广大易学同仁，要做到在人际关系上精诚团结，在学术研究上百花齐放、百家争鸣，切磋易技，以易会友，创造一个有利于易学尽快健康发展的学术环境！到那一天，易学界将会造就出成千上万的"预测活电脑"，那时，作为中华民族文化瑰宝的周易，在21世纪的信息科学上空，必将如一轮红日照亮大地！我们祝愿李顺祥能为易学发展作出划时代的贡献！

　　我们为当今易学界有李顺祥这样的"预测活电脑"感到荣幸。我们更希望将来能出成千上万的、远远超过李顺祥的"超级预测活电脑"——这也是李顺祥先生本人的心愿。

　　在这个时刻，站在易学时代前列的李顺祥，我们不难想像他肩上的担子有多重。为了切实提高易学队伍的整体素质，造就一批真正的预测高手，他已为广大易学爱好者点燃了易学的学术火炬。易学的发展任重道远，广大易学同仁们，让我们高擎火炬，同舟共济吧！

授课卦例选登

一切尽在不言中——梅花易数断卦实例

　　丁丑年己酉月己卯日，一求测者走进预测室，要求测事，我问他测何事，他回答说："不告诉你能测出什么？"我见他态度不合作，便当即以其身穿绿色上装和红棕色的下装，起得"雷火丰"卦；见其双手抱于腹部，即以艮为变爻，艮为七数，动爻为初九，故得"丰"之"小过"卦，互卦为"大过"。

```
        雷火丰              泽风大过           雷山小过
        ━━ ━━              ━━ ━━             ━━ ━━
        ━━━━━              ━━━━━             ━━ ━━
        ━━━━━              ━━━━━             ━━━━━
        ━━━━━              ━━━━━             ━━ ━━
        ━━ ━━              ━━━━━             ━━ ━━
        ━━━━○              ━━ ━━             ━━ ━━
         主卦                互卦               变卦
```

根据卦象断了以下几条：

1. "你脾胃有病"（双手抱腹，腹部必病弱而需护持，此为直观外应信息；今酉月金旺土虚，木值日克土，土为腹部之脾胃，受克必病，外应卦象相符）。

2. "你腿部受过伤"。

（互卦"大过"，初爻和上爻为阴爻为缺损之象，且兑为金器，有克伤它物之能，兑又正当酉月可克木，巽为下互，为身体下部，为股〈大腿〉，巽虽值日但不及兑当月令帝旺之力，金木相战，木被伤，故断其腿受伤。兑为缺，上爻为阴爻为缺，可断头部有伤，但兑当月令旺而又有三木之耗，既无太过之嫌，又无不及之弊，且面测可当场观看，未见其伤痕，故未断头面之伤，此为灵活运用，正确把握）。

3. "你儿子鼻上有病。"

（艮为少男为其儿子，艮为鼻，遭震木之克，又遭酉月之泄，主其儿子鼻有病，求测者回答道："有鼻窦炎"）。

4. "你家里曾来过一条蛇，被家里女人打死。"

求测者惊奇地瞪大眼睛，呆了一会儿才说："家里是来过一条蛇，被老婆用锄头打死"。（当时我看他一排上衣纽扣之斑纹，正像蛇皮斑纹，再看互卦，下互巽正好为蛇，遭上互兑之克，兑上巽下，蛇被击而死。但当时没想到"大过"卦为金短木长〈巽为长〉之象，故未断出蛇是被锄头、铁锹之类的金短木长之物打死。兑为女人，故断蛇被女人打死。"大过"卦，兑居上克下巽，表示此女人在家里居领导地位，而这样的女人理应为家庭主妇，为其妻子，但当时却未想到这一点）。

5. "在兄弟姐妹中，你排行不是老大。"回答："对"！（震为体为求测者，震木本为长男，但震虽值日，却仍不免受月令之金，且体生用泄气，互体为兑金又克体卦，震气受损不够强旺，故不为长男）。

6. "你妻子向庙里许过愿未还"。（变用艮由主用离变出，离为中女为妻，艮为庙，艮遭下互巽之克，故断其妻曾向庙里许愿未还，与事实完全符合）。

从以上可以看出，梅花易数关键在于联想丰富，掌握大量的万物类象，灵活取用，这种断卦方法要注意形象思维、循环思维和综合思维，相当于看图说话。

紧扣用神层层深入

例一、一人求测父亲久病吉凶如何。摇得"夬"之"大过"卦：

　　　　丙子　壬辰　丁丑　乙巳

	泽天夬	泽风大过	六神
	兄弟丁未土 ″	兄弟丁未土 ″	青龙
	子孙丁酉金 ′世	子孙丁酉金 ′	玄武
	妻财丁亥水 ′	妻财丁亥水 ′世	白虎
	兄弟甲辰土 ′	子孙辛酉金 ′	螣蛇
（伏父母乙巳）	官鬼甲寅木 ′应	妻财辛亥水 ′	勾陈
	妻财甲子水 ○	兄弟辛丑土 ″应	朱雀

解析：

1. 测父病，应取父母爻为用神，今卦中及月日皆不见父母爻，应取主卦二爻之下伏神为用神。"卦属坤宫，伏神纳干为乙，故为"父母乙巳"。

2. 用八卦断吉凶的理论依据只有一个，就是五行生克制化。以用神为主体，以月建、日辰（有时需太岁、时辰）为衡量卦气和五行强弱的准绳，吉凶的实质就是用神与其他五行之间力量强弱的对比，也就是生克（生克制化，刑冲合害统称为生克，因为它们的实质就是生克，只是表现形式不同罢了）。生就是亲合，克就是争战，与命理上的"向背"之理相似。用神强旺（但又不能太过），不会被卦中其他五行（忌神、仇神）所损伤或制掉，则为吉；用神衰弱，被卦中其他五行（忌神、仇神）所击败，则为凶。

3. 根据上述原则，现对此卦进行综合分析：先看用神。巳火在辰月为土旺火休（请不要看成巳火在辰月处冠带之地为得令）而失令；日辰丑土当值，泄巳火之力为忌神；年月日对用神皆不利，用神巳火只有时辰相帮，巳火衰弱无疑，危机已伏。

次观原神。用神衰弱，只有寄希望于原神。幸原神寅木正好为用之飞神，紧贴生之，正所谓"飞来生扶得长生"，此为救应。救应又分为得力之助和爱莫能助两种。今寅木生于辰月，已是强弩之末，虽化亥水回头生，又得子水动来生之，毕竟月建为水之墓，日辰也克水，且子水动化丑土回头克合而受制，所以原神寅木之原神亥子水自身难保，生寅木就力不从心。

再审仇神。酉金仇神得日月之生合，土旺金相，雄居五君爻位，耗用克寅，为祸之根源。

综上所述，用神本身衰弱，加之身轻克重，岌岌可危，现仅赖原神的一点微力，得以残喘。

4. 用神根基不牢，危机四伏，虽一时不至于死，终究难逃忌神、仇神旺相得势的联合进攻而招致灭顶之祸。卦中信息显示凶已成定局，就看凶的应期了。

凶的根源在于忌神和仇神，而本卦仇神比忌神的祸害作用更大，加之仇神又生忌神，狼狈为奸，所以仇神旺盛之时便是凶的应期。此卦酉金为仇神，但旬空，酉月填实而帝旺，所以断酉月为凶灾之应期。但这个应期毕竟是大范围的，到底应在酉月何日，可以进一步详推。酉月水得金生，水为忌神，故应断亥子日应灾。到底该断在亥日还是子日，可结合用神来推：用神为巳火，亥对巳既克又冲，子对巳克而不冲，故亥水克巳火之力大于子水克巳火之力，因此当断亥日有灾；而每个月不只一个亥日，又断在哪一个亥日应灾呢？卦中用神巳火纳干为乙木，组成乙巳用神，乙可生巳，酉月辛亥日，与乙巳天克地冲，且辛生亥，加大忌神之力，所以酉月亥日可算是仇神、忌神力量组合最大之日，用神于此日被彻底克掉，于是断其父必死于该日。后果然应验。

这就是此卦推断的全套思路。这里有几个使人模糊的问题提出来说明一下：

1. 亥日忌神亥水可生原神寅木，为何有凶？酉月金旺木死，太弱之木，不受水生，此为原神不能通关，加之用神巳火亦不受生。而使忌神直克用神为祸。

2. 辛亥日辛金可克乙木，那么丁酉月丁火不克酉金吗？酉月金帝旺，金旺火囚，一点丁火，不但不能克金，反起了火炼秋金的作用，进而使金更加锋利。

3. 天干也能用于断卦中吗？八卦纳干一般只知纳法，却很少有人研究纳干有何作用。如果没有作用的话，古人专门给八卦配上天干，岂非画蛇添足？天干与地支配合成卦，占断时以地支为主，天干起辅助作用。八卦同样可用纳音五行天克地冲等方面的因素进行参断。

通过对此卦分析有以下心得：

1. 推断吉凶须紧紧抓住用神这根主线，根据用神与年月日时，原神、忌神、仇神的生克关系和力量大小准确判别用神的强弱，则吉凶便不难推断。

2. 应期推断比较复杂，须首先找出吉凶的根源（原、忌、仇神），其次确定应期大致范围，再进一步结合用神缩小范围，找出用神受益最大或遭克最甚时间，则可比较精确的断出应期。

3. 八卦与四柱皆遵循阴阳五行生克制化之理，可将四柱预测学的有关知识与八卦融会贯通。断卦贵在灵活，切莫照搬书本，教条僵死。

4. 断卦须全面分析，不可顾此失彼，但又不可不分主次，反而理不出头绪。

此卦还有其他有关因素，如勾陈临用主疾病缠绵久长；用卦变反吟（非爻之反吟）主凶；体用比和变体克用不吉；大象化回头克主凶等等。

例二、高考结束后，一考生摇得"小畜"之"巽"卦，问能否被高校录取？有无贵人相帮？

丙子　乙未　甲子　辛未

风天小畜	巽为风	六神
兄弟辛卯木′	兄弟辛卯木′世	玄武
子孙辛巳火′	子孙辛巳火′	白虎
妻财辛未土″应	妻财辛未土″	螣蛇
妻财甲辰土′	官鬼辛酉金′应	勾陈
兄弟甲寅木′	父母辛亥水′	朱雀
父母甲子水○世	妻财辛丑土″	青龙

断：考试成绩低于录取线，无贵人相助，升学无望，不必耗费心思和钱财。

解析：父母持世临日辰和太岁，本利考试，但不宜月建克世，世动又化回头克，主卦官鬼原神不现，临考时必定发挥不好，父母处劣势又无生助，考分必低，录取时也不可能有贵人相帮。

后记：此考生因考分未上录取线，便四处活动，答应帮忙的人也不少，但结果劳而无功，白白浪费几千元，连委培都没读上。

例三、一九九六年九月二十一日午时，李某占问夫久病能愈否？摇得"震"之"泰"卦：

丙子　戊戌　壬寅　丙午

震为雷	地天泰	六神
妻财庚戌土″世	官鬼癸酉金″应	白虎
官鬼庚申金″	父母癸亥水″	螣蛇
子孙庚午火○	妻财癸丑土″	勾陈
妻财庚辰土×应	妻财甲辰土′世	朱雀
兄弟庚寅木×	兄弟甲寅木′	青龙
父母庚子水′	父母甲子水′	玄武

1. 内卦伏吟，震化乾回头克，呻吟痛苦之象；震为足为肝，被乾金克，乃为足疾或肝上之病。

2. 卦逢六冲，震为动，躁动不安之征。

3. 官鬼为丈夫为用神，被日辰入卦动而相冲，且兄弟子孙同动，子孙贴用相克，为害不浅。应爻辰土动，本可通关生用，但月冲日克又旬空，对用神之生是心有余而力不足。月建戌土，本为金之余气，但嫌卦中寅午同动，组成三合火局克用，所幸戌月之火，其势不烈，加之太岁冲午，克用之力又逊一筹，并且午火动化丑土泄气，丑又为湿土，有晦火之能，所以这个三合火局不能完全成化，戌土在与寅午相合而克金的同时又具有一点生金之能，因而用神不至于被彻底克掉。辰土空而动，乃卦之兆机，久病之人，目下病情尚重，不可能出此旬即愈，所以出空填实当远应年月，破三合火局，辰又生用，到时必愈。

我把推断结果告诉了她。她说："丈夫的腿部和腰部患病已延续了近一年，逐渐严重，像瘫子一样，多方求医总不能见效，医生诊断的结论也各不相同，至今也没明确地指出病因。"我仔细审视此卦，见螣蛇临官鬼，当主有怪异之事，且内卦伏吟，乾为天为神灵，震被乾克就意味着触犯神灵而遭惩罚。于是我问她："你丈夫是否做过有意亵渎神佛之类的事？"她说："一年前，他和三个同伴在树下乘凉，看见路旁有菩萨雕像，这尊雕像时有人来供奉，他们几个年轻人不信这些，当时故意将尿撒在菩萨像上，回家后不久便得下这个病，其他三人回家后也得了同样的病，只是比我丈夫轻些。几个年轻力壮的人突然都得了这种病，真是奇怪。"我告诉她一种化解方法，试试效果如何。她马上回去照着办，病情迅速得到控制，并逐渐好转。事隔半年后，得到消息，她的丈夫于1997年农历三月彻底康复。

由卦知意

一求测者只说："给妹妹测卦"，不知求测哪一方面，当时摇得"随"之"震"卦：

丁丑　己酉　戊午　丁巳

泽雷随	震为雷	六神
妻财丁未土〃应	妻财庚戌土〃世	朱雀
官鬼丁酉金○	官鬼庚申金〃	青龙
父母丁亥水′	子孙庚午火′	玄武
妻财庚辰土〃世	妻财庚辰土〃应	白虎
兄弟庚寅木〃	兄弟庚寅木〃	螣蛇
父母庚子水′	父母庚子水′	勾陈

1. 测妹之事，以兄弟寅木为用神。

2. 五君爻为领导、为家长，动而克用，其妹曾受到领导或家长（阳爻阳位为父）斥责；五爻为道路，酉动化申，申为用神之马星，变卦申寅相冲，道路马星逢冲，必主其妹已离家出走。求测者回答："确实如此。"

3. 酉月午日寅木失令，木见日辰午火为休地，月建酉金入卦雄居五君爻位，动而克用，弱木被金克火焚，两面夹攻，甚于"秋霜杀草"；子水原神本与用神紧贴，且子水暗动有力，虽旬空逢冲暗动反为冲实，如此子水似乎能生用神，殊不知用神被金克火焚，而遭重创，生气全失，衰弱之木，不受水之生助，反有水旺木漂之忧，恐有水灾，这正可谓病入膏肓，纵有灵丹妙药，亦无起死回生之望。从卦象看，体卦为求测者，用卦为其妹，体兑旺于月建克用震，金旺木死；变卦两木重叠，乃棺材之象；用神寅木阴爻居阴位，正表明为女人，在下卦居中爻，正是人死躺棺中之象。"随"为归魂卦、为鬼易卦（一、二世卦为地易，三、四世卦为人易，五、六世卦为天易，游魂归魂卦为鬼易）。在上述卦象爻象皆大凶的条件下，乃为魂归西天，随风飘荡之意。综上所述，应断其妹已死，因怕求者心理上一时难以接受，只言大凶。

4. 明日己未，为用神之墓。墓主收藏，日建为官方之人，人既死尸首当被官方发现而运至房屋停放，但入墓难见，未日其家人难见死者；庚申日，申冲用神动而出墓现身。故该日可见到死者（当时只对求测者说，可见其妹）。

实际情况：其妹被父斥责而负气出走，投水自杀，9月14日（己未）公安局发现其尸首并打捞运至火葬场，庚申日接到通知乃认尸领回。求测者于9月18日在电话上对我说："当时我已听出妹妹已死，你怕我难受，而只暗示我。现悲剧已成，人死不能复生，求你给妹妹看个日子下葬，以求死者安息。"我当即在电话中告诉他宜在丙寅日下葬。后死者家属如期安葬尸首。

此卦就是抓住用神这条主线，根据其强弱程度断其吉凶的。这相当于测来意。测来意说穿了就是捕捉卦中主要信息，而这也是以用神与原神、忌神的生克作用及其结果进行推断的。

相得益彰

例一、一九九七年三月十二日巳时，一男青年走进预测室，开门见山的说："李老师，请你测个八字。"接着报出生辰时间，排出四柱为：

　　辛丑　壬辰　癸巳　壬子

我见此青年约三十岁，而报的出生时间为1961年，年龄不大相符，问是谁的八字，他态度强硬不愿说。我让他先出去等五分钟，我一边去洗手间一边按时间起得"遁"之"旅"卦：

　　丁丑　甲辰　庚寅　辛巳

天山遁	火山旅	六神
父母壬戌土′	官鬼己巳火′	螣蛇
兄弟壬申金○应	父母己未土″	勾陈
官鬼壬午火′	兄弟己酉金′应	朱雀
兄弟丙申金′	兄弟丙申金′	青龙
官鬼丙午火″世	官鬼丙午火″	玄武
父母丙辰土″	父母丙辰土″世	白虎

回到预测室，我对他说："这是个女人，不是你姐就是你朋友。她现未在家，早在1995年就出走了。此人婚姻不顺，现在经营的行业不大正当。"来人连连点头说："正是正是！她就是我的姐姐。""你是来测她什么时候

回来吧？"他答："正是正是。"态度一下子好多了。

推断思路：

1. 动爻为信息之窗，阳动变阴，当为女人。

2. 动爻应为兄弟爻，兄弟为朋友或兄弟姐妹，既为女性，故断其人若非其女性朋友，则为其姐（1961年生，比他大）。

3. 寅日马星在申，申金属五爻道路又动，阳动主过去，申动化空。"遁"变"旅"皆有出走之意，故断其人早已离家出走。

4. 四柱水旺，比劫重叠透干，又逢阴阳差错日，婚姻不顺的标志十分明显。

5. 1995年大运丙申，流年乙亥，申巳合水，丙辛合水，亥子丑三合水局，水旺必流，流为动，故断该年出走。亥水冲动夫宫巳火，必因婚姻不顺而出走。

6. 女人八字水多主淫，现正行丙申运，此运合多也主淫，故断从事的行业欠正当。

例二、2012年腊月初六18点02分，我在北京给柯总的企业调完风水后，大家正在一起吃晚饭，突然收到北京张先生的短信："李老师好！我的一位同学，也是最好的朋友，麻烦您给看看他的运气。苗某先生，山西××市××区人，出生于1963年闰4月12日晚11—12点。谢谢！"饭后，柯总的司机开车送大家回宾馆休息，在车上我排好四柱："癸卯 丁巳 丁丑 辛亥"大运壬子，流年壬辰。分析命局时发现此人肺上有病变的信息，于是就对同行人说："此人肺上有大问题！搞不好还是肺癌呢！"为稳妥起见，我又按苗先生姓名笔画数加年月日时起得"渐"之"家人"卦综合推断。见卦象与四柱信息同步，就对车上几个人说："此人一定是患肺癌了！"于是立即打电话给张先生说："尽快让您的朋友去医院检查，从他的四柱和我刚才所起卦象的信息显示，您的这位朋友肺上有大问题，我看恐怕是肺癌！"张先生闻言惊讶地回答："李老师，已经检查了，确实是肺癌，你测得太准了！"同行的几人也感叹道："好神奇啊！"

下面是我当时的推断思路：

1. 四柱分析：

乾造：癸卯 丁巳 丁丑 辛亥。大运壬子，流年壬辰。

原局身旺，大运壬子，双体之水当值有力，亥子丑会水转为身弱，壬辰年日干遭克泄交加，身更弱，加之流年支与原局构成龙蛇混杂，岁运地支伤官见官，特别不利的是全局构成水土交战又无申酉金通关，金主肺，故断其患肺癌。

2. 卦象分析：

壬辰 癸丑 癸未 辛酉		
风山渐	风火家人	六神
官鬼辛卯木′ 应	官鬼辛卯木′ 应	白虎
父母辛火巳′	父母辛巳火′	螣蛇
兄弟辛未土″	兄弟辛未土″	勾陈
子孙丙申金′ 世	妻财己亥水′	朱雀
父母丙火午″	兄弟己丑土″ 世	青龙
兄弟丙辰土×	官鬼己卯木′	玄武

主变卦中两卯木看似可克制旺土，殊不知卯木入四爻暗动和日辰之墓，木就无力制土。年月日柱及卦中明暗动之土共五数且当令又得巳午火暖局而生之，卦中四爻未临勾陈、勾陈五行属土也很旺，实为一片大山之土，力量太强无制。世爻申金若成从象倒主吉利，因有时柱双体之金相帮为弱而不从。这样一来就完全构成了土重埋金的不利之象。金主肺，与此人的四柱信息完全吻合，故大胆断言此人定患肺癌。

八卦四柱两相结合，有利占断出更多更详细的信息。

多方面挖掘信息

农历一九九七年七月二十八日辰时，一女士求测自己八字，但出生时辰记不清楚，只知出生在次日凌晨3~8点之间，观其手面相，多为卯时，其四柱为：

　　庚戌　　戊子　　戊辰　　乙卯（两岁零四个月行运）

时辰准不准，只能用以前发生的事验证，如以卯时推，为身弱，用火，喜土。柱中卯戌合，子辰半合，时上桃花，官杀为忌，此为婚姻不顺的信息标志。现行乙酉大运，乙庚合，辰酉合，合多主多恋，合去日支夫宫，婚姻受挫折。官杀又为工作，工作亦不顺。为了力求准确，先让她出去等几分钟，分析之后再下结论。当时弟子小陈有事进来找我，见此情景，他脱口说道："起一卦看她主要想测何事？"听他一说，我心里也随之一动，卦由心生，以时间起得"中孚"之"节"卦：

　　丁丑　　戊申　　甲辰　　戊辰

风泽中孚	水泽节	六神
官鬼辛卯木 ○	妻财戊子水 ″	玄武
父母辛巳火 ′	兄弟戊戌土 ′	白虎
兄弟辛未土 ″世	子孙戊申金 ″应	螣蛇
兄弟丁丑土 ″	兄弟丁丑土 ″	勾陈
官鬼丁卯木 ′	官鬼丁卯木 ′	朱雀
父母丁巳火 ′应	父母丁巳火 ′世	青龙

卦逢游魂，心神不定，上九官鬼动而克世，信息主要贮存在此动爻里。官为女人之丈夫，工作，今绝于月建，又旬空，卯化子，太弱之木不受水生，此处为子刑卯，故断其婚姻不顺。与四柱信息相符。此信息同步，正说明出生时辰定对了。再主卦两官重叠，断其多恋；官空则失恋或未婚；主卦不见子孙，尚无小孩。两官两父，官星发动，意欲进行工作调动，但官动克世，衰弱旬空又遭刑，必主不成。游魂卦所谋之事难长久，变卦六合，在上述多种不吉的前提下，合为绊住，为缠绵，主事无进展，柱中食神透出，通大运酉金之根，食神主讲演、口才；卦中内卦官爻静为现在的工作，临朱雀，亦主此工作多为凭言辞吃饭。应推其职业为教师，或推销员，但推销员收入较高，一般不会要求调动工作，故断其为教师。外卦之官临玄武，玄武为水主流动，正为推销业务的标志。

将上述结论告诉该女士，证明恰与事实相符。后又根据四柱推断其他信息也与事实相符，便确定出生时辰为卯时。

从实例可得到经验：当预测中碰到难题时，可以多角度采用多种方法进行信息的挖掘，然后综合起来，当信息同步时，便可肯定预测的结论。

月日之力

一人求测岳母身体如何？摇得"大过"之"咸"卦：

　　丙子　甲午　庚子　丁亥

泽风大过	泽山咸	六神
妻财丁未土〃	妻财丁未土〃应	螣蛇
官鬼丁酉金'	官鬼丁酉金'	勾陈
父母丁亥水'世	父母丁亥水'	朱雀
官鬼辛酉金'	官鬼丙申金'世	青龙
父母辛亥水○	子孙丙午火〃	玄武
妻财辛丑土〃应	妻财丙辰土〃	白虎

解析：

1. 用神两现，取动爻父母亥水为用。

2. 五月火旺水囚，但又临日辰而动，为凶中有救。月耗日助，似两相匹敌，难言吉凶。其实细看之下，强弱有别：其一，亥水动化午火为耗气；其二，"大过"卦属震宫，用卦为巽木，用神正好居于巽卦，此为卦泄爻气；其三，原神酉安静且受制于月建无力生用神。不言而喻，用神虽有日辰之助，还是偏弱。弱则有病，稍微偏弱病则轻。

3. 用神居内卦，岳母在家里生病。

4. 此卦关键在于原神使不上力，原神为酉金，主肺，故断其肺部有病。

5. 阳动主过去，岳母之病在测前已发生，春天木旺生火而克金，其病当起于春季。

6. 午月仇神当令，未月忌神当值，未为躁土，酉金原神又安静不动，不能通关而使未土克用，故午未之月难愈；申月用神得生，病情好转，酉月月建入卦，相当于原神发动，弱水得有力之生，病当愈。

后果于酉月痊愈。

此卦粗看之下，月日对用神的作用难辨强弱，吉凶难判。这种情况下，应全面分析，找出强弱的失衡点，吉凶就明显了；再找出恢复用神强弱平衡的时间，则应期也就找到了。

物极必反

一女士求测生意是否能成，能营利否？摇得"解"之"升"卦：

丙子	壬辰	戊戌	丁巳
雷水解		地风升	六神
妻财庚戌土〃		官鬼癸酉金〃	朱雀
官鬼庚申金〃应		父母癸亥水〃	青龙
子孙庚午火○		妻财癸丑土〃世	玄武
子孙戊午火×		官鬼辛酉金′	白虎
妻财戊辰土′世		父母辛亥水′	螣蛇
兄弟戊寅木〃		妻财辛丑土〃应	勾陈

解析：

1. 卦逢世应相生，生意必能做成。

2. 用神两现皆静，取持世者为用。

3. 用神辰土临月日，又得两重午火动而生之，变卦及月日六位财星，旺而众，又得动爻生，实为太过；太过宜克，惜兄弟寅木在辰月仅存余气，又化丑土耗气，实为土重木折而不能克土，财满则溢，物极必反，此生意必致亏本。

4. 官居五爻，与世爻对立，其官可断为丈夫，土多埋金，加之午火重叠动而克之，必主丈夫午月有灾。

果验。此卦用神太过，物极必反，为八卦中的一种特殊现象。不能精确判断是否太过,而将太过看成旺相,则得出的结论完全相反,需引起注意。

另外,一卦皆可多断,准确捕捉附带信息,可以断出有关的吉凶,此卦测财断夫之灾就为附带信息。

财爻克世未必得财

例一、一人求测近期财运如何?摇得"归妹"之"泽"卦:

丙子	丁酉	己酉	壬申

雷泽归妹	兑为泽	六神
父母庚戌土〃应	父母丁未土〃世	勾陈
兄弟庚申金×	兄弟丁酉金′	朱雀
官鬼庚午火′	子孙丁亥水′	青龙
父母丁丑土〃世	父母丁丑土〃应	玄武
妻财丁卯木′	妻财丁卯木′	白虎
官鬼丁巳火′	官鬼丁巳火′	螣蛇

解析:

1. 以九二财爻卯木为用神。

2. "财爻克世求必得",这是常规,但必须要世财两亭。如果世旺财弱,为世旺劫财,如果世弱财旺,为身弱财旺不胜财。

3. 此卦用神临月日之破,六五申金临月日动化进神克用,主卦又无亥子水原神来通金木之关,变卦一点亥水,但位置不当,实为一滴远水不能解近渴,且卯木弱极,即使有水来生,亦无力吸纳水之生气,此月日之破乃为真破,逢生不起,逢伤更弱,此卦财爻卯木实为从象,因财不从自己,故纵有财爻克世,却非为财来找我,反如邪魔附身,必生祸患,今日若去求财,必破财,明日庚戌,动爻申金与月日三会金局,合走财爻(卯被戌合、卯又被申暗合,实为财向他背我),万不可有求财之举,尤其注意明日申酉之时,五君爻动而会局合走财星,当防官方对你不利,世爻被玄武耗气,当主不正当之事,财临白虎之克,白虎五行恰为兄弟,故告之明日万不可用不正当的

364

手段求财，否则将会破财。结果庚戌日去打麻将于乙酉时被派出所当场拿获，罚款五千元。

例二、求测汇款何日到？摇得"临"之"姤"卦：

丁丑　丁未　壬戌　癸卯

地泽临	天风姤	六神
子孙癸酉金 ×	兄弟壬戌土 ′	白虎
妻财癸亥水 × 应	子孙壬申金 ′	螣蛇
兄弟癸丑土 ×	父母壬午火 ′ 应	勾陈
兄弟丁丑土 ×	子孙辛酉金 ′	朱雀
官鬼丁卯木 ′ 世	妻财辛亥水 ′	青龙
父母丁巳火 ○	兄弟辛丑土 ″ 世	玄武

分析：

1. 取六五财爻亥水为用神。

2. 用神被年月日和卦中两重丑土动来克之，财星衰弱，虽有子孙酉金动来生用，用动化回头生，毕竟未戌二土皆燥，各临月日旺相，燥土生金不力，年月日及卦中共七土重叠，有土多埋金之嫌，故金难生水，幸好巳酉丑三合金局，稍助金之势而奋力生水，使用神不致来绝，全卦病在土重，需木疏通。

3. 财爻生世，款可到手，但世爻卯木亦有土重木折之忧，幸化亥水回头生，尚得生存之气。更妙在财世皆弱，两相亭匀。待去卦中之病，财世两强之时，款即到来。

4. 亥子日用神虽当值，毕竟难敌厚重之土，故款难以到手。

5. 断丑日汇款不可到，不言而喻；寅日木当值，助起世爻，木旺克土而病愈，故款到。用神发动，逢合之日为应期，也是款到的信息标志。

6. "临"主临近之意，表示款近期可到。用居五爻发动，五爻为道路，表明款已汇出。财爻位为五，从占测之日至款到之日正好五天。八卦之妙由此可见。

心得：

此卦多爻"乱"动，按有的说法事有不顺，或不宜占断，应重新起卦预测，但事实并非如此。从中可以看到，不管一个卦中有多少个爻动，只要能抓住用神这条线，通过与原神忌神等的生克作用，就可以条分缕析，层层剥落。最后窥见谜底。多爻动常谓之"乱动"，其实正如《通玄赋》所曰："易爻不妄成，神爻岂乱发？"多爻动，用神的强弱不易判断，故有人称之为"乱动"。因多爻"乱"动不宜占测之说，是畏难情绪所致。不宜占测应说成是"不易占测"，但却能够占测。

子孙持世亦破财

一人占求财如何摇得"谦"之"坤"卦：

丁丑　戊申　辛卯　癸巳

地山谦	坤为地	六神
兄弟癸酉金″	兄弟癸酉金″世	腾蛇
子孙癸亥水″世	子孙癸亥水″	勾陈
父母癸丑土″	兄弟癸丑土″	朱雀
兄弟丙申金○	妻财乙卯木″应	青龙
官鬼丙午火″应	官鬼乙巳火″	玄武
父母丙辰土″	父母乙未土″	白虎

解析：

求财财不上卦，本已不吉，虽日辰财星可为用，惜财去生应而与世无缘。且伏神又恰好伏于应爻之下生飞神，实为用神向他而背我；加之世爻子孙虽为财源，可惜生财泄世爻之气，财倒泄世爻之气而向应爻，世爻实在是为人作嫁，白忙一趟；更有兄弟申金为间爻临月建旺动暗合（卯申暗合）财爻，为隔为忌神，忌神肆逞，上述因素皆不利世爻，故不但求财辛苦，反而破财。

实际上该求财者于壬申、癸酉年（太岁为兄弟忌神）破财数万。

这种子孙持世的财源，不但引不来财，反而使自己的财流向别人，故不可盲目把子孙持世都看成是财源滚滚而来。

戌时断卦亥时验

1997年11月13日下午，受聘到咸宁"中心"担任首届手相面授班讲师的皮纹专家熊波先生让我给测四柱。因他觉得测得准确，高兴之余，做东请客。

他去宿舍拿钱时发现钱不见了，只好先借钱支用。饭后又回来找了一遍，也未找到。晚上课间休息时，熊老师对我说："李老师，我的五百元钱是装在信封里放在宿舍不见的，找了多次始终没找到，你能否用八卦帮我测一测？"随即来到我的办公室摇得"大有"之"蒙"卦。我根据卦爻象显示的信息，问熊老师是否带有皮箱。他说自己带来一个，又在这里买了两个。于是我对熊老师说："钱在寝室内，今晚9点至11点定能找到，很可能就在皮箱的中间夹层里。"断卦后熊老师马上又回到房间翻遍了床铺和皮箱，却找不见钱的踪影，他感到有些动摇。

上课时间到了，他只好又去讲课。8点50分（戌时），又值课间休息。"中心"又有几个人去宿舍帮着找了几遍，仍不见钱的影子。大家感到有些失望了。9点50分，当晚讲课结束。熊老师与我和我的两个学生及"中心"的几个工作人员又去他的宿舍找。10点零2分（亥时），终于在一个空皮箱的夹层一角摸到一个信封，拿出一看，里面果然放有五张佰元钞票。

熊老师激动地说："哎呀！这个皮箱我和学员少说也找过二十次，好像是神给我藏起来了一样。时间不到，就是找不着，现在时间到了，真还找着了。今天让我现场感受到了八卦的神奇。"

他要求我向大家把此卦讲解一下。

当时的断卦思路是这样的：

丁丑　辛亥　己未　甲戌

火天大有	山水蒙	六神
官鬼己巳火′应	妻财丙寅木′	勾陈
父母己未土″	子孙丙子水″	朱雀
兄弟己酉金 ○	父母丙戌土″世	青龙
父母甲辰土 ○ 世	官鬼戊午火″	玄武
妻财甲寅木′	父母戊辰土′	白虎
子孙甲子水 ○	妻财戊寅木″应	螣蛇

1. 取二爻妻财寅木为用神。

2. 用神得月令之生合而旺，兄弟酉金虽动，喜有子孙子水旺动通关，化敌为友，用神更是根深蒂固。

3. 官鬼爻安静值应爻生世，无偷盗之象；子孙发动又化出财爻，财不会失；世爻辰土临年日时之土，又动化回头生，故旺；今世财两旺，财爻克世，为身财两亨，此财必不会破。

4. "大有"卦九二寅木纳干为甲，甲寅双体，年月动爻构成亥子丑三会水局生木，甲寅纳音又为大溪水，亦生益寅木，更兼变卦化出两个寅木扶助主卦用神，用神似乎有过旺之嫌。妙在日建未土为木库，对用神正好起到了收敛作用，使用神不致于过旺，财爻入库之日正是钱到手之日。但入库又表示藏而不露，加之"大有"为归魂卦，主有反复不顺，所以虽多次寻找而难见。

5. 用神在内卦安静不动，表示钱在室内未出门。财化父母，父母为行李，表示钱放在行李中。什么行李呢？我想熊老师远道来此讲课，一般应带有皮箱之类的行李，但皮箱一般都装有东西，又怎会空呢？而依卦象看用神财爻居主卦下卦之中位，将下卦看成放钱的东西，下卦为乾为硬物，初九、九三阳动化阴，阴为虚空之象，九二阳爻不动为实物，这组卦象的信息密码破译后不正好是中间有夹层的空皮箱吗？熊老师说买了两个新皮箱，表明尚未装入其他东西，正合卦象之意。乾为贵，说明买的新皮箱较好（实际上每个三百多元），信息十分吻合，于是大胆断言钱就在空皮箱的夹层里。

6. 钱当天能找到，已可肯定。但当天只剩下两个时辰了，到底何时能找到呢？甲戌时，甲为财透出，本为有利，但年日时丑未戌三刑土旺，日干己土透出将甲木合化，加重土的力量，使木库未土藏纳用神寅木过深而不得出，所以戌时找不到。乙亥时，亥水合起寅木为动（动爻逢合为绊住，静爻逢合为动），乙木透时干也为动，动而出库，出则可见，故亥时必能找到。

后　记

《四柱玄机》、《六爻玄机》原是我公司的内部函授（入门）教材之一，多年来，一直深受学员们的青睐和赞可。由于这两部书获得了不错的口碑，因而有许许多多的易学爱好者希望能在当地书店方便地就近购买。为了满足大家的需要，特将此二书公开出版发行。

一部书是优是劣，作者说了不算，读者说了才算。《四柱玄机》、《六爻玄机》之所以有幸受到广大易学爱好者的认可，是因为大家觉得：这两部书具有深入浅出、逻辑严谨、有理有据、语言流畅、条理清晰、通俗易懂的特点，学习起来比较轻松，容易学会与掌握。

由于读者市场的需要，出版社约我将系列易学著作出版发行。在我的系列拙著中，《六爻玄机》、《四柱玄机》已先后公开出版发行；已完稿的《中国四柱预测学》、《中国六爻预测学》、《中国实用姓名学》和《中国实用风水学》将陆续出版，敬请留意。

为了使学员在实测技术上有飞跃性的提高，凡参加培训的学员，所提出的各种学术问题，我将尽量给学员满意的答复（通讯地址：重庆市江北区观音桥未来国际大厦27-2号，邮编400020；E-mail:Lsx1976@21cn.com 或 Sxwcc@263.net；联系电话023-66029043 66036058。本公司网站：http://www.sxw.cc http://www.lsxch.com）。

由于学员们的技术水平不一，提出的问题其深浅也就不等，为了照顾全面，本人将会把学员们提出的各种学术问题作详细分析解答后汇集成册，然后寄发给各位学员。相信这对水平较低的学员是一种提高，对水平较高的学员也是一种巩固。希望通过函授学习，每一位学员都能掌握全面、系统、实用的预测理论和技术。

　　为了使二书更加完善，同时也为了回报读者，本书至一九九八年出版以来，在二00四年和此次出版时，都特地在原函授教材的基础上作了大量修订。

　　此书的出版发行，得到了中国商业出版社和梁奕明先生的大力支持和帮助，在此一并致谢！

李顺祥

辛卯年秋于重庆市中华易学研究院